新时代素质教育精品教材

U0631858

劳动教育实践教程

LAODONG JIAOYU SHIJIAN JIAOCHENG

高　静　主　审

蒋　楠　张锋科　雷　靖　主　编

金　银　张　姝　副主编

中国大百科全书出版社

图书在版编目(CIP)数据

劳动教育实践教程/蒋楠,张锋科,雷靖主编. —
北京:中国大百科全书出版社,2020.10
ISBN 978-7-5202-0842-0

Ⅰ.①劳…　Ⅱ.①蒋…　②张…　③雷…　Ⅲ.①劳动教
育—高等职业教育—教材　Ⅳ.①G40-015

中国版本图书馆 CIP 数据核字(2020)第 183889 号

责任编辑	郭银星　徐晓星
封面设计	易　帅
出版发行	中国大百科全书出版社
地　　址	北京市阜成门北大街 17 号　邮政编码:100037
网　　址	http://www.ecph.com.cn
印　　刷	天津市蓟县宏图印务有限公司
开　　本	787mm×1092mm　1/16
印　　张	13
字　　数	277 千字
印　　次	2020 年 10 月第 1 版　2020 年 10 月第 1 次印刷
书　　号	ISBN 978-7-5202-0842-0
定　　价	39.00 元

本书如有印刷质量问题,可与出版社联系调换

PREFACE
前 言

　　中华民族是勤于劳动、善于创造的民族。正是因为劳动创造，我们拥有了历史的辉煌；也正是因为劳动创造，我们拥有了今天的成就。

　　2018年9月10日，习近平总书记在全国教育大会上提出了"培养德智体美劳全面发展的社会主义建设者和接班人"的总要求，将劳动教育从以往促进青少年全面发展的途径提升为国民教育体系中与德育、智育、体育、美育同等重要的组成部分，也对各级各类学校提出了科学构建劳动教育体系、切实加强劳动教育的新要求。

　　2020年3月20日，中共中央 国务院发布《关于全面加强新时代大中小学劳动教育的意见》（以下简称《意见》），提出以习近平新时代中国特色社会主义思想为指导，全面贯彻党的教育方针，落实全国教育大会精神，坚持立德树人，坚持培育和践行社会主义核心价值观，把劳动教育纳入人才培养全过程，贯通大中小学各学段，贯穿家庭、学校、社会各方面，与德育、智育、体育、美育相融合，紧密结合经济社会发展变化和学生生活实际，积极探索具有中国特色的劳动教育模式，创新体制机制，注重教育实效，实现知行合一，促进学生形成正确的世界观、人生观、价值观。

　　2020年7月7日，为深入贯彻习近平总书记关于教育的重要论述，全面贯彻党的教育方针，落实《意见》，加快构建德智体美劳全面培养的教育体系，教育部组织研究制定了《大中小学劳动教育指导纲要（试行）》（以下简称《纲要》）。

本书根据《意见》和《纲要》的要求，从新时代教育形势出发，结合当代学生心理和生理等方面的特征，从理论学习和实践学习两个方面设计内容，即理论篇和实践篇。理论篇内容包括"发扬劳动精神　托起美好明天""践行劳模精神　砥砺奋进前行""传承工匠精神　坚守匠心品质"，旨在帮助学生树立正确的劳动价值观。实践篇内容包括"家务劳动：生活自理我能行""校园劳动：校园因我而美丽""劳动创造社会价值""积极投身志愿服务""踊跃参加社会实践""做新时代高素质劳动者"，有目的、有计划地指导学生参加日常生活劳动、生产劳动和服务性劳动，帮助学生树立自立自强意识，帮助学生感受劳动创造价值过程，帮助学生增强产品质量意识，帮助学生树立服务意识、实践服务技能，帮助学生强化社会责任感，从而将所学知识转化为真正有用的实际本领，形成良好的劳动习惯，弘扬劳动精神。

本书每一章的最后都设有实践活动，从"活动目标""活动准备""活动设计""注意事项""结果评价"五个方面进行引导，能很好地对学生进行平时表现评价、学段综合评价，进而对学生劳动素养进行监测，符合《纲要》的要求。

本书在编写过程中，参考和借鉴了劳动教育研究方面的文献资料、网络资源和相关的研究成果，在此一并向相关作者表示真诚的感谢！

本书由高静担任主审，蒋楠、张锋科、雷靖担任主编，金银、张姝担任副主编。

由于编者水平有限，书中难免有不足和疏漏之处，敬请广大读者批评指正，欢迎对本书提出宝贵意见，以便修订完善。

编者

目 录

CONTENTS

理论篇

第一章
发扬劳动精神
托起美好明天

本章导读

    劳动是人类创造物质财富和精神财富的活动。我们要实现中国梦，实现中华民族伟大复兴，就必须认识到"劳动"的重要性，尊重劳动，尊重劳动者，发扬新时代的劳动精神。

学习目标

知识目标

（1）了解劳动的概念，劳动的内涵与外延。

（2）理解马克思主义劳动观。

（3）掌握习近平新时代中国特色社会主义劳动思想。

（4）理解新时代劳动实践"三部曲"。

素质目标

（1）理解劳动的伟大意义。

（2）理解在新时代加强劳动教育的重要意义。

（3）在日常生活中培养自己的实干精神。

 **课前讨论**

致敬身边的每位普通劳动者

2020年5月1日，快手联合人民视频推出《一日人生》劳动节接力直播，从当日5时至24时，"水果医生"、武铁武汉所铁警、外卖小哥和演员矢野浩二等19位不同职业人轮番上阵，记录真实生活。当天，《一日人生》系列直播观看人次达3121万，点赞数达2522万，其中人民视频直播间吸引了超过1000万人次观看。

新的一天，从升旗仪式开始。主播"尘客将军"为网友直播北京天安门广场的升旗全过程。清晨5时许，仪仗队员迈着整齐划一的步伐踏过金水桥，穿过长安街。一切准备就绪后，5时15分，在国歌声中五星红旗冉冉升起。"尘客将军"是快手平台短视频红人，坚持每天为观众直播升降旗，宣扬正能量。

网红"水果医生"王野虓接力直播，他是黑龙江省鹤岗市人民医院重症医学科（ICU）的主治医师，擅长以浅显易懂的语言科普医学知识。在直播中，他用水果模拟人体器官，为网友讲解妇科疾病原理和治疗方法。此外，他还通过情景模拟的方式讲述常见的基础急救技巧。王野虓从2018年开始尝试给猕猴桃做"龙凤胎剖腹产"，用苹果演示"心脏缝合手术"，给芒果"切阑尾"……生动有趣的手术演示令他一举爆红。

90后无臂女孩杨莉用脚炒了一盘西红柿炒鸡蛋，煮了一碗清汤面，在直播间边吃边和网友聊天。她因童年时期的一场意外失去双臂，此后学习用脚生活，不少人在直播间中祝福她早日找到心仪对象。杨莉于2018年开设快手账号，化名"芯痖"在平台分享日常生活，展示用脚化妆、洗脸、写字、织毛衣、包饺子、切西瓜等各种细节。她的励志人生以及乐观积极的生活态度感动了无数网友。

在中国生活了20年的日本演员矢野浩二在直播中讲述了自己的学习、工作经历，并分享了饮食和身材管理方法。作为"中国人的女婿"和"中国人最熟悉的日本面孔"，矢野浩二直言喜欢中国。中国新冠肺炎疫情暴发初期，他第一时间筹集了13万只口罩，从日本寄往中国。

除此之外，维持市容的环卫工人，唤醒味蕾的早餐铺老板，武铁武汉所最帅铁警，登上《时代》杂志的外卖小哥高治晓，快手主播娃娃，以及消防员、婚礼主持人、交警、农民工、北漂青年、妇产科医生等各行各业的劳动者均出现在直播中，为网友呈现日常工作，展示了平凡人不平凡的人生。

〔资料来源：钟甜甜.致敬普通劳动者19位职业人在快手直播"一日人生"［EB/OL］.（2020-05-03）［2020-07-09］.http://tech.china.com.cn/internet/20200503/365709.shtml.〕

【思考与讨论】

你如何看待《一日人生》中每位劳动者的付出？请谈谈你的想法。

第一节 劳动概述

人类对于"劳动"这一概念的认识历史其实已经相当长了，在很早以前古人便揣摩到了"劳动"的真谛，如"日出而作，日落而息"中的"作"便是对劳动的一种解释，此句中的"作"有"从事某种活动"之意。"春种一粒粟，秋收万颗子"就是"农作"的直观体现。"劳动"是民间代代相传的农作行为，也是现代国家法律里涉及的有明确界定的"劳动"行为。

一、劳动的概念

★ 微视频

劳动是人们改变劳动对象使之适合自己需要的有目的活动，即劳动力的支出。劳动是人类社会生存和发展的基础。

劳动的力量·劳动创造奇迹

马克思认为，"劳动首先是人和自然之间的过程。是人的自身的活动来引起、调整和控制人和自然之间的物质交换的过程"。国内外哲学、政治经济学、法学等诸多领域的学者都对"劳动"这一概念进行过阐述。《现代高级英汉双解词典》中对它的解释为"劳动是心或身之劳作"。劳动是指人们使用一定的劳动工具作用于一定的劳动对象，创造某种使用价值或效用以满足人类自身需要的有目的的活动。

有的学者认为，"劳动是人们为了满足物质、精神文化的需要，以及实现自身全面发展所进行的有目的的活动，是人能动地、创造性地利用自然资源、社会资源和人类自身潜能与客观世界进行物质交换并创造精神文化产品的过程"。

总而言之，劳动是人们为了创造使用价值以满足物质和精神需要而耗费体力与脑力的过程。

二、劳动的内涵和外延

每个概念都有一定的内涵和外延，"劳动"也不例外。劳动的内涵就是它所含的本质属性的总和，而其外延是适合"劳动"的某些对象的范围及性质。理解劳动的内涵与外延，有助于进一步了解"劳动"的概念。

(一)劳动的内涵

我国宪法明文规定"公民有劳动的权利和义务"。这是要求每个有劳动能力的人，都要将劳动看成自己的光荣职责和神圣使命，必须以主人翁的态度对待劳动。

一般而言，劳动可分为脑力劳动和体力劳动两大类。劳动的成果是创造的物质财富和精神财富，所以，体力劳动与脑力劳动统一在人的生产实践过程中，两者相互渗透，并非完全割裂。

劳动精神作为一种意识活动，会反作用于劳动实践过程中。一方面，劳动精神会激发人们投身劳动的热情；另一方面，在劳动精神的作用下，人们将克服劳动中的困难，培养不怕辛苦、敢为人先的毅力和品质。

随着时代的变迁，我们要牢牢把握劳动的内涵，因为劳动的外延是随着时代的发展而变化的。我们对"劳动"的认识也应该发展，也应跟上时代的要求。"劳动"这一概念应该是与时俱进的，随时代变化而具有不同时代的特征。因此，我们要在当今时代背景下把握"劳动"这一概念。

(二)劳动的外延

劳动的外延是人类实践活动的一种特殊形式，多指创造物质财富和精神财富的活动。"实践"一词亦可指"劳动"。实践是指人能动地改造客观世界的物质活动，是人所特有的对象性活动。人的实践活动具有自主性，人通过实践不但能够认识客观规律，而且能够利用客观规律。在《中国大百科全书·哲学》卷中，劳动被定义为"人类特有的基本的社会实践活动，也是人类通过有目的的活动改造自然对象并在这一活动中改造人自身的过程"。

人的辛勤劳动能不断产生社会财富，是社会安定和谐的前提。改革开放以来，中国人民通过辛勤的劳动创造了巨大的财富。随着时代的变化，劳动的内涵和外延经历了巨大的改变，劳动的形式更加多样。今天，"五谷不分"不再是区分劳动与否的标准，办公室劳动、车间劳动、实验室研究劳动都可称为劳动，在某种程度上，学生在学校努力学习也是一种劳动。劳动不仅是指意义重大的工作，日常清洁是劳动，制造工具也是劳动。

三、 未来劳动的发展趋势

未来是信息社会，很多工作都需要处理复杂的工作情境，需要人们具备较高的综合素质和能力。不论是劳动教育课程设计，还是实施劳动教育的过程，都要充分考虑社会发展现状和未来社会对人才的需求，将信息社会、信息技术等代表未来发展方向的劳动技能融入劳动教育中。美国经济学家弗兰克·利维着眼于人工智能不断发展的现实，指出计算机和人类各具比较优势，几乎所有按照既定程序操作的工作，计算机都可以完成，这些工作正在越来越多地由以计算机为代表的人工智能来代替人类完成，留给人类的是那些需要用复杂的认知去判断、执行的工作，这些工作没有既定的规则可以遵循，需要人类通过密切交流，依据具体情境判断，从而创造性地解决问题。

如今，人工智能正在逐步取代人类的劳动力，世界人口总数在未来几十年还是会不断增加，但需要人类的工作岗位却会越来越少。随着科技的发展，简单的劳动必将被人工智能接手。

在当今社会和未来社会中，人类认识自然、改造自然的能力不断提高，科学技术发展迅速，赋予劳动新的内涵：劳动的内容将会更加丰富多彩，形式也越来越富于变化，劳动者的流动性将会增强，体力支出将会减少，智力支出则会越来越多，劳动的世界性将把人类联结为一体，生产效率也会越来越高，高效率人才的重要性会越来越突出，对人才的争夺也会愈演愈烈。

拓展阅读

梦桃精神　代代相传

——记"三秦楷模"赵梦桃

岁月峥嵘，总有一种精神熠熠生辉；时光荏苒，总有一种信念生生不息。

赵梦桃（图1-1）离开我们已经57年了，咸阳纺织业也经历了翻天覆地的变化，而"高标准、严要求、行动快、工作实、抢困难、送方便"的梦桃精神，仍激励着无数一线工作者砥砺前行。

图1-1　赵梦桃

赵梦桃是原西北国棉一厂细纱车间的一名普通工人，进厂的11年里，她曾42次被评为劳动模范、红旗手，连续7年月月全面完成生产计划，并帮助13名工人成长为工厂和车间先进生产者。她创造的一套先进的"巡回清洁检查操作法"在陕西省全面推广。

时代变迁，赵梦桃小组的精神接力依然不辍。这背后，是一代代组员长期的付出。

"进赵梦桃小组之前，总觉得能进小组很光荣；进入之后才知道，赵梦桃小组不光意味着荣耀，更意味着要比别人吃更多的苦、受更多的累。"赵梦桃小组第11任组长刘小萍深有体会地说。2003年，为了满足市场需求，企业技改频繁，一批高、密、细、薄织物成为主要生产品种。赵梦桃小组试纺135高支纱时，现有的摇车方法落纱时造成的断头率达90％以上，白花增多，产量下降，小组的生产管理和生产计划受到很大影响。而用同样的摇车方法落45支纱时，断头率仅有5％。"135高支纱的试纺必须成功！"刘小萍斩钉截铁地说，"厂里每次把新产品的试产都放在赵梦桃小组，这是对我们的信任，我们不能辜负了这份信任。"经过反复试验、分析、总结，赵梦桃小组创新性地推出了"高支纱落纱方法"，使60支以上的高难品种落纱断头率由50％下降到10％。新操作法在60支以上的高难品种上推广后，大大提高了生产质量和效率，提高了产品的市场竞争力。

"不让一个伙伴掉队"是赵梦桃小组最可贵的精神品质。赵梦桃小组第9任组长徐保凤至今难忘她刚进厂时的情景。当时，她练技术很不适应，便觉得委屈、辛苦。周围35摄氏度左右的潮湿热气、不绝于耳的机器轰鸣，还有直钻耳鼻的飞絮，感受可想而知。尤其是她个子高，练技术时，要一直弯着腰，一天8小时下来，到晚上腰疼得厉害。同时，她的手也被纱线拉烂了，钻心地疼。种种困难，让徐保凤常常半夜躲在被子里哭。她曾经想过放弃，但小组"大家庭"般的温暖让她最终留了下来。她难以忘怀，同房居住的老师傅每天入睡前，总会为她把暖壶灌得满满的，给她的脸盆打上热水，甚至连洗脸毛巾都放在了盆里；她难以忘怀，自己技术不过关，每天下班后，老师傅会牺牲休息时间，陪她一起练习至少半小时；她难以忘怀，因为父母家远在内蒙古，每逢节假日，组里的老师傅都会把她请到自己家中吃饭、聊天。日复一日，年复一年，徐保凤的心动了，她开始懂得了赵梦桃小组为什么会始终团结得像一个人，开始追随第一任组长赵梦桃闪光的足迹。后来，她接过了小组长这个接力棒，像当年的赵梦桃一样，上班看表情、班中看干劲、班后家访谈心，把小组成员拧成了一股绳。同志们说："她就像当年的梦桃一样，用爱心扇旺了我们心中的火。"

2019 年 11 月，习近平总书记亲切勉励赵梦桃小组，希望大家继续以赵梦桃同志为榜样，在工作上勇于创新、甘于奉献、精益求精，争做新时代的最美奋斗者，把梦桃精神一代一代传下去。

〔资料来源：张丹，杨小玲．梦桃精神 代代相传——记"三秦楷模"赵梦桃〔EB/OL〕．咸阳新闻网，（2020-04-27）〔2020-07-09〕．http://www.sxxynews.com/2020/0427/94689.shtml.〕

第二节　马克思主义劳动观

在马克思主义经典著作中，关于劳动的论述很多。从某种程度上讲，马克思主义的整个思想体系是围绕着劳动问题展开的。《1844 年经济学哲学手稿》提出了"异化劳动"，《德意志意识形态》提出了"物质生产劳动"，《资本论》和很多其他手稿则是围绕"雇佣劳动""剩余价值""自主劳动"等展开论述的。

一、劳动与人类

马克思在《1844 年经济学哲学手稿》中指出，"正是在改造对象世界中，人才真正地证明自己是类存在物。这种生产是人的能动的类生活。通过这种生产，自然界才表现为他的作品和他的现实。因此，劳动的对象是人的类生活的对象化：人不仅像在意识中那样在精神上使自己二重化，而且能动地、现实地使自己二重化，从而在他所创造的世界中直观自身。"正是劳动，彻底将人与猿区别开来。恩格斯在《劳动在从猿到人转变过程中的作用》中指出，"其实劳动和自然界一起才是一切财富的源泉，自然界为劳动提供材料，劳动把材料变为财富。但是劳动还远不止如此。它是整个人类生活的第一个基本条件，而且达到这样的程度，以致我们在某种意义上不得不说：劳动创造了人本身"。所以，劳动是人类赖以生存、发展的决定力量。在劳动的直接推动下，人类经历了从早期猿人到晚期智人的发展过程。劳动促使人类的脑容量不断增大优化，使人类体态特征愈来愈区别于猿而近似于现代人，并且使劳动工具日益改进和多样化，人类智力得到发展，物质生活逐渐丰富起来。

二、 劳动与社会发展

马克思、恩格斯指出："我们首先应当确定一切人类生存的第一个前提，也就是一切历史的第一个前提，这个前提是：人们为了能够'创造历史'，必须能够生活。但是为了生活，首先就需要衣、食、住以及其他东西。因此，第一个历史活动就是生产满足这些需要的资料，即生产物质生活本身。"在马克思、恩格斯看来，有了人类的劳动，有了满足人类生存必需的前提，才产生了生活和历史。他们从唯物主义立场出发，充分肯定了劳动对于整个人类和人类历史的重要意义。

三、 劳动与人的发展

无论是自然界、人类社会还是人的思维都在不断地运动、变化和发展；发展的实质是事物的前进和上升；人类社会的发展是前进性与曲折性的统一。实践是指人能动地改造客观世界的物质活动，是人所特有的对象性活动。人的实践活动具有自主性，人通过实践不但能够认识客观规律，而且能够使客观规律为人所用。同时，实践还具有创造性，能创造出按照自然规律本身无法产生或产生的概率几乎等于零的事物。实践的自主性和创造性一起，共同体现了人的主体性特征。

马克思以异化劳动理论为基础，尖锐批判了资本主义社会的异化扭曲人的本质。在私有制条件下，本应是"自由自觉的活动"的生产劳动却变成了异化劳动，劳动本身成为劳动者的一种异己的力量。从本质上看，劳动异化折射出的恰恰是私有制导致的无产阶级和资产阶级的对立。在马克思看来，未来的共产主义社会将消灭旧式的社会分工，消灭异化劳动，将人的本质重新还给人，从而实现人的自由全面发展。正是在以上论述的基础上，马克思指出，生产劳动同智育和体育相结合，它不仅是提高社会生产力的一种方法，而且是造就全面发展的人的唯一方法。

第三节 习近平新时代中国特色社会主义劳动思想

2013 年至 2016 年的五一国际劳动节，习近平总书记连续四年发表系列重要讲话，就劳动、中国梦、劳动者、劳模精神等内容进行了深刻阐述。党的十九大报告也提出了一系列与劳动密切相关的重要论述。习近平新时代中国特色社会主义思想在充分继承马克思主义思想的基础上，进一步发展了马克思主义劳动观，开创了新时代中国特色社会主义劳动思想的新境界。习近平新时代中国特色社会主义劳动思想回应了新时代的重大关切，包含了"实干兴邦"的劳动实践观、"民族复兴"的劳动发展观、"崇尚劳动"的劳动价值观、"热爱劳动"的劳动教育观等丰富内涵，成为推动党和人民事业发展的强大思想武器和具体行动指南。

一、 新时代的劳动实践观

习近平总书记指出，"人类是劳动创造的，社会是劳动创造的。"从马克思的"劳动创造了人本身"，到习近平总书记强调的"劳动是人类的本质活动"，既是对唯物史观劳动思想的继承与发展，也是其在新时代中国特色社会主义伟大事业中的生动诠释。从这个意义上讲，习近平新时代中国特色社会主义劳动哲学的继承和发展，是马克思主义中国化的成果之一，也是新时代中国特色社会理论体系的重要组成部分。

"我们所处的时代是催人奋进的伟大时代，我们进行的事业是前无古人的伟大事业，我们正在从事的中国特色社会主义事业是全体人民的共同事业。全面建成小康社会，进而建成富强民主文明和谐的社会主义现代化国家，根本上靠劳动、靠劳动者创造。"这些论述表达了一个基本观点，即"社会主义是干出来的"，也充分体现了马克思主义的实践观思想。新时代中国特色社会主义劳动思想夯实了全民族"实干兴邦"的劳动实践观，鼓励劳动人民以辛勤劳动、诚实劳动和创造性劳动成就中华民族的伟大梦想。

二、 新时代的劳动发展观

★ 微视频

新时代的劳动者

习近平总书记指出，"劳动是推动人类社会进步的根本力量"，"劳动是一切成功的必由之路"。这些论述深刻阐释了劳动创造的哲学意义，重申和强调了劳动创造的历史价值和重要意义，丰富和发展了马克思主义劳动观。应该讲，劳动不仅创造了人类，而且创造了社会，并推动着社会历史滚滚向前发展。正是站在这样的理论高度上，习近平总书记指出，"人民创造历史，劳动开创未来"。从马克思的"劳动是任何一个民族存在和发展的基础"到习近平总书记的"劳动开创未来"，进一步揭示了劳动与社会发展的本质联系。所以，全面建成小康社会、建成富强民主文明和谐美丽的社会主义现代化国家、实现中华民族伟大复兴，根本上需要依靠劳动，依靠劳动者创造。党的十九大报告在对全面建成小康社会做出全面部署的同时，也明确了从 2020 年到 21 世纪中叶分两步走全面建设社会主义现代化国家的新目标。这一目标描绘了建成富强、民主、文明、和谐、美丽的社会主义现代化国家的宏伟蓝图，并对新时代中国特色社会主义发展做出战略安排。而劳动是通向未来的必经之路，只有通过全国各族人民辛勤劳动、诚实劳动、创造性劳动，才能让美好愿景变成现实，从而实现中华民族的伟大复兴。

习近平总书记在十八大中外记者见面会上的讲话中指出，"人民对美好生活的向往，就是我们的奋斗目标"。之后，习近平总书记又多次强调，"全心全意为工人阶级和广大劳动群众谋利益，是我国社会主义制度的根本要求，是党和国家的神圣职责，也是发挥我国工人阶级和广大劳动群众主力军作用最重要最基础的工作"。基于此，习近平总书记强调劳动应以人为中心，重视劳动对劳动者自身的价值和作用。总体看来，习近平新时代中国特色社会主义劳动思想的重要内涵之一就是"造福劳动者"，特别注重"共建"与"共享"的关系，即"国家建设是全体人民共同的事业，国家发展过程也是全体人民共享成果的过程"，在共同建设的基础上，更要"实现好、维护好、发展好最广大人民根本利益，特别是要实现好、维护好、发展好广大普通劳动者根本利益"，让改革发展成果更多、更公平地惠及人民，这也是"共享"作为新发展理念的具体体现。"造福劳动者"让马克思关于实现人的自由全面发展思想在新时代焕发出新的光芒。习近平总书记强调，"坚持社会公平正义，排除阻碍劳动者参与发展、分享发展成果的障碍，努力让劳动者实现体面劳动、全面发展"，这充分彰显了新时代中国特色社会主义劳动思想以人民为中心的本质特征，体现了人的主体性。

三、　新时代的劳动价值观

习近平总书记在多个场合、多次讲话中阐述了劳动态度、劳动模范、劳模精神在中国特色社会主义事业中的重要作用，他号召全社会弘扬劳模精神、劳动精神、工匠精神，为中国经济社会发展汇聚强大正能量，为实现中国梦提供了"崇尚劳动"的价值引领。在每次的五一讲话中，习近平总书记都谈及劳动模范和劳模精神，并用较多篇幅论述劳动模范的历史贡献和劳模精神的宝贵价值。

对于劳模精神，习近平总书记做了如下深刻阐述：劳模精神"丰富了民族精神和时代精神的内涵，是我们极为宝贵的精神财富"，"生动诠释了社会主义核心价值观，是我们的宝贵精神财富和强大精神力量"，"是伟大时代精神的生动体现"。这些重要论述既强调了劳模精神作为精神财富的重要意义，更凸显了劳模精神的时代内涵。十九大报告提出，要"弘扬劳模精神和工匠精神，营造劳动光荣的社会风尚和精益求精的敬业风气"。在国家层面上，我们要始终弘扬劳模精神、劳动精神，为实现中华民族伟大复兴的中国梦注入强大的精神动力。在社会层面上，弘扬劳模精神有利于在全社会营造"崇尚劳动"的浓厚氛围和精益求精的敬业风气，为中国特色社会主义事业汇聚起强大的正能量。在个人层面上，榜样的力量是无穷的，劳模精神可以感染并引领广大劳动者勤奋做事、勤勉为人、勤劳致富，培育践行社会主义核心价值观。

拓展阅读

"雪线邮路，我一生的路"
——记四川省甘孜州甘孜县长途邮运驾驶员其美多吉

近30年来，其美多吉(图1-2)在雪线邮路上行驶里程达140多万千米，从未发生一次责任事故。他将党报党刊和重要文件、群众的信件和孩子们的录取通知书，以及电商包裹等一件不落地送到群众手中，他将藏区群众与外面的世界连在了一起，群众亲切地称他为"雪域邮路上的忠诚信使"。

图 1-2　其美多吉

1963 年，其美多吉出生在甘孜州德格县龚垭乡。20 世纪六七十年代的藏区，汽车寥寥无几，偶尔路过几辆军车和邮车，小多吉便兴奋不已，追在车后奔跑不停。"那时，我就爱上了汽车，梦想着以后也能开上车。"其美多吉回忆道。对驾驶的期待和热爱，在这个年轻人的心中生根发芽，遥远的高原上开出了梦想的花。

1989 年 10 月，德格县邮电局购置了第一辆邮车，在全县公开招聘驾驶员。作为县城中为人熟知的会开车还会修车的年轻人，多吉如愿应聘上了这一光荣的岗位。他对这份工作心怀感恩，对待邮车如同对待亲人一样，每天都将它打理得锃光瓦亮。每次出发之前，多吉都会一圈又一圈地围着邮车转，不放过任何一处安全隐患。

在川藏公路上，经常出现车辆抛锚、发生高原反应的情况，加之路况复杂，常有司机被困，引起交通堵塞。这时，多吉就是高原上的"雷锋"——他是交通不畅时的"义务交警"，是为过路司机安装防滑链的"老师傅"，也是帮人们开过危险路段的"带路人"，还是雀儿山路段养路工人的"好帮手"。

作为"邮政人"的多吉，以敬业可靠和乐于助人远近闻名；作为"丈夫"和"父亲"的多吉却时常感到愧疚："邮路上，我们可能半天都遇不到一个人、一辆车，尤其是逢年过节时，我特别想家，觉得自己不是一个称职的丈夫和父亲。"

2012 年 7 月，多吉遇到了一群劫匪。多吉挡在邮车前，毅然决然地说："要打就打我，不准砸邮车！"那次，多吉肋骨被打断 4 根、头皮被砍翻了一大块、右耳朵被砍伤、左脚左手静脉被砍断，仅刀口就有 17 处，还有多处骨折。出院后，多吉因手脚经络萎缩僵硬而无法继续坚守岗位。他告诉妻子："为了跑邮路，一定要康复！"多吉一家四处辗转求医，康复疗法痛得这个硬汉眼泪横流。得知可以重返雪线邮路后，多吉终于露出了笑容："很多人觉得，我就算能活下来，也是个废人。但我不想变成废人。"

30 年弹指一挥间，其美多吉不畏艰险、为民奉献、爱岗敬业、忠诚担当、团结友善的品格，深刻体现了邮政践行"人民邮政为人民"的服务宗旨，更生动地诠释了邮政人"一封信、一颗心"的服务精神。

如今，多吉的小儿子扎西泽翁也成了雪线邮路上的一名邮运人。最小的徒弟洛绒牛拥，也可以单独开车上路了。一个人的邮路是寂寞的，但邮路上，有属于邮政人的自豪和骄傲。

〔资料来源：李晓东，周洪双."雪线邮路，我一生的路"——记四川省甘孜州甘孜县长途邮运驾驶员其美多吉［N/OL］. 光明日报，（2019-01-24）［2020-07-09］. http://epaper. gmw. cn/gmrb/html/2019-01/24/nw. D110000gmrb_20190124_1-04. htm. 〕

第四节 倡导新时代劳动教育

一、 在新时代加强劳动教育的重要意义

习近平总书记在全国教育大会上指出，"培养德智体美劳全面发展的社会主义建设者和接班人"，"要在学生中弘扬劳动精神，教育引导学生崇尚劳动、尊重劳动，懂得劳动最光荣、劳动最崇高、劳动最伟大、劳动最美丽的道理，长大后能够辛勤劳动、诚实劳动、创造性劳动"。这些重要论述，高扬劳动教育的旗帜，丰富、发展了党的教育方针，具有重大的时代价值和鲜明的现实针对性，也对各类学校提出了加强劳动教育的新任务、新课题。

（一）扎根中国大地办教育，坚持和发展马克思主义唯物史观的客观需要

党的十八大以来，习近平在多次重要讲话中围绕劳动、劳动者、劳模精神等内容进行深刻阐述，党的十九大报告又对劳动和劳动者作出了一系列重要论述，这些论述既继承和发展了马克思主义劳动思想，又勾勒出中国特色社会主义伟大事业的实践路径，构建了包含"实干兴邦"的劳动实践观、"崇尚劳动"的劳动价值观、"热爱劳动"的劳动教育观等内容的新时代中国特色社会主义劳动思想理论体系，成为习近平新时代中国特色社会主义思想的重要组成部分。可以说，尊重劳动、倡导劳动、保护劳动，是社会主义社会先进性的显著标志；勤奋劳动、诚实劳动、创造性劳动，是社会主义国家劳动者的鲜明特征。高校加强劳动教育，是新时代中国特色社会主义的要求，是在新时代的历史背景下，旗帜鲜明地坚持和发展马克思主义，坚持和发展中国特色社会主义。

（二）构建德智体美劳全面培养的教育体系的必然要求

劳动教育是构建全面教育体系不可或缺的环节，劳动可以树德、增智、强体、育美。

德智体美劳既有密切联系又有各自不同的功能，就劳动教育与其他教育的联系而言，劳动精神的培育是德育的重要内容，劳动科学和技能的教育是智育的重要内容，劳动能力的锻炼是体育的重要内容，劳动者对美的追求和创造是美育的重要内容。但它们各有侧重，并不能彼此替代：德育侧重于解决教育对象的世界观、人生观问题，体现"善"的要求；智育侧重开发智能，体现"真"的要求；体育促进身体发育和功能发展，体现"健"的要求；美育陶冶情操，塑造心灵，体现"美"的要求；而劳动教育侧重培养劳动观念、培育劳动技能，体现"实"的要求。

加强劳动教育，弘扬劳动最光荣、劳动最崇高、劳动最伟大、劳动最美丽的价值观念，必将切实加强学生的理想信念教育，使其崇尚劳动价值、追求劳动创造、尊重劳动主体，以辛勤劳动为荣、以好逸恶劳为耻，逐渐成长为有理想信念、有过硬本领、有责任担当的建设者和接班人，进一步营造劳动光荣的社会风尚和精益求精的敬业风气。

（三）富国强民，建设高素质劳动者大军的重要举措

加强劳动教育，有利于学生在课堂教学、自主学习、实验实践等教育环节上勤奋劳动，提高教育教学质量，使自己成长为优秀人才；有利于学生在体味艰辛、挥洒汗水的过程中培养良好的心理素质，在艰苦奋斗、顽强拼搏的过程中磨炼自己的意志，由衷热爱与尊重劳动和劳动者，从而获得受益终身的宝贵精神财富；有利于学生形成积极向上的就业创业观，在国家社会需要与个人价值实现、专业学习与岗位匹配等方面找到平衡，形成自主多元的积极就业观，提升创业创新意识和能力；有利于学生不断强化新时代的劳动责任感、使命感和荣誉感，培养和造就辛勤劳动、诚实劳动、创造性劳动的品格，激励其主动融合日常工作与理想事业，敢于担当、勇于创新、不懈奋斗、乐于奉献，收获劳动带来的尊严感、崇高感和幸福感。

（四）新时代加强思想政治教育的应有之义

劳动教育有利于强化思想政治教育的实践性。劳动教育既是立德树人的基本要求，也是在个人成长成才中服务国家经济社会发展的价值引领。

劳动教育有利于提升思想政治教育的针对性。加强劳动教育，有利于培养学生的劳动态度、劳动习惯、劳动技能和劳动品德，使其树立正确的人生观、价值观、世界观，从而为将来走向工作岗位奠定坚实的基础。

劳动教育有利于拓宽思想政治教育的路径。通过劳动教育和劳动实践，在手和脑的协调配合下，身和心对专业有了更深的体验领悟，才能在具体情境中创造性地分析问题、解决问题。劳动教育不仅有利于培养创新意识、创新精神和创新能力，而且能够在实践过程中提高学生个体的知识水平和能力素养。

劳动教育有利于增强思想政治教育的吸引力。在校园中弘扬劳模精神、劳动精神、工匠精神，宣传劳动模范和大国工匠故事，让学生能够通过聆听模范故事感受榜样力量，领会工匠精神，从而引导学生崇敬劳模、学习劳模、崇尚劳动、热爱劳动，让劳模精神成为学生成长、成才的精神动力。

二、 劳动实践"三部曲"

马克思主义唯物史观强调，劳动是人类的本质活动，劳动改造自然，劳动创造世界，劳动创造人本身，离开劳动，人类就不能生存与发展。即使到了新时代，人工智能可以代替人类的部分体力劳动或脑力劳动，但人类绝不能因此滋生贪图享乐、好逸恶劳的心理。人类文明的进步、社会的健康和谐、国家的繁荣富强，依然离不开中国制造硬实力的支撑，离不开全体社会成员人尽其才、各尽所能的辛勤劳动、诚实劳动、创造性劳动。

(一)辛勤劳动

"人生在勤，勤则不匮。"辛勤劳动是诚实劳动、创造性劳动的基本前提。辛勤劳动，既有"辛"，也有"勤"。在新时代，辛勤劳动有勤学和勤劳两方面的内容。

勤学，强调的是锐意进取、勤勉为人。一名劳动者如果想有所作为，就应当树立终身学习理念，立足岗位，向师傅、同事和书本、实践学习，学文化、科学、技能等各方面知识，增强自身综合素质，不断提升自我，积极应变，主动求变，与时俱进。

勤劳，强调的是脚踏实地、勤奋实干。回望历史，任何一点进步、任何一次成功都是由人民的艰苦奋斗、辛勤劳动创造出来的。越是美好的未来，越需要我们不畏艰辛、不辞辛苦。新时代面对各种新挑战，我们需要愈挫愈勇，苦干笃行。

(二)诚实劳动

诚实劳动是辛勤劳动的延伸和表现，是创造性劳动的重要前提。诚实劳动，是指劳动者以积极、实干、诚信的态度为他人和社会提供产品、服务，要求我们合法合理劳动，要求我们在不违背法律法规的前提下从事道德的劳作。

要做到诚实劳动，我们需要做到以下几个方面：一方面，我们应对所从事劳动必备的知识、技能、技巧有正确的认识，理性判断自我的劳动素质并作出合理的自我定位；另一方面，立足岗位踏实劳动，求真学问，练真本领。同时，实事求是地对待劳动成果，摒弃弄虚作假之风，反对一切不劳而获和投机取巧的思想和行为，积极弘扬劳动精神、劳模精神和诚信文化，依靠诚实劳动实现人生梦想。

于个人而言，唯有诚实劳动，才能最大程度地保障和实现人的自由发展。于国家而言，诚实劳动是提升国力的基石和坚守国格的精神基因。

(三)创造性劳动

创造性劳动是理解未来社会发展的关键。所谓创造性劳动，是指人充分利用其劳动技能、科学知识，通过技术、知识、思维的创新，创造新的生产条件、方式、劳动成果和社会需求的劳动。它建立在开放性思维和挑战性实践的基础上，是不断探索创新的过程。

要想完成创造性劳动，我们首先必须以自身的专业知识技能为基础，以科学知识为依托，在此基础上找准专业优势与社会发展的结合点，找准先进知识与我国实际的结合点，促使创新创造落地生根、开花结果。

创造性劳动，是新时代建设创新型国家的发展战略需要，也是培养自由全面发展的人的内在要求。可以说，创造性劳动的本质是进取创新，创新关乎国家前途命运，关乎人民福祉。

拓展阅读

在新时代新行业中，看"另类"劳动者的劳动精神

如今，一些冉冉升起的新兴行业越来越引人注目，VR 安全培训员、无人驾驶技术研发工程师、大数据工程技术人员……这些职业随着社会发展而出现，给我们的生活提供服务，带来改变。

VR 安全培训员

说到 VR，可能大家首先想到的是游戏娱乐，实际上，VR 的用途远不止于此。如今，高新区已经把 VR 搬到建筑工地，让施工现场也插上智慧的翅膀。

VR 安全体验馆位于工地内，外观与普通板房无异。走进体验馆，内部的 VR 体验设备让人眼前一亮，超大电视屏幕、VR 体验台、VR 眼镜，有了这三样，体验者便会进入一个完全不同的世界。

VR 安全培训员王琦说，工地上的 VR 安全体验馆主要用于建筑工人安全培训。在 VR 设备可视屏幕上显示着 14 项体验内容，包括基坑防护桩坍塌、塔吊坍塌、宿舍火灾伤害、脚手架坍塌、挖掘机伤害等，覆盖了建筑施工的方方面面。

想要操作 VR 系统，除了 VR 眼镜外，还需要左右手各执一个操作棒，左手拿的操作棒负责指引，人可以通过它在虚拟世界中行走，右手拿的操作棒负责执行，在虚拟空间中可以抓握物品、精准施工等。

这一系统不仅能够模拟事故发生现场，还会在每一个工地伤害结束前进行现实案例讲述、事件还原，让人真正意识到这些伤害在现实中都是高发的。体验者可以选择"再体验"或"返回"，来决定继续留在虚拟世界还是回到现实世界。

王琦说："大部分的施工人员都非常喜欢体验 VR，这不仅能帮他们提高安全意识，也让他们有种类似于玩游戏的快感。他们体验完 VR 后，会感到非常放松、解压。"

谈到个人未来发展，王琦希望能为"智慧工地"做更多事情。之前建筑工地跟互联网结合并不紧密，一些安全问题时有发生。接下来，他希望把所学与建筑工地更紧密地联系起来，让建筑工地也插上科技的翅膀。

无人驾驶农机研发工程师

从"面朝黄土背朝天"到农业生产机械化，再到以"无人驾驶农机作业"为代表的农业黑科技登场，"无人"模式逐渐颠覆了大众对传统农业的印象。"无人"的背后自然离不开科研人员的付出和努力，王辉便是其中之一。

1988 年出生在河北省一个普通家庭的王辉，父亲早逝，家里的农活全靠母亲张罗，农忙时，他跟着母亲干农活。从小见惯了大人们在农田里干活的不易，也亲身体验过耕地、播种、浇地、施肥、打药、收割等的辛苦，大学选专业时，在亲戚的介绍下，他选择了几个农业相关的专业，最终被河北农业大学农业电气与自动化专业录取。

大学期间，他跟着老师学习专业知识，到果园、农田实践，之后，王辉选择继续读研，并考取了华南农业大学硕博连读。研究生阶段，他们团队研究的几款不同类型的果园自动化喷雾设备在应用中获得果农们的好评。读博后，他选择了自动控制类作为研究方向。

"我本硕博的专业都是农业电气化与自动化，无人驾驶农机技术最早是国外先有的，2000 年前后从国外购买这样一套设备至少需要 20 万元，这对国内很多农场主来说是一笔非常高额的开支。而我们的研究，一个最大目标就是运用国内技术将成本降下来，让更多农场主能用得起。"王辉说，现在他们研发的农机自动化驾驶系统，在经过国家和地方的财政补贴后，农户自己只需要拿两三万元就可以买得起、用得上。

作为科研人员，王辉表示，他很有幸能为国内的无人驾驶农机技术贡献一份自己的力量。他还有很多研究可以做，也愿意将自己的热爱和激情投入到研发中。王辉研究的无人驾驶农机，2017 年正式推出，2018 年是一个爆发期，2019 年逐渐有了稳定的市场，他今后将为之继续努力。

〔资料来源：李楠，窦圆娜，刘燕. 新时代新行业"另类"劳动者揭开神秘面纱 [EB/OL]. 潍坊新闻网，（2020-05-01）[2020-07-09]. http://wfwb. wfnews. com. cn/content/20200501/Articel04,05002EL. htm.〕

【实践活动一】

"向幸福劳动者致敬"主题活动

【活动目标】

通过挖掘身边的榜样故事，认识劳动的意义，培养新时代劳动精神。

【活动准备】

笔，记录本，手机（若条件允许，还可配备专用相机、摄像机）。

【活动设计】

以小组（每组 4～6 人）为单位寻找身边或网络上至少 3 个行业（应至少包括一个新兴行业）的"幸福劳动者"，采访他们的劳动故事，了解他们是如何通过劳动收获幸福的。最后将采访过程和采访后的感想以 PPT 或短视频的形式呈现，向全班同学汇报。

【注意事项】

(1)严格遵守活动纪律，认真听从负责人的指挥。

(2)按规定借用活动所需设备，并按时归还。

(3)认真拟订采访提纲，做好采访前的各项准备工作。

(4)遵循采访活动中的道德礼仪规范。

(5)认真总结活动内容，严禁相互抄袭。

【结果评价】

教师或组长可参考表 1-1，对各成员参与本活动的情况进行评价。

表 1-1 "向幸福劳动者致敬"主题活动评价表

评价项目	分值	得分	总分	教师或组长评价
活动前期能很好地制订活动方案	20 分			
出色完成采访任务	20 分			
分工合理，各成员积极参与活动	20 分			
汇报精彩，能打动人心	20 分			
PPT 或短视频制作精美	20 分			

【实践活动二】

我为劳动教育课程献计献策

【活动目标】

深入学习《中共中央国务院关于全面加强新时代大中小学劳动教育的意见》，查阅相关文献资料，进而搭建劳动教育的基本知识能力体系，培养自主探究能力，深刻理解新时代劳动精神。

【活动准备】

可连接互联网的终端设备(如智能手机、电脑等)，相关参考书籍。

【活动设计】

结合本章内容，谈谈你对开展劳动教育课程教学的建议。

请认真阅读《中共中央国务院关于全面加强新时代大中小学劳动教育的意见》，查阅相关文献(包括纸质书籍和互联网资源)，写一份意见报告(不少于 800 字)。

【注意事项】

(1)认真做好资料检索、查阅工作。

(2)拟定报告写作纲要。

(3)坚持原创，严禁抄袭。

【结果评价】

教师或组长可参考表 1-2，对学生提交的意见报告进行评价。

表 1-2 意见报告评价表

评价项目	评价细则	分值	得分	总分	教师或组长评价
报告完整	顺利完成并提交完整的报告	20 分			
注重事实	引用可靠的事实材料阐明观点	15 分			
	得出符合客观实际的结论	15 分			
论述有序	有叙有议，叙议结合	15 分			
	逻辑清晰，观点鲜明	15 分			
语言规范	语言流畅，措辞规范	10 分			
	全文可读性强	10 分			

第二章
践行劳模精神
砥砺奋进前行

本章导读

　　时代造就劳模，劳模引领时代。不管时代如何变化，劳模精神都是一面跨越时空、永不褪色的鲜艳旗帜，这种精神是激励人们奋发向上、不断进取的永恒精神动力。作为大学生，新时代更需要我们进一步弘扬劳模精神，让劳模成为新时代最耀眼、最受热捧的明星。

学习目标

知识目标

(1)认识劳模的本质。

(2)领会劳模精神。

素质目标

(1)能在日常学习、生活和今后工作中自觉践行劳模精神。

(2)能在日常学习、生活和今后工作中弘扬劳模精神。

用生命制造大火箭

——记 2019 年全国五一劳动奖章获得者崔蕴

崔蕴(图 2-1)，1961 年出生，1982 年参加工作，航天科技集团一院 211 厂总装事业部总体装配工，特级技师。30 多年来，他一直从事长征系列运载火箭和部分重点型号产品的装配工作，先后四次荣立个人三等功，1995 年被航天科技集团一院授予型号研制一等奖，1997 年被评为院十佳优秀工人，2013 年被评为一院首席技能专家，曾荣获"一院技术能手""航天技术能手""全国技术能手"等荣誉称号。2014 年，以他名字命名的国家级技能大师工作室成立。

图 2-1　崔蕴

每个人都只有一次生命。短短一生，能有几次与死神擦肩而过？又有几人在生死一线之后，依然能做到初心不改，牢记心中的梦想？211 厂总装事业部特级技师崔蕴，就是这样一个为了心爱的火箭出生入死、痴心不改的人，他用生命热爱着航天事业，展示了一位航天老兵激情燃烧的人生。

1980 年，崔蕴考取了当时的 211 厂技校，实习结束后，表现出色的他顺利进入了火箭总装车间装配二组工作。当他第一次走进总装车间，看到魂牵梦萦的火箭时，巨大的喜悦充满了内心。崔蕴每次完成自己的工作后，都要到其他的组里去看同事干活，遇到不明白的总要追根问底。就因为这个习惯，崔蕴没少被车间领导叫去谈话。可一见了火箭，他又把什么都忘了。

就这样，崔蕴很快成长起来，技能操作水平迅速提升，年仅 42 岁就成为一名特级技师。他对火箭的感情，也从最初单纯的喜爱，向着更浓厚的热爱升华。

1990 年 7 月 13 日，我国首枚长二捆火箭准备在西昌发射。就在即将发射之际，火箭四个助推器的氧化剂输送管路上的密封圈忽然出现泄漏，需要紧急排除故障。此时，火箭助推器里已经充满了四氧化二氮，这种燃料在外会烧伤皮肤，吸入肺里会破坏肺泡，使人窒息而亡。29 岁的崔蕴是当时抢险队员里最年轻的一个，他和另一名同事是第一梯队的成员，他们戴上滤毒罐，简单地在身上洒了些防护用的碱水，就冲了上去。

很快，熟悉火箭结构的崔蕴找到了"惹祸"的密封圈，按照既定方案，他用扳手去拧紧传感器本体，想压紧密封圈。没想到，密封圈竟然已经被腐蚀透了，稍微一拧，里面的四氧化二氮竟像水柱一样喷出来。刹那间，液态的四氧化二氮气化为橘红色的烟雾，舱内的有毒气体浓度急剧上升，瞬间达到了滤毒罐可过滤浓度的 100 倍，死亡的阴影迅速笼罩了崔蕴他们。

为了多解决些问题，崔蕴一边强忍着痛苦，一边坚持在舱内操作，与死神赛跑。时间一点一滴过去……忽然，崔蕴感到眼前一黑，他还想在晕倒前再抓紧干点什么，可终究体力不支，一头晕倒过去。

　　崔蕴被连夜送进医院抢救。此时，他的肺部75％已经被四氧化二氮侵蚀，只剩下一小部分肺还在艰难地工作，生命危在旦夕。医生一边紧张地把解毒药注入崔蕴的身体，一边感叹："再晚1个小时就肯定没命了！"他吸入的有毒气体太多，医书上记载的正常剂量对他根本无济于事。医生不得不冒险加大用药量，最后竟一直加到正常人能承受极限值的10倍，才把他从死亡的边缘拉回来。

　　为了做到总装火箭"不但知其然，还知其所以然"，崔蕴常常泡在设计人员的实验室里。别人周末出去游玩，他却把业余时间用于充电，西单图书大厦的航天书架旁，他往地上一坐就是一整天，一边看一边做笔记。

　　本就基础扎实的崔蕴，再加上这一股钻劲儿，各方面能力突飞猛进。他在车间装配一组、二组、五组、工艺组、调度组、重点型号装配组等不同岗位都工作过，从操作到技术，再到管理，无不精通。

　　…………

　　既然选择了远方，便只顾风雨兼程。与死神的交锋、与病魔的斗争，改变不了他一生的梦想。崔蕴，用执着守护心中的信仰，用生命热爱祖国的航天。

　　〔资料来源：钱蔚，罗琴，魏驱虎.崔蕴：用生命制造大火箭[J/OL].央视网，大国工匠，（2016-07-08）［2020-07-08］.http://news.cctv.com/special/zgmsjz/201607/143/index.shtml.〕

【思考与讨论】
作为劳模的崔蕴，给了今天的我们怎样的启迪？

第一节　劳模和劳模精神

一、劳模

　　劳动模范简称劳模，是经职工民主评选、有关部门审核和政府审批后授予在社会主义建设事业中成绩卓著劳动者的荣誉称号。

劳动模范分为全国劳动模范与省、部委级劳动模范，有些市、县和大企业也评选劳动模范。中共中央、国务院授予的劳动模范为"全国劳动模范"，是中国最高的荣誉称号，与此同级的还有"全国先进生产者""全国先进工作者"称号。从第一次劳模表彰大会到目前为止，我国共进行了15次全国劳动模范表彰大会，有逾3.1万人荣获"全国劳动模范"或"全国先进生产者""全国先进工作者"称号。

　　劳模是劳动者的模范和榜样，是在群众性学赶先进的劳动竞赛活动中涌现出来的杰出人物，是社会遴选出的优秀的、鼓励人们仿效的劳动者。在国家建设发展中，劳模是各行各业的杰出代表，他们身上体现着社会对某一类劳动方式和劳动精神的最高评价。劳模是适应国家和时代的发展而产生的，是劳动群众的杰出代表，是最美的劳动者，是民族的精英、国家的栋梁、社会的中坚、人民的楷模，是党和国家的宝贵财富，是永远的时代领跑者。

二、 劳模精神

　　劳动模范是优秀劳动者的典型代表，劳模精神激励了千千万万普通劳动者立足岗位、坚守信念、开拓创新、建功立业。深入考察劳模精神的丰富内涵，清晰阐释劳模精神的内在逻辑，对于解读劳模本质、探究劳模品格、宣传劳模价值和弘扬践行劳模精神，具有重要的理论价值和重大的实践意义。

(一)劳模精神是工人阶级先进性的集中体现

　　在中国革命、建设、改革的各个历史时期，我国工人阶级都具有走在前列、勇挑重担的光荣传统，我国工人运动都同党的中心任务紧密联系在一起。劳动模范作为工人阶级的优秀代表，是时代的引领者，在工作生活中发挥了先锋和排头兵作用，他们通过辛勤劳动、诚实劳动和创造性劳动，持续推动着社会进步、国家发展和民族复兴。劳模精神作为劳动模范的思想内核、行动指南和精神灯塔，成为推动时代前进的强大精神动力，充分体现了工人阶级的先进性和主体地位，彰显了工人阶级的伟大品格，推动了工人阶级的成长进步。

(二)劳模精神是工人阶级主人翁意识的重要体现

　　主人翁意识是劳模精神的内在本质，是正确认识和理解劳模精神的关键。正是因为自觉的、强烈的主人翁意识，劳模才以车间为家、以厂为家、以企为家、以国为家，才具有积极主动的岗位意识、职业意识、进取精神和创新精神，才在本职工作中充分发挥积极性、主动性和创造性，才能够艰苦奋斗、淡泊名利、甘于奉献，自觉把人生理想、家庭幸福融入国家富强、民族复兴的伟业之中，最终建构起个人与集体、个人梦与中国梦、小家与国家民族融合统一的发展共同体和命运共同体。

(三)劳模精神是社会主义核心价值观的生动诠释

　　劳模精神的重要元素和构成因子，如岗位意识、职业精神、进取精神、拼搏精神、创新精神、家国情怀和奉献精神等，是对社会主义核心价值观的生动诠释和现实呈现。可以说，劳模精神是社会主义核心价值观的具象化、人格化和现实化。

劳模是遵循社会主义核心价值观的典范样本，是社会主义核心价值观的模范实践者、生动传播者和最有说服力的检验者；劳模之所以能够拥有劳模精神，能够成为全社会学习的典范，一个重要原因就在于其主动自觉地遵循并践行了社会主义核心价值观。

（四）劳模精神是时代精神的生动体现

劳模精神是引领时代新风的精神高地，生动体现了时代精神的精神实质、主要特征和重要内容。

劳模精神具有鲜明的时代特征，是时代精神的生动体现。作为一种文化精神，劳模精神不是一成不变的，而是实践的、创新的、鲜活的、生动的存在，随着国家意识形态、经济社会形势和时代变迁而不断演变发展。

劳模精神推动了时代精神的发展，丰富了时代精神的内涵。在劳模的创造性实践和不断探索中，激发出蕴含着自主性、首创性、先进性元素的劳模精神，体现着社会进步的发展方向。劳模精神不断为时代精神注入新能量，凸显并丰富时代精神的内涵。

（五）劳模精神是培育时代新人的重要手段

劳模精神作为社会主义核心价值观的生动体现，更容易为人们所理解、接受，更方便为人们所模仿，对培育时代新人能起到重要推动作用。

通过强化教育引导、舆论宣传、文化熏陶、实践养成、制度保障，培养和造就具有劳模精神的时代新人，就能够激发广大劳动者干事创业的积极性、主动性和创造性。因此，要紧密围绕培养时代新人这个重大命题，在全社会特别是各级学校教育中培育、弘扬和践行劳模精神，引导全社会特别是青少年树立正确的劳动价值观，全面提升劳动者的整体素质和精神品格。

（六）劳模精神是文化自信的重要支撑

劳模精神是中国特色社会主义文化的重要组成部分，贯穿于建设中国特色社会主义文化的全过程。劳模精神植根于中华民族劳动过程，特别是中国特色社会主义伟大实践，充分继承并发展了中华优秀传统文化和社会主义先进文化。

弘扬和践行劳模精神，有助于坚定文化自信，推动社会主义文化繁荣兴盛。弘扬和践行劳模精神，有助于牢牢把握意识形态工作领导权，有助于培育和践行社会主义核心价值观，有助于加强思想道德建设，有助于促进中国特色社会主义文化繁荣发展。

（七）劳模精神是实现中国梦的重要力量

劳模精神是实现中国梦的宝贵精神财富。在全社会弘扬和践行劳模精神，营造尊重劳动、尊重知识、尊重人才、尊重创造的社会氛围，引领以辛勤劳动为荣、以好逸恶劳为耻的社会风气，培育积极健康、开放包容的社会心态，才能够让"劳动光荣、创造伟大"成为时代强音，让"辛勤劳动、诚实劳动、创造性劳动"成为普遍认同的价值遵循。

劳模精神是实现中国梦的强大精神力量。要实现中国梦，实现从制造大国向制造强国的升级，建设知识型、技能型、创新型劳动者大军，必须要大力弘扬和践行劳模精神。如此，才能够真正为中国经济社会发展汇聚强大正能量，才能真正为实现中华民族伟大复兴中国梦增砖添瓦。

拓展阅读

敬业模范罗阳

图 2-2　罗阳

　　罗阳（图 2-2），男，汉族，1961 年 6 月生，中共党员，生前系中航工业沈阳飞机工业集团有限公司（以下简称"沈飞"）董事长、总经理。

　　2012 年 11 月 25 日，罗阳为航空工业发展披肝沥胆、鞠躬尽瘁，在我国首艘航母"辽宁舰"完成训练任务时，突发心脏病，不幸以身殉职，用生命践行"航空报国"的铮铮誓言和共产党员无私奉献的理想信念。

　　"信念坚定，忠诚报国"是他一生坚持的信念。参加工作以来，罗阳前 20 年设计研发飞机，后 10 年指挥制造生产飞机，以毕生的智慧和心血，一次次托举共和国战鹰完美升空，用生命圆了中国人心中的航空强国梦。他常说："'沈飞'的责任不仅关系企业生存，更关系国家利益。""'沈飞'不能忘了这八个字，那就是'恪尽职守，不负重托'。"从一名普通的飞机设计员到军工大型企业主要负责人，30 年间，他坚守航空报国理念，组织完成了多项国家重点航空装备研制和生产任务，实现了对党忠诚的一生，对祖国忠诚的一生，对航空事业忠诚的一生。

　　干惊天动地之事，做默默无闻之人。罗阳上任负责人后，正值航空武器装备高速发展时期，也是"沈飞"任务最为艰巨的几年。他把项目研制作为最大的政治使命，签发总经理令，成立现场工作组，强化生产计划严肃性和执行力；亲自签订"责任状"，组织部装、总装和试飞"三大战役"，集中力量开展重点项目攻坚决战，成功克服资源不足、成品供应不及时等一个个难关，完成多个重点项目任务，为航空武器装备发展做出重大贡献。在产品研制过程中，他带领"沈飞"不断创新项目管理模式，缩短了项目研制周期，产品研发能力和制造能力实现重大突破，生产能力实现跃升。他把"恪尽职守，不负重托"作为"沈飞"的核心理念，提出了思想意识、工作作风、组织纪律"三项整治"工作，大力推进实施"严格化、精细化、规范化、标准化"管理，极大提升了效率和效益。在生命最后一个月，罗阳劳心劳力，没有一刻休息，用全部精力带领着"沈飞"冲上事业巅峰。

　　罗阳荣获全国优秀共产党员、全国"五一"劳动奖章、革命烈士、辽宁省第五届道德模范、全省优秀共产党员、全省特等劳动模范等荣誉称号。

　　〔资料来源：姜萍萍，杨媚. 全国敬业奉献模范候选人：罗阳事迹［EB/OL］. 中国共产党新闻，（2013-07-16）［2020-07-09］. http://dangjian. people. com. cn/n/2013/0716/c366743-22214378. html. 〕

第二节　劳模精神的当代价值

劳动模范是时代的先锋、民族的楷模，他们身上承载和彰显的劳模精神一直发挥着引领作用，丰富和拓展了中国精神内涵，充分展现了我国新时代工人阶级和劳动群众的高度自信，已成为社会主义核心价值体系的重要组成部分。进入新时代，我们要深刻领会劳模精神的当代价值，大力弘扬劳模精神，推动全社会形成尊重劳动、劳动光荣的良好风尚。

一、有助于增强对人民群众劳动观的德育示范功效

随着经济全球化不断深入、市场经济观念不断冲击，一些不良价值倾向（如实用主义、功利主义、享乐主义、消费主义、极端个人主义等）层出不穷，使得一些人妄图不劳而获而不愿勤劳致富、只愿投机钻营而不愿脚踏实地、只求个人利益而不愿为民奉献；还有人声称市场经济"利"字当头，劳模精神这个计划经济的产物早已"过时"。

★ 微视频

劳动创造价值
劳动创造梦想

毋庸讳言，劳模精神伴随着我国经济社会发展一路走来，在特殊的历史时期必然会铸有特殊的历史烙印。然而这些"时代标签"，究其根本也仅是当时社会生产力的外化特征，与劳模精神之实质——对劳动的历史作用和价值意义的肯定——并不相符。劳模精神体现着人们对于构建和谐劳动关系的需求、对于实现个体劳动社会化的需求、对于实现人自由全面发展的根本需求，这说明它在任何时代都是被需要的。弘扬劳模精神，有助于进一步阐释新时代劳模精神的科学内涵、历史定位、价值评判，以促进人民的理性认同；弘扬劳模精神，有助于让"劳动光荣"的价值理念深入人心，在全社会营造出劳模精神的"知行场"和"养成域"，让"民生在勤，勤则不匮"的中华古训深入人心，让勤于劳作、敢于担当、忠于奉献的业绩观与政绩观全面武装人们的价值防线；弘扬劳模精神，有助于让精雕细琢、精益求精、追求卓越、淡泊名利的工匠精神深入人心，以崇尚技艺、崇尚传承、崇尚创新价值观念扭转当前社会中投机取巧、好大喜功、急功近利的浮躁之风，通过提高从业者的技艺水平与职业素养进一步提升产品质量、完善供需结构。

二、有助于切实培育和践行社会主义核心价值观

社会主义核心价值观重在广泛培育，旨在自觉践行。

通过培育使其内化于心，通过践行使其外化于行。无论是培育还是践行，都应回归于社会物质生产、精神生产、社会关系生产与人自身生产的实践之中，即从根本上依靠劳动、依靠劳动者创造民族的未来。

将劳模精神作为培育和践行社会主义核心价值观的现实突破口，既符合中国具体国情，又遵循马克思主义唯物史观的逻辑进路，是以全新的视角探索培育和践行社会主义核

心价值观的有效途径。这是因为：劳动的实践活动推动经济社会发展，孕育政治民主，催生人类文明，促进自然界、人类社会、人类自身三者的和谐，体现着国家层面的劳动价值目标；劳动的环境优化涵养自由理想，制定平等标准，维护公平正义，实现法治管理，为社会层面的核心价值落地生根提供无形的劳动文化浸润氛围；劳动的精神理念升华了民族认同与爱国情怀，巩固了爱岗敬业的职业信念，推动了诚实守信认识的不断深化，催生了团结友善的和谐人际关系。当今时代的劳模精神，是广大劳动人民的价值追求与奋斗方向，始终感召、鼓舞、引领劳动群众从事着以情感认同为基础、以理性共识为选择、以道德观念为准则的劳动实践过程。

三、 有助于应对中国特色社会主义进入新时代后的社会主要矛盾转化

党的十九大报告中指出，我国已进入中国特色社会主义新时代，社会主要矛盾已转化为人民日益增长的美好生活需要和不平衡不充分的发展之间的矛盾。我国"社会主要矛盾转化"的时代判断，是以人民为中心的价值理性与以社会全面发展为终极目标的集中体现。我们要保障的"人民"，是广大依靠辛勤劳动、踏实劳动而创造物质财富与精神财富的人民群众；我们要实现的"社会全面发展"，是能够满足广大劳动人民的物质需求实现由"量"向"质"转变、精神需求由"有"向"优"转变、自然环境需求由"多利用"向"可持续"转变、社会关系由"竞争"向"和谐"转变的新时代中国特色社会主义社会。

一方面，在告别物质短缺时代后，人们对精神世界的丰富、社会全面进步、人类自由全面发展提出了更高要求。人民的需要，由单纯的物质需要提升到物质文化需要，再到日益增长的美好生活需要，都是在人们的劳动实践中逐步发展的，也必将以更为先进而科学的劳模精神为指引，扩展到物质文明、精神文明、社会文明、制度文明、生态文明等更为广阔的领域之中，促进人类社会向更高水平迈进。

另一方面，尽管"落后的社会生产"已不符合如今的中国，但与西方发达国家相比，我国在部分领域仍处于落后地位，不平衡、不充分的发展问题仍是满足人民日益增长的美好生活需要的主要制约因素。伟大的事业需要伟大的精神，伟大的精神来自伟大的人民。中国特色社会主义进入新时代，伟大的劳模精神则被人民赋予更深厚的期许。要在劳模精神的持续引领下，充分依靠辛勤劳动、诚实劳动、创造性劳动，不断激发全社会的劳动创造力与发展活力，努力推动社会生产向着形态更高级、结构更完善、分工更科学、产品更精致、供给更高效的方向发展；在劳动模范积极发挥物质生产领域模范带头作用的同时，更要注重对精神生产、社会关系生产、自然环境生产，以及人本身的生产方面的德育引导与激励功能，竭力将"劳动美"与"中国梦"统一于中国特色社会主义的伟大实践之中。

四、 劳模精神昭示新时代劳动教育的价值取向

习近平总书记在全国教育大会上强调，"要在学生中弘扬劳动精神，教育引导学生崇尚劳动、尊重劳动，懂得劳动最光荣、劳动最崇高、劳动最伟大、劳动最美丽的道理，长大后

能够辛勤劳动、诚实劳动、创造性劳动"。这既是对广大学生培养深厚劳动情怀的谆谆嘱托，更是对未来劳动者用奋斗成就梦想的殷切期待，昭示着新时代劳动教育的价值取向。劳动模范是每个时代劳动精神的典型化身，是引导广大学生培育践行社会主义核心价值观的宝贵财富和有效载体。应充分发挥劳动模范先进事迹和优秀品质的感召作用，让青少年有机会近距离接触劳动模范，聆听劳模故事，感受劳模精神，在实践中体悟劳模精神，在磨炼意志和增长才干的过程中感受劳动的乐趣和收获，从而培育辛勤劳动、诚实劳动、创造性劳动的精神气质。

第三节　践行新时代的劳模精神

党的十九大报告中强调，贯彻新发展理念、建设现代化经济体系的进程中，要大力"弘扬劳模精神和工匠精神，营造劳动光荣的社会风尚和精益求精的敬业风气"，指出"'爱岗敬业、争创一流，艰苦奋斗、勇于创新，淡泊名利、甘于奉献'的劳模精神，是我们的宝贵精神财富和强大精神力量"。这既是新时代劳模精神科学内涵的明确概括，也是对我国广大劳动群众以勤奋劳动推动实现"两个一百年"奋斗目标的殷切期望。

★ 微视频

弘扬新时期
劳模精神

拓展阅读

扬青春之帆，以劳动致青春

面对阔步前进、繁荣发展的中华民族，习近平总书记说："有梦想，有机会，有奋斗，一切美好的东西都能够创造出来。"面对朝气蓬勃、充满希望的青年一代，习近平总书记告诫："青春的底色是奋斗，青春的名字叫奋斗，现在青春是用来奋斗的，将来青春是用来纪念的。"

全面建成小康社会，实现中华民族伟大复兴的中国梦，青年是先锋哨，奋斗是必要件。潜力无限的青年一代要把自身的前途命运同国家和民族的前途命运紧密结合在一起。想，壮志凌云，做，脚踏实地，为个人价值的凸显和国家理想的实现而努力奋斗。

每年的五月，每年中国的五月，劳动的荣光和青春的朝气总是扑面而来。热情的五月，为劳动燃烧，为劳动者致敬；缤纷的五月，为青春喝彩，为青年加油。在这样一个充满敬意和朝气，充满掌声和希望的季节，让我们以奋斗致青春，以奋斗写青春；让青春在劳动中发光，让青春在劳动中美丽。

"功崇惟志，业广为勤。"当下的中国，"两个一百年"的奋斗任务艰巨繁重，伟大复兴的"中国梦"就在转角。改革进入深水区，太多困难需要化解；发展进入攻坚区，太多工作需要推进；矛盾进入凸显期，太多问题需要破题。青年一代义不容辞，在激情四射、青春飞扬的五月，让青春的我们以智慧劳动、用辛勤劳动为中国梦镌刻最为光亮的青春光彩，扬青春之帆，成中国之梦。以诚实劳动、创新性劳动为发展添砖加瓦，把追梦变成圆梦，在劳动中收获最美青春，以劳动致青春。

〔资料来源：李欢. 扬青春之帆，以劳动致青春[EB/OL]. 荆楚网，（2016-05-01）[2020-07-10]. https://www.sohu.com/a/72848153_119861.〕

中国从站起来、富起来到强起来，离不开亿万劳动者的力量；中国完成的每一次重大任务、取得的每一个傲人成绩、创造的每一个伟大奇迹，都离不开亿万劳动者的汗水；我们今天的幸福生活、今天所拥有的一切，都离不开亿万劳动者的奉献。全面建成小康社会，实现中华民族伟大复兴的中国梦，必须依靠劳动，必须依靠广大劳动者。践行新时代的劳模精神，就是要以劳模为榜样，学习他们爱岗敬业、争创一流，学习他们艰苦奋斗、勇于创新，学习他们淡泊名利、甘于奉献。

一、 爱岗敬业、 争创一流

每一个劳动者都要树立正确、坚定的理想信念，要始终将国家和人民的利益放在首位，用聪明才智、用辛勤汗水、用忘我奉献为国家富强、民族振兴、人民幸福而努力奋斗。要坚持以人民为中心，坚持一切为了人民，做到爱岗敬业、努力工作，做到守土有责、守土尽责，在本职岗位上争当先进、争创一流。

✦ 拓展阅读

争当先进、争当一流
——"时代楷模"朱有勇

朱有勇（图 2-3），云南农业大学原校长，中国工程院院士。然而，这位在世界植物病理学界赫赫有名的科学家，却在他 60 岁那年，做出了一个令所有人难以置信的决定——离开他熟悉的校园和实验室，加入"扶贫大军"。

在云南边疆一个深度贫困的山村，60 岁的他换上迷彩服，扛起了锄头，跟老百姓们同吃同住同劳动，大碗吃饭、大口喝酒、大声唱歌。"院士扶贫"不是口号、噱头，更不是走马观花。朱有勇一年中有 100 多天住在村里，又几乎天天长在土地里，一干就是整整 4 年！

图 2-3　朱有勇

　　10年心血的科研成果，价值数亿元，他免费提供给当地的贫困百姓。在朱有勇众多的科研成果中，有一项"林下种植三七"的技术，这项技术可以不用一点农药就解决三七容易生病、无法连续多年种植的难题。三七是名贵中药材，尤其是无农药的天然有机三七市场价格很高，曾有企业开出10亿人民币的高价，要买他的这项技术，却被他严词拒绝了。朱有勇几乎没有多想，就决定把这项耗费10年心血的科研成果，免费提供给当地的贫困百姓。当时，朱有勇的这个决定让很多人非常不理解，团队里也出现了不同的声音。为此，朱有勇专门开了一个会，几乎是掏心掏肺地对所有人说：党和政府已经给了我们很好的"俸禄"，我们科研的目的不就是为了让所有老百姓受益吗？从那天起，朱有勇定下了一个规矩：谁都不许利用他的科研成果谋取个人利益。

　　为了保证村民脱贫不返贫，朱有勇在蒿枝坝开技能培训班，无论男女老少，不问出身学历，只要想致富就可以参加面试，面试通过，免费上学。技能培训班由院士专家亲自给老百姓上课，手把手地现场演示，手把手地在农田里教学。他的培训班不仅不收费，还管吃管住免费发迷彩服和胶鞋。他要求上课的学员必须参加军训，克服因长期贫困而滋生的萎靡风气。他和学员们一起吃、一起住，在田间指导种植时，一块儿犁地、播种、收获。

　　"把科技交给农民，让农民富起来，回报他们对我们的厚爱"，从朱有勇驻村扶贫那天起，到今天整整4个年头了，如今，他已经成为澜沧寨子的一员。

　　〔资料来源：沧江明珠网．争当先进、争当一流——"时代楷模"朱有勇〔EB/OL〕．(2019-12-08)〔2020-07-10〕．http://www.yunxian.cn/index.php？m＝content＆c＝index＆a＝show＆catid＝143＆id＝27994．〕

二、 艰苦奋斗、 勇于创新

　　每一个劳动者都要积极发扬吃苦耐劳、坚持不懈的艰苦奋斗精神，要在各自的岗位上将困难与挫折化为前进的动力，不怕苦、不怕累，不气馁、不退缩，埋头苦干、刻苦钻研，脚踏实地地把每件平凡的小事做好。要深刻认识到创新是一个国家、一个城市、一个人不断进步与发展的动力，要在工作中勤于思考、勇于创新，激发动力、保持活力，在工作中创造更好的成绩。

拓展阅读

黎明出发，点亮万家
——"蓝领创客"张黎明的电力抢修人生

　　黎明，总是给人以憧憬和希望。在国网天津市电力公司，张黎明（图2-4）就是这样一个给人希望、值得信赖的人。

　　踏上工作岗位至今，张黎明扎根电力抢修一线31年，从一名普通工人，成长为行业里响当当的电力"蓝领创客"。经他手开展的技术革新多达400余项。他还怀着满腔热情，常年义务帮扶身边群众，点亮万家灯火。作为知识型、技能型、创新型新时代产业工人的

图2-4　张黎明

典型代表，张黎明在看似平凡的工作中彰显出一名共产党员的先进本色。

　　作为国网天津滨海供电公司配电抢修班班长，张黎明在长期抢修实践中，巡线8万多公里，亲手绘制抢修线路图1500多张。他能根据停电范围、故障周边环境、线路设备健康状况等，迅速判断出事故的基本性质、大概位置，甚至能准确点出故障成因。大家因此送给他"活地图"的绰号。

　　除了抢修班班长，他还有一个特殊的"头衔"——滨海黎明共产党员服务队队长。

　　2017年4月12日，滨海新区新开里社区按事先通知，安排实施计划停电检修。可就在断电前，滨海黎明共产党员服务队突然接到社区居民范阿姨哭着打来的电话：她96岁的老母亲瘫痪在床，靠呼吸机维持生命，断电的话母亲随时有生命危险。张黎明迅速叫上队员，带上发电机火速出发。在现场，他们架设起20米长的入户供电线路，实施了持续11个小时的特殊供电服务。

　　张黎明和队员们主动印制了一些卡片发放到社区，创建微信平台，与11个社区150多位老弱孤残人士建立长期爱心服务联系。他将滨海新区发放给自己的一万元文明个人奖金悉数捐出，成立"黎明·善小"微基金，用来购买节能LED灯泡。服务队员们义务安装好节能灯泡，将老旧小区的楼道点亮。截至目前，服务队累计对600多层老楼楼道进行改造换灯，近2000户居民从中受益。

　　在同事眼中，张黎明不仅是个勤于学技术、精于干专业的技术工，更是一个办事认真敬业、值得信任的"实诚人"。

　　一年冬天，有位同事因家中有急事请假，张黎明主动替他去巡查沿线77根电线杆。在寒风中，夜间巡线异常辛苦，张黎明还不小心掉进水渠中，冰水将他的棉裤浸透，他忍着逐渐结冰的棉裤散发出的刺骨寒气，硬是将整条线路逐段不落巡查完才回家换衣服。

他从抢修设备中琢磨，将其中常用的 11 个抢修小经验、8 大抢修技巧、9 个经典案例印成《抢修百宝书》，遇到故障，大家可以像"查字典"一样按图索骥，效率成倍提升。此外，他和同事们反复试验发明的"可摘取式低压刀闸"，将线路变压器发生保险片短路烧毁故障的抢修时间，从过去约 45 分钟一下子缩短至 8 分钟。如今，这项发明获得了国家专利并得到推广，仅这一项小革新每年就可创造经济效益 300 多万元。

2011 年，以张黎明名字命名的"张黎明创新工作室"成立，这是国网天津市电力公司的第一个职工创新工作室。工作室成立以来，张黎明带领同事们开展技术革新 400 余项，获得国家专利 140 余个，有 20 多项成果填补了智能电网建设空白。

"张黎明创新工作室"还孵化出"星空""蒲公英"等 8 个创新工作坊，培养出一批"蓝领创客"，创造了大效益。同事张可佳说，张黎明在创新上的勤奋源于内心对工作的热情。"以前以为，创新是实验室科技人员的工作，没想到一线创新也大有可为。"

这么多年过去了，当初的"实诚人"成了行业闻名的"蓝领创客"。他的徒弟们也沿着他的脚步，成了各专业的领军人才。但徒弟们不同程度上都有一个相似的特点，那就是责任心重，也许"根"就在黎明所做的那些"傻事"里。

〔资料来源：毛振华，黎明出发，点亮万家——"蓝领创客"张黎明的电力抢修人生［EB/OL］．中国共产党新闻网，（2018-05-23）［2020-07-12］．http://dangjian.people.com.cn/n1/2018/0523/c117092-30008802.html.〕

三、　淡泊名利、　甘于奉献

每一个劳动者都要树立正确的价值观，要心怀大局意识与全局观念，要将为国为民放在首位、将个人名利放在末位。要发扬无私忘我、甘于奉献的精神，将勤奋做事、勤勉为人、勤劳致富铭记在心，通过辛勤劳动、诚实劳动和创造性劳动彰显人生价值、绽放人生精彩。

在 2020 年抗击新冠肺炎疫情的"战役"中，一个个逆行出征的背影、一个个义无反顾的眼神、一个个感人至深的瞬间，都是亿万劳动者留给我们最美好的回忆。在最艰难的时刻，他们挺身而出、顽强拼搏，众志成城、舍生忘我，与时间赛跑、与病魔较量，用牺牲、用汗水、用奉献助力疫情防控阻击战。他们是最美丽的劳动者、最可爱的劳动者、最伟大的劳动者。

幸福、进步、成功，都是奋斗出来的。我们应不忘初心、牢记使命，坚定信心、保持干劲，大力弘扬劳动精神与劳模精神、努力克服艰难险阻，在各自平凡的岗位上续写不平凡的故事、创造不平凡的业绩。

播撒希望种子的奉献者

2017年9月25日，复旦大学教授钟扬在去内蒙古城川民族干部学院讲课的出差途中遭遇车祸，而此前他已订好9月28日去拉萨的机票，计划赶去和西藏大学的同事商讨一流学科建设。53载人生虽然短暂，钟扬却花了16年常年在野外奔波，盘点青藏高原植物种质资源，为人类"种子方舟"收集了4000万颗种子，填补了世界种子资源库没有西藏种子的空白，并带领西藏大学的生态学科进入一流学科建设名单。他用10年在上海种下一片红树林，为后人留下美丽景观和生态屏障。他用心血培育一大批优秀学子，其中少数民族学生已遍布西藏、新疆、青海、甘肃、宁夏等西部省份。

他的同事，中国科学院院士、复旦大学副校长金力说："钟扬是一个与众不同的人，他是一个追梦者。"曾与他短暂共事的中国科学院院士、中国科技大学校长包信和说："钟扬是一个特别纯洁和高尚的人，没有私心杂念，他一心扑在教育事业上，始终坚守他的初心。"复旦大学研究生院的同事说："过去我们加班再晚，离开办公室时，都能看到钟老师办公室的灯亮着。现在，他办公室的灯不再亮了，但是他点亮了我们每个人心中的灯，让我们每个人思考人生的价值。"

【实践活动一】

"新冠肺炎疫情中的劳模精神"主题演讲

【活动目标】

(1)加深对劳模精神的认识。

(2)通过主题演讲，宣扬劳模精神。

【活动准备】

确定演讲框架、内容，搜集相关的资料，书写讲稿并做好演讲场所、设备及服装的安排。

【活动设计】

组织相关人员参加"新冠肺炎疫情中的劳模精神"主题演讲。

【注意事项】

(1)演讲时仪表应整洁、大方。

(2)演讲时表情、动作应与内容相符。

(3)演讲时声音应洪亮，保证在场的每个人都能听到。

(4)演讲时眼睛要注视听众，注重互动交流。

【结果评价】

教师或组长可参考表 2-1，对学生的演讲表现进行评价。

表 2-1 "新冠肺炎疫情中的劳模精神"主题演讲评价表

评价项目	评价细则	分值	得分	总分	教师或组长评价
演讲内容	内容契合主题，见解独到	20			
	材料真实、典型、新颖	10			
	讲稿层次分明，构思巧妙	10			
语言表述	吐字清晰，声音洪亮	10			
	语速适当，表达有节奏感	15			
形象风度	举止自然得体，精神饱满	10			
	适当运用手势、表情等辅助表达	10			
综合表现	演讲效果好，有较强的感染力	15			

【实践活动二】

"劳模精神进校园"宣传活动

【活动目标】

(1)加深对劳模精神的认识。

(2)通过宣传活动，宣扬劳模精神。

【活动准备】

准备与劳模精神相关的资料，并制作成各种类型的宣传材料，做好宣传渠道和人员的安排。

【活动设计】

通过校园刊物、广播、视频、演讲等多种形式的活动来宣扬劳模精神。

【注意事项】

(1)注意与受众的互动。

(2)注意参与活动的人员的安全。

【结果评价】

教师或组长可参考表 2-2，对宣传活动效果进行评价。

表 2-2 "劳模精神进校园"宣传活动评价表

评价标准	分值	得分	总分	教师或组长评价
内容契合主题	20			
材料真实、典型、新颖	20			
活动内容丰富	20			
活动时间充足	20			
活动形式适合相关材料及受众	20			

第三章
传承工匠精神
坚守匠心品质

本章导读

　　自古以来，工匠以炉火纯青、登峰造极的技艺，以一丝不苟、精益求精的工作态度，以孜孜不倦、精雕细琢的职业精神，书写着平凡中的崇高与伟大，谱写了人生辉煌的乐章。高尚的"工匠精神"是任何时代都绝不可缺少的。在当今社会，只有继承和发扬工匠精神，才能提升竞争力，才能具有真正的不可替代性，才能在多变的环境下立于不败之地。

学习目标

知识目标

(1)了解工匠、工匠精神的概念。

(2)理解工匠精神的基本内涵。

(3)了解工匠精神的当代价值。

素质目标

(1)领会工匠精神的真谛。

(2)学习身边人身上的工匠精神，在生活和学习中践行工匠精神。

工匠精神，缔造人类传奇的伟大力量

我国著名的京剧大师梅兰芳，一生塑造了无数各具魅力的舞台形象，艺惊天下，享誉世界，在中国京剧史上取得了无与伦比的艺术成就。他以男人之身表现女性之美，并被公认为"四大名旦"之首；他将京剧带出国门，传播到世界；他的表演将中国京剧艺术提升到了一个新的阶段，使其成为世界上重要的戏剧理论体系之一。

然而这些伟大的成就绝非天赋。当初学戏时，梅兰芳因为"天赋不够"险些被老师扫地出门：理想的旦角演员都有完美的脸型，而梅兰芳既不是瓜子脸，也不是鹅蛋脸，而是介于圆脸和国字脸之间。在五官中眼睛最能传神达意，梅兰芳不仅是单眼皮，而且患有近视，眼睛中缺少神采。唱戏，嗓子是第一要素，而梅兰芳嗓音条件一般。更重要的是梅兰芳反应不够灵敏，学戏很慢。按照梨园界前辈列出的标准，京剧演员应该是面貌好、身材好、身段好、嗓音好、唱功好、脑子好，可这些标准少年梅兰芳远远达不到。他的师父甚至说"祖师爷不赏饭吃"，不教他了。

为学出高超的技艺，梅兰芳付出了常人无法想象的努力。以眼睛为例，梅兰芳有一个著名的练眼睛的办法——养鸽子。梅兰芳在家里养了几十只鸽子，他每天都会拿着一根很长的竹竿指挥鸽子，而自己的眼睛就随着鸽子的运动而转动，这一练就是整整10年。通过刻苦甚至是残酷的训练，梅兰芳的眼睛终于达到了光彩照人的舞台艺术效果。还有身段、台步、唱腔……每一项都是这样扎实苦练出来的。

【思考与讨论】

(1)天生笨拙或天赋一般的人无法获得大成就吗？

(2)什么样的人容易获得大成就？是什么力量让他们获得大成就？

第一节　工匠精神的基本内涵

2016年3月5日，李克强总理在政府工作报告中提出，要"培育精益求精的工匠精神"。这也是我国政府首次在国家层面提及"工匠精神"，那么什么是工匠，什么是工匠精神？

《辞海》《辞源》中对于工匠一词的解释十分相似：手艺工人、从事手艺的人。

在人类起源初期，为了生存，人类首先要采集生活资料，包括采集野果、捕获森林中的野兽、水中的鱼，然后进一步培植和采集农作物果实。农、林、牧、渔被归为人类生存的基础，在此基础上才有农产品和林木的加工。

一般来说，人类从事农业生产是需要技能的。但是，这类技能往往不被认为是手艺，这一点在中国传统文化中表现得十分明显。在中国人的观念里，工匠参与的活动领域一般情况下是不包括传统农业生产的。按照现代产业的分类，工匠参与的活动领域属于第二产业和第三产业。

工匠精神是指工匠对自己的产品精雕细琢、精益求精、追求完美的精神理念。工匠们喜欢不断雕琢自己的产品，不断改善自己的工艺，享受着产品在手中升华的过程。工匠精神代表着一个时代的气质，坚定、踏实、精益求精，其内涵十分丰富。

一、 爱岗敬业

爱岗敬业是爱岗和敬业的合称，二者互为表里、相辅相成。爱岗是敬业的基础，而敬业是爱岗的升华。具体来说，所谓"爱岗"，就是要干一行，爱一行，热爱本职工作，不能这山望着那山高。所谓"敬业"，就是要钻一行，精一行，对待自己的工作要勤勤恳恳，兢兢业业，一丝不苟，认真负责。

只有对自身职业和工作有高度认同，才能踏实认真、潜心钻研，追求至高的领域。从古至今，优秀的工匠对自己的职业都是精益求精的，并将之作为技艺创作的根本。"虽是毫末技艺，却是顶上功夫"，这句古话充分表达了卓越工匠对自身技能和工作的热爱和自豪。卓越的工匠们始终热爱自己的行业和工作，在工作中一丝不苟、戒骄戒躁、久久为功。

★ 微视频

"钢轨医生"
关改玉

🔔 拓展阅读

钢轨医生关改玉的坚守和创新

"8年，步行1700千米，检测焊头8000多个，准确率95％以上"，这一组有力的数字，记录的是一名全国"五一巾帼标兵""全国三八红旗手"的不平凡事迹。关改玉(图3-1)用一颗精益求精的心，展现了"大国工匠"的风范，用最朴实的行动诠释了爱岗敬业理念的精髓。

有一颗精益求精的"匠心"，是对工作最好的尊重。8年的探伤岗位，孤独与寂寥相随，在常人看来是枯燥和乏味的。而在关改玉心中，8年的时间还远远不够，

图3-1　关改玉

她喜欢自己的工作，享受着改进探伤工艺的过程，为此她可以克服恐高登上 20 米高的桥墩，也可以无惧黑夜独自前行。为此她不惜花费时间和精力，反复改进工艺。准确率 95％，这个数字的背后是她对工作品质精益求精的追求，是一次次的历练，更是一名合格的匠人对工作发自内心的尊重。关改玉用实际行动告诉人们，工作不分高低，要对本职工作有敬畏心，投机取巧和三心二意换来的只能是自己内心的浮躁和对工作专业的疏远。唯有严谨、一丝不苟地对待工作中的每一个环节，耐心、坚持做到不断改进、完善自己的专业能力，追求自己心中的 100％ 目标，才是真正做到对工作的爱和尊敬。

爱岗，就要争做一名"良匠"。一名合格的良匠，永远追求的是质量和不断突破。探伤事关行车和旅客的安全，8 年检测焊头 8000 多个，在工作中关改玉不断提高对工作质量的要求，努力把细节做好，做到极致，在钻研技术中修炼自己的耐心和技艺，成就的是科学的工作方法和对隐患构筑的牢固防线，实现的是从"工匠"到"良匠"的提升。

有"匠德"，才能爱岗敬业、爱企如家。关改玉主动选择最艰苦的工作岗位，把探伤岗位的职责作为毕生的追求，她所默默秉承的正是"不畏艰险、勇攀高峰"的中国铁建企业精神。她矢志不渝，始终把维护企业品牌作为至上的担当，为实现"中国铁建建筑业领军者"的企业愿景，完成一名普通员工应尽的使命。关改玉是爱岗敬业的标杆，她指引着人们，不论是普通员工还是管理者，都不忘初心，肩负起企业发展的使命，时刻谨记一名铁建人的精神信念。

时代呼唤工匠精神，建设最具价值创造力的产业集团需要一大批像关改玉这样的专家能手，这具有重要的时代价值，是实现"铁建梦"的强劲助推剂，可以成为强大的精神动力和支持。关改玉身上的工匠精神真正诠释了中国铁建爱岗敬业的职业精神的核心，体现了一名中国铁建员工爱岗敬业的要求和标准，她也用最为朴实的方式为人们做出了示范，点明了前进和奋斗的方向。成为具有匠心匠德的合格工匠需要经历磨炼，但人们有共同的"诗和远方"，今后会有更多像关改玉一样的人，奔走在追求工匠精神的道路上。

〔资料来源：左兴东．"工匠精神"是对爱岗敬业最好的诠释——学习关改玉同志先进事迹有感［EB/OL］中国铁建，（2017-06-30）［2020-07-11］．http://www.crcc.cn/art/2017/6/30/art_215_98195.html.〕

二、 精益求精

精益求精是指一件产品或一种工作，本来做得很好了、很不错了，但做的人还不满足，还要做得更好、达到极致。它是从业者对每件产品、每道工序都凝神聚力、追求极致的职业品质。正如老子所说，"天下大事，必作于细"。能基业长青的企业，无不是精益求精才获得成功的。

拓展阅读

极致绝非"唯手熟尔"

中车青岛四方机车车辆股份有限公司钳工高级技师宁允展（图 3-2）是高速动车组制造一线的首席研磨师，是国内第一位高铁转向架"定位臂"研磨的工人，也是这道工序最高技能水平的代表。对于高铁列车的关键部位转向架"定位臂"的生产，全世界的生产厂家都要靠手工研磨。磨小了，转向架落不下去；磨大了，价值十几万元的主板就报废了。

图 3-2 宁允展

宁允展 2004 年开始从事这项工作，从他和他的团队手中研磨出的转向架装上了 673 列高速动车组，没有出过一件次品。更令人称道的是，他研磨的部件，精度可达到 0.05 毫米级别，比头发丝还细。"0.1 毫米的时候，国内大概有十几个人能干。到了 0.05 毫米，目前就只有他能干。"他的同事说。打磨精度能控制在机器都难以达到的精度，这绝不是简单的"唯手熟尔"，宁允展有灵性、有悟性，他是带着思想在打磨。

宁允展执着于摸索研磨工艺，他在家自费购买了车床、打磨机和电焊机，将家里小院改造成了一个小"实验工厂"。这个工厂成为他业余时间开发新方法的重要宝地。当"外方"的研磨方法已经不适应企业生产需要时，他发明了"风动砂轮纯手工研磨操作法"，将研磨效率提高了一倍多，接触面的贴合率也从原来的 75% 提高到了 90% 以上。宁允展可以像绣花一样，把切口表面这些隐约的竖线，织成一张纹路细密、摩擦力超强的网。他主持的多项课题和发明的多种工装每年可为公司节约成本近 300 万元。

三、 专注本职

专注就是内心笃定而着眼于细节的耐心、执着和坚持，这是一切"大国工匠"所必须具备的精神特质。从中外实践经验来看，工匠精神都意味着一种执着，即一种几十年如一日的坚持与韧性。德国除了有人们耳熟能详的奔驰、宝马、奥迪、西门子等知名品牌公司外，还有数以千计普通消费者没有听说过的中小企业，它们大部分"术业有专攻"，一旦选定行业，就一门心思扎根下去，心无旁骛，在一个细分领域上不断积累优势，成为"领头羊"。其实，在中国早就有"艺痴者技必良"的说法。古代工匠大多穷其一生只专注于做一件事，或几件内容相近的事情。《庄子》中记载的游刃有余的"庖丁解牛"、《核舟记》中记载的奇巧人王叔远等大抵如此。

➕ 拓展阅读

永不松动的螺母

日本有一家只有 45 个人的小公司。全世界很多科技水平非常发达的国家都要向这家小公司求购小小的螺母。

这家日本公司叫哈德洛克工业株式会社，他们生产的螺母号称"永不松动"。按常理大家都知道，螺母松动是很平常的事，可对于一些重要项目，螺母是否松动却性命攸关。比如高速行驶的列车，长期与铁轨摩擦，造成的震动非常大，一般的螺母经受不住，很容易松动脱落，那么满载乘客的列车就会有解体的危险。

日本哈德洛克工业创始人若林克彦，当年还是公司小职员时，在大阪举行的国际工业产品展会上看到一种防回旋的螺母。他带了一些样品回去研究，发现这种螺母是用不锈钢钢丝做卡子来防止松动的，结构复杂价格又高，而且还不能保证绝不会松动。

到底该怎样才能做出永远不会松动的螺母呢？这让若林克彦彻夜难眠。突然，他想到了在螺母中增加榫头的办法。想到就干，结果非常成功，他终于做出了永不会松动的螺母。

哈德洛克螺母永不松动，结构却比市面上其他同类螺母复杂得多，成本也高，销售价格更是比其他螺母高了 30%，自然，他的螺母不被客户认可。可若林克彦认死理，决不放弃。在公司没有销售额的时候，他就去做其他工作来维持公司的运转。

在若林克彦苦苦坚持的时候，日本也有许多铁路公司在苦苦寻觅。终于，若林克彦的哈德洛克螺母获得了一家铁路公司的认可并与之展开合作，随后，更多的公司包括日本最大的铁路公司 JR 也采用了哈德洛克螺母，并且全面用于日本新干线。走到这一步，若林克彦花了 20 年。

如今，哈德洛克螺母已被澳大利亚、英国、波兰、中国、韩国等国的铁路所采用，在全世界得到广泛应用。

哈德洛克的网页上有非常自负的一笔注脚：本公司常年积累的独特技术和诀窍，对不同的尺寸和材质有不同的对应偏芯量，这是哈德洛克螺母无法被模仿的关键所在。也就是明确告诉模仿者，小小的螺母很不起眼，而且物理结构很容易解剖，但即使把图纸给你，它的加工技术和各种参数配合也并不是一般工人能实现的，只有真正的专家级工匠才能做到。

四、 勇于创新

创新是指以现有的思维模式提出有别于常规或常人思路的见解为导向，利用现有的知识和物质，在特定的环境中，本着理想化需要或为满足社会需求，而改进或创造新的事物（包括产品、方法、元素、路径、环境），并能获得一定有益效果的行为。

创新是一个民族进步的灵魂，是一个国家兴旺发达的不竭动力。随着经济全球化深入发展，科学技术突飞猛进，各种思想和文化相互碰撞，在服务业和制造业互相促进的条件下，科学家、工程师都必须有工匠的精神，工匠们也同样要有创新意识。如果习惯于因循守旧、墨守成规，害怕因为失败而丢掉口碑，就不能成为真正的工匠。

⊕ 拓展阅读

中国瓷器

在当今世界，中国的瓷器依然是世界上品质最好、艺术水准最高、最精美的。但这样的精美不是从一开始就有的，是在一代又一代窑工匠的传承和创新中一点一点发展而来的。

从新石器时代开始，中国就已经制作和使用陶器，到商代出现了原始瓷器。在元、明、清时期，中国陶瓷工艺得到新的发展，产品远销世界。

我们的祖先最早用的是土碗，用土抟制后晒干即用。但这样的土碗不能沾水，工匠们在制作的过程中大胆创新，采用火烧制土碗，获得了硬度更高、更结实耐用，而且能盛水的土制用具。这就是最早的陶器。之后，工匠们一点一点创新，逐渐掌握了烧陶最适当的温度，并懂得了上釉的技术，陶器进一步发展，成为最常用的日用器皿。

到了商代，先民们在烧制陶器时烧出了白陶。商代的白陶是用瓷土（高岭土）作原料，烧成温度达 1000℃以上。白陶的烧制成功对陶器过渡到瓷器起了十分重要的作用。在商代和西周遗址中发现的"青釉器"已明显具有瓷器的基本特征。它们质地较陶器细腻坚硬，胎色以灰白居多，烧结温度高达 1100～1200℃，胎质基本烧结，吸水性较弱，器表面施有一层石灰釉。但是由于它们与瓷器还不完全相同，因而被称为"原始瓷"或"原始青瓷"。

原始青瓷从商代开始，经过西周、春秋战国到东汉，历经了 1600～1700 年的创新发展，青瓷逐步成熟。这些青瓷加工精细，胎质坚硬，不吸水，表面施有一层青色玻璃质釉。

两晋南北朝时，工匠们进一步提高烧窑的温度，使青瓷向白瓷进化成为可能。到了隋唐时期，瓷器烧成温度达到 1200℃，瓷的白度也达到了 70％ 以上，接近现代高级细瓷的标准。这为釉下彩和釉上彩瓷器的发展打下了基础。

至宋代时，名瓷名窑已遍及大半个中国，是瓷业最为繁荣的时期。当时的钧窑、哥窑、官窑、汝窑和定窑并称为五大名窑。被称为瓷都的江西景德镇在元代出产的青花瓷已成为瓷器的代表。青花瓷釉质透明如水，胎体质薄轻巧，洁白的瓷体上敷以蓝色纹饰，素雅清新，充满生机。青花瓷一出现便风靡一时，成为景德镇的传统名瓷之冠。

之后，瓷器制作和烧造工艺进一步发展。现代瓷器技术更是炉火纯青，品种繁多。除了青瓷、白瓷、红瓷等单色瓷，还在青花的基础上发展出了釉里红、五彩、粉彩、珐琅彩、青花巩红彩、斗彩、青花五彩等多种彩釉瓷器。

第二节 工匠精神的当代价值

现代科技时代，"工匠"似乎离我们很遥远。但是，实现中华民族伟大复兴的中国梦，不仅需要大批科学技术专家，也需要千千万万的能工巧匠。更重要的是，工匠精神作为一种优秀的职业道德文化，它的传承和发展契合了时代发展的需要，具有重要的时代价值与社会意义。

一、 工匠精神是社会文明进步的重要尺度

要实现中华民族伟大复兴的中国梦，物质财富要极大丰富，精神财富也要极大丰富，只有物质文明建设和精神文明建设都搞好，国家物质力量和精神力量都增强，全国人民物质生活和精神生活都得到改善，中国特色社会主义事业才能顺利地向前推进。也就是说，物质文明与精神文明是推动社会文明进步的"两个轮子"，是实现中华民族伟大复兴的中国梦的"一双翅膀"，二者缺一不可。事实上，工匠精神的发育程度，与一个社会的物质文明、精神文明的进步程度有着直接关联。从精神文明来看，工匠精神作为一种职业精神，本质上是同社会主义核心价值观特别是其中的"敬业""诚信"要求高度契合的。从物质文明来看，工匠精神在物质文明的创造过程中可以发挥强大的精神动力及智力支持作用。

二、 工匠精神是中国制造前行的精神源泉

经过改革开放 40 多年的发展，我国已成为世界制造业大国之一。尽管我们成了"世界工厂"，贴着"Made in China"标签的产品在世界上随处可见，大到汽车、电器制造，小到制笔、制鞋，国内许多产业的规模居于世界前列，但却依然缺少真正中国创造的东西。一些外国人甚至将中国制造的产品等同于"山寨"产品，这严重损害了中国企业和中国品牌的形象。在许多业内人士看来，我国制造业大而不强，产品整体质量不高，背后的重要原因之一就是缺乏具备工匠精神的高技能人才。为实现中国从全球制造大国到制造强国的转变，2015 年 5 月 19 日国务院正式印发《中国制造 2025》，提出了中国政府实施制造强国战略第一个十年的行动纲领。中国要迎头赶上世界制造强国，成功实现中国制造 2025 战略目标，就必须在全社会大力弘扬以工匠精神为核心的职业精神。只有将"敬业、精益、专注、创新"的工匠精神融入生产、设计、经营的每一个环节中，实现由"重量"到"重质"的突破，中国制造才能赢得未来。

三、 工匠精神是企业竞争发展的品牌资本

随着市场经济特别是知识经济的到来，现代经济越来越呈现为一种品牌经济。在现代市场经济视域下，作为知识资本形态的品牌形象是一种可经营的企业资本，是一种潜在的、无形的、动态的、能够增值的价值，是传统的会计体系反映不了的无形资本。塑造良好的品牌形象，有效开发、经营品牌资本，是企业参与市场竞争、占领市场的重要手段。事实上，工匠精神在企业品牌形象塑造和品牌资本创造过程中具有十分重要的作用。工匠精神既是企业品牌内涵的重要体现，也是企业品牌知名度、美誉度以及顾客忠诚度培育的有效途径，更是企业品牌资本增值的重要来源。例如，中华老字号全聚德烤鸭能够驰名世界，也是得益于其"食不厌精、脍不厌细"的工匠精神。

拓展阅读

舌尖上的非遗：北京烤鸭

北京的前门大街是 80 多个京城老字号的聚集地，其中就有著名的北京烤鸭老字号全聚德和便宜坊。来北京的游客常会听到这样一句话："不到长城非好汉，不吃烤鸭真遗憾。"把烤鸭和长城并列起来，足以说明烤鸭的诱惑力。

2008 年，北京烤鸭入选第二批国家级非物质文化遗产名录。北京烤鸭主要分为以挂炉烤鸭为代表的全聚德和以焖炉烤鸭为代表的便宜坊两大门派。北京烤鸭在全世界享有盛名，它色泽红润，肉质肥而不腻，外脆里嫩，号称"舌尖上的非遗"。这离不开烤鸭师傅几代人兢兢业业、精益求精的技艺传承。

徐福林师傅并不是出身厨师世家，当年知青返城招工，分配他当了厨师。从红案打杂起步，到现在的"国际大厨"，40多年来，徐福林一直记着老师傅的话："干一行，就得干好一行，守好这行的规矩。"

徐师傅用"学习十年、奋斗十年、成就十年、辉煌十年"四个不同的阶段总结了自己在全聚德工作的一生。说起过去学厨艺的过程，老师傅们对烤鸭技艺的传承和兢兢业业的奉献精神让已经退休的徐师傅记忆犹新。正是全聚德秉承的"传统不守旧，创新不忘本"理念，让挂炉烤鸭的技艺一代一代传承下来。

沿着前门大街由北向南走，在鲜鱼口美食街里还有一家以焖炉烤鸭为代表的老店，便宜坊。周恩来总理题词的"便利人民，宜室宜家"牌匾醒目地摆放在大厅里。周总理给予便宜坊店名的新定义，也是便宜坊现在的经营理念。

以焖炉烤鸭为代表的老店便宜坊有着600多年的历史。2009年，便宜坊烤鸭店总厨师长白永明获得国家级非物质文化遗产烤鸭技艺第20代传承人的称号。早在1988年举办的北京市第一届烤鸭大赛上，从业10年的白永明一路"过关斩将"，获得烤鸭大赛金奖。

工作40多年后，白师傅回想年轻时的荣誉，认为那时顶多习得了全部技艺的20%。几十年来，白永明获得的各类奖项不计其数，他的工作态度却从未改变，他的付出也为便宜坊赢得了一大批"铁杆"食客，有些人不管家搬得多远，都要特意来便宜坊品尝烤鸭。时至今日，白永明师傅依然牢记便宜坊集团的传承理念，这就是工匠精神的传承、传播。

全聚德和便宜坊，两个不同的百年老店，在技艺的传承方法、形式上虽说不同，但是他们的初心却是一致的，那就是把这些舌尖上的非遗技艺传承下去。现在，全聚德和便宜坊都有自己的烤鸭工作室，负责对烤鸭技法的挖掘、保护、传承与创新。

洗尽铅华，历久弥新。正是在一代代烤鸭技艺者的坚守下，人们才在今天依然能品尝到这舌尖上的美味。

〔资料来源：董高颉．舌尖上的非遗：北京烤鸭｜"匠人匠心"系列（八）［EB/OL］搜狐网，（2017-11-13）［2020-07-12］．https：//www.sohu.com/a/204270620_183373.〕

四、 工匠精神是个人成长的道德指引

尊重员工的价值、启迪员工的智慧、实现员工的发展，不仅是员工个人成长的强烈需求，也是现代企业的责任和使命。而工匠精神作为一种职业精神，是企业员工提升个人精神追求、完善个人职业素养、实现个人成长进步的重要道德指引。

企业员工所具有的高尚的职业操守和强烈的工匠精神，与拥有较高的专业知识技能一样，是其自身立足职场的重要条件和在未来职业生涯中脱颖而出的制胜法宝。

第三节　践行新时代的工匠精神

无论是远古时期的即兴制造，还是现代的机器化标准制造，要想打造出经典的、精致的珍品，工匠精神必不可少。

一、工匠精神的培养

培养工匠精神，核心在践行，关键在于明确工匠精神所蕴含的目标维度。只有首先明确要达到的培养目标，培养过程才会有方向、有定位、有远方，才能瞄准标高，凝心聚力，逐梦前行。而目标就是怀匠心、铸匠魂、守匠情、践匠行。

1. 怀匠心

匠心，即能工巧匠之心，指精巧、精妙的心思，本质上就是创新之心。成语中的匠心独运或独具匠心，指的就是这样的灵明独到之心。匠心是工匠精神的第一要素，是工匠精神的核心价值和灵魂。古人强调："运用之妙，存乎一心。"可见，心是核心，心是主宰。失却匠心，工匠就沦为庸匠，精神也就随之贬值。换言之，工匠精神如果缺失了匠心的内涵，只剩下形而下的操作，离匠气也就不远了。所以培育学生怀持匠心，培养匠意、匠思、匠智，亦即培养学生的创新精神和创新品格，是工匠精神培养的首要任务。

2. 铸匠魂

什么是工匠之魂？是德，是人的品德、品行、品格。德是工匠精神的支柱。古人说："才者，德之资也；德者，才之帅也。"可见，工匠之才是由工匠之德统领的。有学者强调："人因德而立，德因魂而高。"德，就是工匠精神的统领与根本。因而培养工匠精神必须铸匠魂、立匠德。人有了德之魂，才能立世生存、行之久远。反之，人若失却德之魂，就只能算是躯壳和皮囊。所以，高等教育必须践行立德树人的"育人铸魂"工程，将劳模精神和工匠精神相结合，培养学生的职业道德、职业精神、职业素养。

3. 守匠情

匠情之情是情怀，是人们对事物怀持的或投射在事物之上的积极、崇高、富有正能量的情感与态度的总和。守匠情，即怀持和坚守工匠情怀，这种情怀包含了人的价值取向和职业态度，是工匠精神的重要组成部分。工匠情怀包括热爱情怀、敬畏情怀、家国情怀、担当情怀、卓越情怀等。这些情怀在大国工匠、非遗大师身上都有突出体现。培养工匠精神，就是要培养崇高的家国情怀、职业的敬畏情怀、负责的担当情怀、精益的卓越情怀，学习大国工匠身上的这些优秀品质，树立正确的价值观和职业态度。

4. 践匠行

匠行是指工匠们做事的行为和行动。培养工匠精神不是贴标签和喊口号，是需要真抓实干、大力践行的。践匠行需要明确匠行基于深厚的历史和文化内涵生成的独到的行为特征：执着、精技、崇德、求新等。例如，日本寿司之王小野二郎，历经 70 多年，90 多岁高龄仍然执着于寿司制作；高凤林的火箭发动机焊接精度控制到头发丝的五十分之一；大飞机首席钳工胡双钱蜗居 30 平方米斗室 30 年，却创造了加工数十万个飞机零件无次品的奇迹。这就是匠行的真髓、真谛、真义。培养工匠精神就是要按照这样的准则和标高，去培养脚踏实地专注做事的精神，培养精益求精、追求卓越的境界，培养遵道守德、无私敬业的品格，让自己成为德润身、技立世、品高端的人才。

二、 学习先进模范， 践行工匠精神

（一）高凤林：爱岗敬业，铸就事业丰碑

★ 微视频

高凤林：心怀梦想
心平手稳焊接飞天
神箭

焊接本非难事，难的是在火箭的管壁上进行焊接，更难的是三十年如一日坚守在焊工岗位上，在火箭发动机厚度在毫厘之间的管壁上，一次次攻克技术难关，进行完美焊接。他，国家高级技师，中国航天科技集团公司第一研究院 211 厂特种熔融焊接工——高凤林，被称为焊接火箭"心脏"的人。

高凤林将焊接的技艺锤炼得炉火纯青，将一支焊枪使得出神入化，将焊接的技术含量一再拉伸、延展，在航天产品发动机型号的重大攻关项目中攻克 200 多项难关。他还积极贡献自己的才智，在钛合金自行车、大型真空炉、超薄大型波纹管等多个领域取得重大突破，为国民经济创造了不可估量的价值。

多年来，他先后获得"中央国家机关十大杰出青年""全国十大能工巧匠""中国高技能人才十大楷模"等称号。

1. 矢志报国，练就火箭发动机焊接神技

成绩优异的高凤林因为家境原因没有上高中，而是进入技校学习。毕业后，他进入中国航天科技集团，来到人才济济的火箭发动机焊接车间氩弧焊组，跟随我国第一代氩弧焊工学习技艺。望着这群意气风发的年轻人，师傅给他们讲中国航天艰难的创业史，讲航天产品成败的深远影响，还有党和国家领导人对航天事业的关怀和期望。高凤林听了之后热血沸腾，内心涌起一股强烈的愿望："我要成为一名像师傅那样对航天事业有用的人，要为祖国的航天事业添砖加瓦。"

远大的理想是通往成功的基石。有了理想，还要练就实现理想的本领。为了练好基本功，高凤林一刻也不肯休息，吃饭时拿筷子比画着焊接送丝的动作，喝水时端着盛满水的缸子练稳定性，休息时举着铁块练耐力，还曾顶着高温观察铁水的流动规律。功夫不负有心人，高凤林的焊接技术日渐纯熟，他年轻的脸庞上写满成功的信心。

他和同事们一起攻克了烧穿和焊漏两大难关，把第一台大喷管成功送上了试车台，使我国火箭的运载能力得到大幅提升；他还解决了某型号引射筒的焊接难题，保证了近 1 亿元产值的产品按期交付；国家重点型号产品临近发射的关键时刻，艇上发射系统出现故障，高凤林又连夜奔赴"战场"，排除了故障，保证了该型号产品如期发射。一时间，高凤林成了远近闻名的能工巧匠，也成了焊接车间的明星工人。

2. 勇于创新，自我突破成为专家工人

高凤林屡屡攻克焊接难关，被人们称为"金手天焊"。他的手仿佛拥有神奇的魔力，能够化繁为简、化难为易，变不可能为可能。他甚至实现了跨专业的突破。某型号发动机阀座组件生产合格率不达标，要求半年时间内达到合格的标准。这项任务交给了高凤林，但这是一个棘手的问题：该产品采用的是软钎焊加工，而高凤林的专业是熔焊，这该如何下手呢？高凤林决定从理论层面认清原理，在技术层面把握关键。他一下班就跑去图书馆，一有空就浏览专业技术网站，千方百计搜寻国内外相关资料。每天高凤林都带领组员在20多平方米的操作间进行试验，两个月里试验了上百次，并有针对性地从环境、温度、操作控制等方面反复改进工艺，最终使该产品的合格率达到90%。而此时，距离他接受任务还不到3个月。

不断取得成功没有让高凤林飘飘然，他反而意识到知识的可贵，认为操作工人不能囿于一方天地，应该多学习专业知识，融会贯通，才能更好地指导实际操作。于是，离开学校8年的高凤林再次走进校园，重拾课本，开始了长达4年的业余学习。为了让知识面更广一些，他选择了机械工艺设计与制造专业。快毕业的时候，高凤林报名参加了一个航天系统大型技术比赛。怎么安排时间？白天穿梭于工作现场、训练场、课堂，晚上抱着两摞厚厚的书籍继续学习。他通宵达旦地学习，眼睛熬红了，头发也一把把地往下掉，但他没有放弃："我还年轻，扛得住！"功夫不负有心人，高凤林先是在技术比赛中取得了实操第一、理论第二的好成绩，不久又拿到了盼望多年的大学专科文凭。之后他又完成了从本科到研究生的学习。从一个技校毕业生成长为一名研究生，这是一个多么大的跨越！

2006年，著名科学家、诺贝尔物理学奖获得者丁肇中教授领导的反物质探测器项目，因为低温超导磁铁的制造难题陷入了困境。先后两批技术专家提出的方案都没能通过美国宇航局和国际联盟的评审。一筹莫展时，丁教授找到了中国航天科技集团公司第一研究院，请高凤林出手相助。高凤林到现场进行了基础性调研考证，并听取了之前两个方案的详细分析。他凭借丰富的实践经验和深厚的理论基础，提出了自己的设计方案，最终该方案获得美国宇航局和国际联盟的认可。

3. 甘于奉献，埋头实干见证平凡伟大

航天产品不同于一般的产品，它有自己的特殊性和风险性，许多问题的解决都要在十分艰苦和危险的条件下进行。高凤林始终无悔于他的选择，战斗在焊接第一线，在祖国最需要的时刻迎难而上，在平凡的岗位上，做出了不平凡的成绩。

高凤林的"金手"也曾受过伤。那时，国家正在建造亚洲最大的火箭振动试验塔，其中振动大梁的焊接是关键，属于一级焊缝，焊缝强度高，焊接难度很大。高凤林经过多方面考量，决定采用多层快速连续堆焊，使金属在熔融状态下尽可能减少停留时间，又不因冷却过快造成金属组织结构变坏，而这就需要在高温下连续不断地操作。焊件表面温度达几百摄氏度，常人根本不能忍受，但高凤林没有退缩，即使双手被烤得发干、发焦、发糊，他仍然咬牙坚持，最终焊出了合格的振动大梁。大家看着他受伤的双手，眼里都噙满了泪花。他这哪里是在工作，他是在拼命啊！

在研制生产长征五号运载火箭时，发动机在发射台试验过程中突然发生内壁泄漏。在

万分紧急的情况下，高凤林带领相关人员奔赴试车台。站在试车台上面对产品，身后就是几十米的山涧，让人心惊胆战。但高凤林临危不惧，冷静从容地做好相关准备工作。因为特殊的环境，故障点根本无法观测到，操作空间又非常狭小，高凤林就在只能勉强塞进一只手臂的情况下，运用高超技巧和特殊工艺艰难施焊，完成了这次抢修。待抢修完毕，汗水已经湿透了他的衣裳。

不是不累，不是不苦，可高凤林从没想过离开焊接这个岗位。他对航天事业的热爱和忠诚，在炽热的弧光照耀下越发闪亮。外资企业曾以高薪和解决住房等条件聘请他，他不为所动；许多次可以升迁的机会，高凤林也都放弃了。他始终认为，他的根在焊接岗位上，他的青春属于祖国的航天事业。

4. 乐于育人，传道授业铺就桃李花香

"一花独放不是春，百花齐放春满园。"高凤林成了技能大师、"金手天焊"，但他深知航天技术人才难得，决心要培养出更多优秀的航天高技能人才。

他毫无保留地把自己积累的丰富经验传授给年轻人，指导徒弟们掌握焊接的工艺控制过程，以达到最佳的焊接效果。针对徒弟们在操作中遇到的问题，他找准病因，对症下药，一步步地分解动作，手把手地耐心指导，帮助徒弟们快速成长。

在带徒弟的过程中，高凤林不断摸索，总结出一套人才培养和管理的方法，在实践中得到广泛认同和应用。2005年，高凤林所在的班组被中国国防邮电工会和中国航天科技集团公司联合命名为"高凤林班组"。崇高荣誉的背后，是高凤林洒下的无数汗水和付出的艰辛努力。现在，他所在的班组，19名组员中有5名全国技术能手、1名中央企业技术能手和1名航天技术能手。班组相继荣获"全国工人先锋号""全国学习型优秀班组"等多项荣誉称号。2011年，"高凤林国家级技能大师工作室"正式挂牌成立，这是国家人力资源和社会保障部首批命名的50个技能大师工作室之一，是实至名归的人才育成基地。

在火箭发动机系统焊接第一线，高凤林一干就是30多年，从技校学生成为一名研究生，从普通工人成为全国有名的"金手天焊"，他付出的心血是旁人无法想象的。是勇于创新、艰苦奋斗、甘于奉献的精神，让他成为新时代高技能人才的楷模，成为无数中国人学习的典范。耀眼的焊光映出了他坚毅的脸庞，也映出了他闪亮的人生。

(二)周东红：手工宣纸的"掌帘人"

宣纸作为文房四宝之一，是中国古典书画用纸，迄今已有1500多年历史。2006年，宣纸制作技艺被列入首批国家级非物质文化遗产。一张宣纸从投料到成纸，需要经过300多天、18个环节、108道工序，其中决定宣纸成败的就是"捞纸"这道工序。

周东红就是中国宣纸股份有限公司的一名捞纸工。常年与水打交道，手浸泡在水里，烂了又好，好了又烂；天天重复上千遍弯腰、转身、跨步的动作——这就是周东红的工作状态。

与这种状态相对应的是，他保持着一个令人敬畏的纪录：30多年来，一直保持成品率100%、产品对路率97%的辉煌成绩。这两项指标分别超国家标准8%和5%。

作为技术骨干，周东红参与了"香港回归纪念宣""建国五十周年纪念宣""建军八十周年纪念宣"等几十种新产品的试制。他还参与了宣纸邮票纸的生产试制，为我国成功发行

宣纸材质邮票奠定了基础。

1. 缘起

1984 年，18 岁的周东红初中毕业。起初，他想当个木匠，可是学了半年，他就放弃了。第二年，他到宣纸厂学捞纸。8 个月后，由于技术粗糙，他捞纸张捞得很费劲，合格率也低，结果汗没少流，苦没少吃，挣得却比别人少，他很想放弃。

这次，他的想法遭到母亲的强烈反对。母亲苦口婆心地对他说："哪有工作不辛苦的，你总是半途而废，怕吃苦，就什么也干不成。"最后，在母亲的劝说下，周东红硬着头皮回去了。

1987 年，为了扩大生产，泾县宣纸厂要招一批学徒，并提供系统性培训，这给了周东红第二次学捞纸的机会。这一回，周东红终于沉下心来。他每天早晨 3 点多就起床，然后弓着腰，浸泡在水里劳作 10 多个小时，重复 1000 多次同样的动作。这种苦不是常人所能承受的，可周东红想到母亲的话，咬牙坚持了下来。

孟子说："故天将降大任于是人也，必先苦其心志，劳其筋骨，饿其体肤，空乏其身，行拂乱其所为，所以动心忍性，曾益其所不能。"年方弱冠的周东红没有被困难吓倒，腰痛了贴上膏药，手上生了冻疮也坚持捞纸……他持续苦练基本功 8 个月，终于顺利出师，习得了捞纸的关键技艺，从一名农民变成了国有企业的熟练技工，由此与宣纸结下了不解之缘。

2. 缘深

传统手工宣纸制造工艺非常复杂，细分有 108 道工序，其中捞纸环节最为关键，技术难度也最大，因为它直接决定了纸张的厚度和平整度。怎么个捞法呢？两个人互相配合，一主一副。前者称为"掌帘"，掌控节奏；后者称为"抬帘"，负责配合。打捞的过程看似很简单：将竹制的纸帘在纸浆槽里晃荡两下，待纸浆沉淀到帘上，摊成薄薄的一页，再将它从帘上轻盈地掀下来，一张宣纸便有了雏形。单次打捞平均耗时不过十几秒，好像没什么难度。然而，周东红深知，要练出一手好的捞纸技艺，不下苦功夫是不行的。

从学徒到正式走入车间，周东红一直在坚持不懈地学习。为了不影响其他工种的进度，捞纸工人的工作时间常常是从凌晨 1 点开始，一直持续到傍晚。周东红不怕吃苦，顶着满天星星去上班，又披着一身暮色回家，即使下了班，他脑子里还惦记着捞纸。师傅捞纸的时候，他总是反复观察每一个用力的细节，感受细微的变化。他边干边学，边问边记，还经常自己琢磨：怎样将纸浆沉淀均匀？什么时候捞纸最适宜？

为了捞出令人满意的纸张，周东红在最初的一年里，除了吃饭、睡觉，每天都在捞纸车间里。日复一日地弯腰、转身、跨步……千万遍地重复，熟能生巧，周东红终于练就了一身好本领，能精准地掌控不同季节、不同光线下宣纸的厚薄和纹理。这是一个多么了不起的成绩啊！他欣喜不已，母亲也为他的进步感到骄傲。从第二年起，周东红每年至少能完成 130％ 的生产任务，有时甚至高达 145.54％，而这也创下了公司的最高纪录。

捞纸技艺对每张纸的重量有严格要求：误差需在 1 克之内。而周东红可以把误差控制在 0.5 克之内，一刀纸（100 张）误差在 50 克以内，这是一个连书画家都称赞不已的水准。

从 1992 年开始，周东红开始转变角色，他逐渐把更多的精力投入新产品试制、新技术研发上。2010 年，他看到用芒秆制造的捞纸帘床极易损坏，于是提出了用塑料替代的建议，这项改革极大地提高了帘床的使用寿命，为企业节省了一笔不小的开支。2011 年，周东红又提出了以机械划槽代替人工、以不锈钢代替木头制作纸药桶等建议，均被采纳，为宣纸生产节约了大量人力、物力。

3. 授徒

宣纸传统制作技艺是我国的非物质文化遗产。为了让宣纸传统制作技艺代代相传，中国宣纸股份有限公司实施了以老带新的"蓝青工程"。周东红一马当先，在"传、帮、带"中做表率。2014 年 5 月，公司设立了"劳模创新工作室"。周东红作为"宣纸纸帖压榨技术研究与开发"课题组组长，带领小组成员开展攻关，培养青年工人。

捞纸难，当师傅更难。徒弟刚开始学习，动作不协调，要领掌握不到位，不仅师傅教起来费力，而且纸张的成品率会大幅降低。面对这种吃苦而费力的事，周东红从不推辞，他说："师傅手把手教给我捞纸的技艺，我也要把这项技艺传承下去。"语言虽不华丽，却道出了周东红的心声。他甘当徒弟前进的铺路石，毫不保留地点拨，手把手地教授。一般的捞纸师傅一辈子最多带五六个徒弟，而 30 多年来，周东红先后带了 20 多个徒弟。这 20 多个徒弟在他的教导下，不断成长，成为捞纸车间的顶梁柱。

4. 传承

进入 21 世纪，传统文化事业受到市场的强烈冲击，亟须保护。2007 年，中国宣纸文化园在安徽泾县成立，周东红被抽调到文化园。从此，他的工作逐渐从单纯的宣纸生产转变为对古法宣纸制造进行生产性保护。

传统文化事业需要传承，周东红离不开他的宣纸制造工作。在他看来，老祖宗的文化不能丢，用自己的努力让传统得以延续，这是比自己生命还重要的事情。

非物质文化遗产该如何传承下去呢？国家采取了一定的措施，周东红也陷入了思考。2015 年年底，中国宣纸博物馆在宣纸文化园附近建成，宣纸文化被纳入当地的旅游项目。周东红不仅生产宣纸，同时还是最佳宣传员。他说："在当今电子信息大爆炸的年代，我们要保护好、传承好老祖宗留下的珍贵遗产。"

2016 年夏天，周东红还应邀参加了"非遗进清华"活动。他作为非物质文化遗产传承人之一来到中国顶尖高校学习，与其他人交流，传播非物质文化遗产的魅力，成了一名实实在在的宣纸文化代言人。

30 多年来，周东红捞出了近千万张纸，没有一张不合格。这一奇迹缘于他在传统技艺上的精益求精和极致追求。对周东红来说，每一张纸都是他努力的成果，更是传统技艺智慧的传承；每一张纸都融进了他对宣纸的热爱之情，更让他体会着劳动的快乐。用心做好每一张纸，传承我国非物质文化遗产，周东红感到幸福又自豪……

【实践活动一】

"工匠精神之我见"主题演讲

【活动目标】

（1）加深对工匠精神的认识。

（2）通过主题演讲，宣扬工匠精神。

【活动准备】

准备与工匠精神相关的资料，书写讲稿并做好演讲场所、设备及服装的安排。

【活动设计】

组织相关人员参加"工匠精神之我见"主题演讲。

【注意事项】

(1)演讲时仪表应整洁、大方。

(2)演讲时表情、动作应与内容相符。

(3)演讲时声音应洪亮，保证在场的每个人都能听到。

(4)演讲时眼睛要注视听众，注重互动交流。

【结果评价】

教师或组长可参考表 3-1，对学生的演讲表现进行评价。

表 3-1 "工匠精神之我见"主题演讲评价表

评价项目	评价细则	分值	得分	总分	教师或组长评价
演讲内容	内容契合主题，见解独到	20			
	材料真实、典型、新颖	10			
	讲稿层次分明，构思巧妙	10			
语言表述	吐字清晰，声音洪亮	10			
	语速适当，表达有节奏感	15			
形象风度	举止自然得体，精神饱满	10			
	适当运用手势、表情等辅助表达	10			
综合表现	演讲效果好，有较强的感染力	15			

【实践活动二】

"工匠精神进校园"宣传活动

【活动目标】

(1)加深对工匠精神的认识。

(2)通过宣传活动，宣扬工匠精神。

【活动准备】

准备与工匠精神相关的资料，并制作成各种类型的宣传材料，做好宣传渠道和人员的安排。

【活动设计】

通过校园刊物、广播、视频、演讲等多种形式的活动来宣扬工匠精神。

【注意事项】

(1)注意与受众的互动。

（2）注意参与活动的人员的安全。

【结果评价】

教师或组长可参考表 3-2，对宣传活动效果进行评价。

表 3-2 "工匠精神进校园"宣传活动评价表

评价标准	分值	得分	总分	教师或组长评价
内容契合主题	20			
材料真实、典型、新颖	20			
活动内容丰富	20			
活动时间充足	20			
活动形式适合相关材料及受众	20			

实践篇

第四章
家务劳动：生活自理我能行

本章导读

　　家务，又称家事、家政，方言中也叫过日子、过日月、过光景等。家务内容复杂，既有开门七件事——柴、米、油、盐、酱、醋、茶，又有缝新补烂、洗洗换换，也有饲养家畜、家禽，还有房屋的修建，家具的购置、保管、使用，结婚生子，抚育赡养，亲友往来，诸事应酬，逢年过节的生活安排，家庭成员之间的矛盾纠纷处理等。家务事琐碎而繁杂且变化多。

　　专家认为，家务劳动是树立正确的劳动观念和培养劳动习惯的最佳方式，它是全面发展劳动教育的重要组成部分，对培养高尚的道德意志和品质，增强条理性及动手能力都有重要作用。

学习目标

知识目标

(1)理解家务劳动的意义。

(2)理解学习家务劳动的重要性。

(3)了解家务劳动的基础知识。

素质目标

(1)通过本章的学习，提高生活自理能力。

(2)协助家人处理家务。

(3)在日常生活中进行家务劳动实践。

✎ 课前讨论

一屋不扫，何以扫天下

东汉时期有一个人叫陈蕃，他学识渊博，胸怀大志，少年时代发奋读书，以天下为己任。一天，他父亲的一位老朋友薛勤来看他，见他独居的院内杂草丛生、秽物满地，就对他说："你怎么不打扫一下屋子，以招待宾客呢？"陈蕃回答："大丈夫处世，当胸怀天下，怎么会在意一间屋子！"薛勤当即反问道："一屋不扫，何以扫天下？"陈蕃听了无言以对，觉得很有道理。从此，他开始注意从身边小事做起，最终成为一代名臣。

【思考与讨论】

(1)这个故事讲了什么道理？

(2)陈蕃的改变给了你什么启发？

第一节　穿戴有礼

人们常说"衣食住行"，其中，"衣"排在第一位，这充分说明了衣物穿戴在日常生活中的重要性。衣物相关的劳动(如洗涤、晾晒、折叠、收纳、保养等)是家务劳动的重要组成部分。

一、衣物洗涤方法

★ 微视频

常见质地衣物的
洗涤方法

不同材料类型的衣物洗涤方法不同。

1. 毛织品

全毛纤维有可塑性、吸湿性、缩绒性、弹性、回弹力等特点，因此在洗涤时较复杂，羊毛属蛋白质性质的纤维，耐碱性差，不耐高温。大多数全毛衣物适宜干洗。一般呢绒也可以水洗，但水洗时，应在40℃以下的温水中浸泡。

2. 丝织品

丝织品是一种"娇气"的蛋白质纤维，洗涤时必须十分小心。过高的温度、剧烈的摩擦及碱性条件等，都会损坏这种优质织物的美观和耐用性。丝织品应放在中性的洗涤液中洗涤。在最后一道冷水清洗过程中，加入少量醋酸或柠檬酸，可提高织物的鲜艳度和光泽效果。

3. 化纤织物

化纤织物的洗涤比较方便，容易去污，用肥皂、洗衣粉、洗衣液等均可洗涤。化纤织物怕热，受热后衣物容易损坏或收缩。过水时一定要清洗彻底，否则易出现织物泛黄、变色、发硬的现象。

4. 棉织品

棉织品一般比较耐碱和高温，但不耐酸，所以一般棉织品都可以在碱性水溶液和热水中洗涤。但深色织物洗涤时，温度不能过高，以免褪色。由于棉纤维缩水程度大，衣物洗涤后容易出现褶皱。而且它在潮湿的环境下容易发霉。

5. 麻织品

麻纤维的最大特点是强度大。麻织品具有耐摩擦、耐拉的特点。麻织品耐碱性好，洗涤时可用各种肥皂和合成洗衣剂。麻纤维的弹性较差，属于天然纤维中弹性最差的品种，洗涤后必须上浆熨烫，才能保持挺括。

➕ 拓展阅读

如何清洗易褪色的衣服

（1）在洗衣服前，一定要先将深色衣服和浅色衣服分开。

（2）洗易褪色的衣服时，可先将其放入盐水中浸泡约30分钟，然后用清水洗干净，再按一般洗涤方法洗涤，这样就可以防止衣服褪色。尤其是黑色或红色的衣服，按以上方法处理效果更为显著。

（3）牛仔裤洗时易褪色，可在洗前先将其放在冷的浓盐水中浸泡约2小时，再用肥皂洗涤。

（4）毛衣洗涤时易褪色，如果用凉茶水先将毛衣浸泡10分钟，再按一般洗涤方法洗涤，则毛衣不仅能洗得干净，而且不会褪色。

二、 衣物晾晒指南

将衣物清洗干净后，接下来要做的就是晾晒了。

(一)晒衣有顺序

1. 内衣——正晒

很多人洗完衣服都习惯反过来晒，但是内衣反着晒，容易让衣服粘染灰尘和细菌。内衣内裤都是贴身衣物，更容易引起肌肤敏感，一定要正着晒。另外，内衣的正确挂晒方法是：最好倒过来夹住，或者从中间挂起，这样内衣干得更快且不容易变形。

2. 外衣——反晒

外衣最好反着晾晒，特别是颜色鲜艳和深色的衣服。尤其夏季太阳很大的时候一定要反晒，因为阳光曝晒极易导致衣服褪色。

3. 毛衣——平晒

毛衣不能直接晒，因为毛衣织线并不紧密，为了防止毛衣变形，可在洗涤后把它们装入网兜，平铺在通风处晒干。细线毛衣相对粗针毛衣来说织线更紧密，可以直接在衣架上晾晒。但是在晾晒前，最好在衣架上卷一层毛巾或浴巾，或者用两个衣架悬挂，防止衣服因过重下坠而变形。

(二)晒衣讲材质

1. 丝绸——阴凉处晒

丝绸类的衣服洗好后最好放在阴凉通风处自然晾干，因为丝绸类服装耐日光性差，所以不能在阳光下直接曝晒，不然会使织物褪色、强度降低。

2. 毛呢材质——自然晾干

毛呢衣物应避免阳光直射，因为羊毛纤维的外表为鳞片层，其天然油胺薄膜给了羊毛纤维柔软的光泽，假如放在阳光下曝晒，则油胺薄膜会因高温发生氧化，严重影响毛呢的外观和使用寿命。毛呢衣物尤其是白色毛织物，在阳光直射后颜色容易发黄，所以洗后要放在阴凉通风处自然晾干。

3. 化纤衣服——不能曝晒

化纤衣服洗完后，不宜在日光下曝晒。比如腈纶纤维曝晒后易变色泛黄；锦纶、丙纶在日光的曝晒下纤维容易老化；涤纶、维纶在日光照晒下纤维的光化裂解会加快，影响布料的寿命。所以，化纤类衣服要在阴凉处晾干。可以直接挂在衣架上，让其自然风干。

4. 棉麻布料——直接晒

棉麻布料的服装通常都可放在阳光下直接晾晒，因为这类纤维在日光下强度几乎不降低或稍有降低，且不会变形。不过，为了防止褪色，最好反过来晒。

拓展阅读

换季衣服先晒再穿

换季时，大家纷纷将"压箱底"的衣服取出。许多人认为，去年的衣服洗好、熨好，干干净净收进衣柜了，今年再拿出来，只要弄平整就能穿了。但事实并非如此。

这些衣服被存放在衣柜或箱子内很长一段时间，可能因为空气不流通滋生螨虫，还可能带有一些病菌或过敏原。如果衣服上还存有没处理干净的皮屑、皮脂，或与樟脑球接触过，情况就更糟了。若换季时衣服未经处理直接拿来就穿，容易导致皮肤问题，严重的可能导致过敏性皮肤病，如荨麻疹等。

因此，找个天气晴好的时间，赶快翻出换季衣服、被子等，让它们到太阳下晒个"日光浴"吧。阳光是天然的"灭菌剂"，其中的紫外线能杀灭螨虫、霉菌等。此外，阳光照射可以给衣服除湿，也具有除菌作用。

晾晒时要"因衣而异"。普通棉质衣服可以直接在太阳下晾晒，最好选择在中午时分，尤其是中午12时到下午3时，此时紫外线最强；晾晒时间不宜过长，1～2小时即可。丝、毛纤维及混合纤维面料制成的衣服，不宜长时间接受阳光直射，否则高温曝晒会加速其氧化、变黄，可直接挂在衣架上，选择光线不太强的通风处晾晒。晾晒时间也不用过久，3小时就足够。

三、衣物折叠、收纳要点

（一）衣物折叠

叠衣服大致分为三类。

1. 悬挂派

绝大部分衣服都可以悬挂收纳，但是有些材质的衣物挂得时间长了就容易变形，如毛衣、棉质的T恤、背心等，这类衣服最好折叠起来收纳。而西装、商务衬衫类衣物不容易变形，穿的时候要求也比较高，不能有褶皱，可以把它们悬挂起来。悬挂衣服的时候，最好根据衣服的长短来分区依次悬挂，就可以在短衣区下方留出一定空间，用来存放储物盒等（见图4-1）。

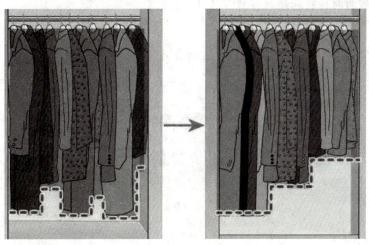

图 4-1　悬挂派

2. 竖叠派

所谓的竖向折叠，就是把衣服多叠一下，让它可以立起来存放。采用这种方式收纳的衣服，拿取的时候都一目了然，也不用担心弄乱旁边的衣服，非常方便（见图4-2）。不过竖叠也有缺点，那就是会使衣服产生更多的折痕。如果衣服太少了立不住，还需要用立板来支撑。针对竖叠的特点，适合这个方法的衣服种类有 T 恤、薄毛衣、卫衣、棉质的衬衫等。这些衣服不用担心会产生太多的褶皱，支撑性也较强，比较方便立起来。

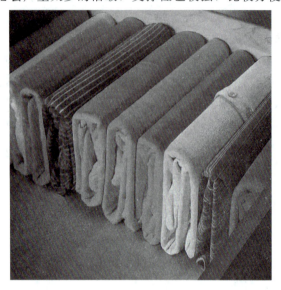

图 4-2　竖叠派

3. 平叠派

对于有些比较轻薄的衣服，如丝质品、莫代尔棉等，悬挂着容易变形，竖叠又难以直立，只能采用平叠的办法（见图 4-3）。除此之外，一些加绒卫衣和厚毛衣也可以平叠收纳，把它们竖着放反而更占空间。大多数人日常叠衣都采用平叠法。使用平叠，平时存放很方便，但是拿取衣服时比较麻烦，容易弄乱其他衣服。

图 4-3　平叠派

(二)衣物收纳

(1)在进行相应的衣物收纳工作之前，一定要事先做好分类，因为不同种类的衣物放在一起不便取用且会占用更多空间，同类的衣物叠放在一起才能更合理地利用起空间。

(2)很多衣柜都分为上下两层，在上层空间可以放一些平时不怎么穿的过季衣服或棉被等，下层空间可以放当季要穿的衣服。

(3)有些穿着频率太低的衣服最好选择淘汰。衣柜的空间有限，不断地添加新衣服，肯定会不够用。一些不穿的衣服可以捐赠出去，这样既能帮助别人，还能够释放衣柜的空间。

拓展阅读

日本"收纳女王"，如何走向顶级家居整理的殿堂

近藤麻理惠，日本第一主妇，也是日本最出名的"收纳女王"，通过写作出书、演讲宣传、制作综艺节目、参加真人秀，来指导人们如何整理自己的家，从而生活得更加简洁、舒适。

这位普通的日本主妇，通过"做家务活"，让自己的名字传遍了世界，曾经被评为影响世界的人物之一。

她的目标很简单，就是传达"通过整理，使世界怦然心动"的理念。

从普通的家庭主妇，到走向顶级家居整理的殿堂，她运用的不仅仅是劳动的体力，还有劳动的智慧。如果你觉得干家务活是每个人都会做的事情，是不需要运用智慧和才华就能够做到的，那么可能你对收纳这门艺术还不太理解。这个世界上没有任何一件事情是轻轻松松就能搞定的，想要做得好、做得巧，怎么可能不需要动脑子去思考？

例如，面对家里堆得像"小山"一样的衣物，有的很多年都没有穿过，有的已经不再合身，一方面知道自己的衣服已经足够多，根本穿不过来，另一方面还是控制不住自己的消费欲望，忍不住"剁手"买不停。这个时候对衣柜进行全面的大整理，对思维进行"改造"，明白"断舍离"的重要，摆脱对物质的依赖，成为物的主人，合理地取舍，就是一门难得的艺术。面对喜欢随手乱放东西的家庭成员，如何把乱糟糟的衣物间收拾得整洁有序，既合理利用空间，又美观养眼，也是需要智慧和才华的一件事。同样的一个衣柜，能容纳物品的多少，和你收纳整理摆放的秩序和位置，以及折叠的手法都有着密切的联系。

以最小的空间，收纳最多的物品，这何尝不是一种极高的"智慧"？把整个家从里到外收拾得干净整洁、美观舒适，这如何不需要一番审美的"才华"？看到这里，你还觉得"做家务活"是一件非常容易的事情吗？

每个家庭的经营和维护，都离不开家庭成员的辛苦操劳和努力付出。那些把家务当作自己人生事业的人们，也能够在看似"不起眼"的工作中，创造出价值与意义，甚至是名气和财富。

正如近藤麻理惠，这位日本的收纳女王，从家庭主妇，一步一步走向顶级家居整理的殿堂，打破人们对主妇的偏见，在赢得名利与财富的同时，也收获了体面和尊严。

四、 衣物保养技巧

1. 选择合适的衣架

大衣或西装等要避免起皱或变形的衣物，最好选择有一定厚度的衣架；外套则要选择宽度比垫肩窄 10cm 左右，且肩膀前方微微往下弯的衣架。虽然全部使用轻薄设计或相同造型的衣架收纳效果比较好，但一般的铁丝衣架就是造成衣物变形的主因，千万不要忽略。

2. 回家后清除灰尘与湿气

衣服穿了一整天一定会沾有灰尘，因此回家后要立刻用刷子等清除灰尘，刷完后再悬挂起来，等湿气蒸发后再收起来，以避免衣服发霉。

3. 从干洗店将衣服拿回来后

从干洗店将衣服拿回来后，应拿掉外面的塑料袋，放在通风良好的地方阴干一阵子，这样能让干洗时用的清洗剂挥发掉，还能避免塑料袋里的湿气导致衣服发黄与变形。

4. 套上衣物防尘套

长期收纳在衣橱里的衣物，应套上防尘套，避免沾染灰尘。最好使用透气性好的布料或无纺布制成的防尘套。市售的衣物防尘套有只挂单件或可挂多件的款式。

5. 衣物上斑点的处理

衣物上的斑点越早处理越容易清除。从外面回家或换季收纳前，应仔细检查衣物，及时清理。此外，无法清除的斑点以及容易洗坏的高级衣物，最好交给专业人员处理。

6. 合理放置防虫剂

防虫剂挥发出来的气体一般比空气重，会向下方沉积，因此丝质或克什米尔羊毛等高级材质制成的衣服要放在防虫剂上方，棉质与化学纤维的放在下面。使用收纳箱或抽屉时，可用胶带把防虫剂粘在盖子内侧或箱体上方。衣橱里的防虫剂则要等距离吊挂，以便保护所有衣物。在高密闭性的地方不要放太多防虫剂，否则容易导致气体因饱和状态再次结晶，进而附着在衣物上；反之，若是存放太多衣物，则气体无法均匀扩散，使保护作用减弱，所以一定要留出足够空间。

第二节 食之有味

一、 中华饮食文化

中国有一句俗语"民以食为天"，食，是人在这世间生存最基本的需求之一。人们需要摄入食物来获取身体成长所需要的营养和生命活动所需的能量，维持自己的生命。

中国人的传统饮食是以植物性食料为主。主食是五谷，辅食是蔬菜，外加少量肉食。

形成这一习俗的主要原因是中原地区以农业生产为主要的经济生产方式。但在不同阶层中，不同种类的食物配置比例不尽相同。

以热食、熟食为主，也是中国人饮食习俗的一大特点。这和中国文明开化较早和发达的烹调技术有关。中国古人认为"水居者腥，肉臊，草食即膻"，而热食、熟食可以"灭腥去臊除膻"（《吕氏春秋·本味》）。中国人的饮食历来以食谱广泛、烹调技术精致而闻名于世。史书载，南北朝时，梁武帝萧衍的厨师，一个瓜能变出十种式样，一个菜能做出几十种味道，烹调技术的高超令人惊叹。

在食具方面，中国人饮食习俗的一大特点是使用筷子。筷子，古代叫箸，在中国有悠久的历史。《礼记》中曾说："饭黍无以箸。"可见早在殷商时代，人们已经使用筷子进食。筷子一般以竹制成，一双在手，运用自如，既简单经济，又很方便。许多欧美人看到东方人使用筷子，叹为观止，赞为一种艺术创造。实际上，东方各国使用筷子其源多出自中国。中国人的祖先发明筷子，确实是对人类文明的一大贡献。

二、 健康饮食

★ 微视频

平衡膳食宝塔

2019 年 7 月，健康中国行动推进委员会发布了《健康中国行动（2019—2030 年）》。这份文件不仅提出了到 2030 年的一系列健康目标，还对人们的日常膳食、科学运动、控烟戒酒、作息时间、中小学生健康等方面给出了详细的"国标"供参考。文件中给出了健康饮食的 6 个标准。

1. 人均每日食盐摄入量≤5g

研究发现，我国是食盐摄入量最高的国家之一。世界卫生组织在 2013 年建议人均每日食盐摄入量不超过 5g，而我国居民在过去 40 年里人均每日盐摄入量达到 10g 以上，是推荐量的 2 倍之多。诸多研究表明，高盐饮食是引起高血压、心脏病、中风等心脑血管疾病的重要因素之一。

2. 成人人均食用油建议每日摄入量 25～30g

食用油是日常烹饪中必不可少的食材，是人体必需脂肪酸的重要来源，可以促进脂溶性维生素的吸收。但摄取食用油过多会增加肥胖、动脉粥样硬化、血脂异常、高血压、糖尿病等慢性疾病的发病风险。

3. 人均每日添加糖摄入量≤25g

糖浆、白糖、红糖、果糖、冰糖、葡萄糖、蔗糖等添加到食品中的糖类摄入太多，易导致龋齿、肥胖、血脂异常、心脏病、糖尿病等疾病。

生活中，添加糖无处不在，含糖饮料（包括碳酸饮料、功能饮料、果汁）、甜点（包括面包、蛋糕、饼干等）、果干蜜饯、膨化食品、罐头、酸奶等加工食品中含糖量都很高。此外，糖醋及红烧菜肴、凉拌菜中的糖分也不容忽视。如果经常食用这些食品，不知不觉中就会超过每人日均 25g 的添加糖摄入量。

4. 蔬菜和水果每日摄入量≥500g

蔬菜、水果中含有丰富的维生素、膳食纤维、矿物质等，是合理膳食的重要组成部分。研究发现，食用足量的蔬菜和水果有助于保持健康体重，还能降低中风、冠心病、食道癌及结肠癌的发病风险。

根据《中国居民膳食指南(2016)》的推荐，成年人每天要保证摄入 300～500g 蔬菜，其中每餐中深色蔬菜应占一半以上，每天吃的蔬菜品种最好达到 5 种以上。人均每天应摄入水果 200～350g。果汁不能替代水果。

5. 每日摄入食物种类≥12 种

《中国居民膳食指南(2016)》建议膳食多样化，平均每天吃 12 种以上的食物，每周吃 25 种以上的食物。

很多人会感慨每天吃 12 种食物太难了。实际上，把 12 种食物合理分配到一日三餐中就不难做到了。比如早餐吃 4～5 种，午餐吃 6～7 种，晚餐吃 4～5 种，再加上水果和零食，很容易就超过 12 种了。那如何确保一周达到 25 种以上呢？

一段时间内，各类食物换着吃便可实现食物多样。比如今天的主食是米饭，明天可以吃面条，后天可以吃燕麦粥或者杂粮饭；猪肉、鸡肉、鸭肉、牛肉等畜禽肉可以互换；牛奶可以跟酸奶、羊奶、奶酪等换着吃；鱼类、贝类、海藻等都可以互换食用。

6. 成年人维持健康体重，18.5≤BMI＜24

体重是衡量一个人营养和健康状况的重要指标。目前较广泛使用的判断体重的指标是体重指数(BMI)。

$$BMI(kg/m^2)=体重(kg)/身高(m)的平方。$$

我国健康成年人的 BMI 正常值应为 18.5～24kg/m² 之间。BMI 在 24～27.5kg/m² 之间属于体重超标，BMI 在 28～34kg/m² 之间则为肥胖，如果 BMI 低于 18.5kg/m² 就是体重指数过低，属于营养不良，这三种都是不健康的表现。

✚ 拓展阅读

节食减肥的危害

很多女孩子为了达到快速减肥的目的，往往采用节食等极端方法。殊不知，节食的危害很大，总的来说有以下几点。

1. 营养不良

通常节食减肥都会长期只吃一类食物，比如水果、蔬菜等，肉类很少吃或基本不吃。控制饮食虽然能达到减肥的目的，但却影响了健康状况。人体所需的营养物质和能量都要从食物中获取，如果饮食单一，那么会导致营养不良，会严重影响身体机能。

2. 胃病

节食减肥也会直接伤及胃。长期节食会导致胃部的运转能力和承受能力下降，若不按时吃饭，胃里没有食物，胃酸就会直接刺激胃部，久而久之就会引起胃部血管硬化、胃溃疡等各种胃病。

3．内分泌紊乱

人们保证一日三餐的合理膳食，是为了从食物中摄取人体所需的营养物质，如蛋白质、脂肪、矿物质等。长期节食很容易引起维生素和微量元素的缺乏，造成人体的代谢功能减慢，导致内分泌失调，影响身体健康。

4．记忆力减退

大脑运转的主要能量来源是糖类，能量供给会影响大脑的状态。过度节食会导致人体能量不足，机体营养缺乏，严重时甚至会导致脑细胞受损，记忆力也会受到影响。

5．脱发

如果过分节食，则头发缺乏充足的营养补给，如缺少铁的摄入，便会使头发枯黄无光泽，最后导致大量脱发。

三、 家庭烹饪技巧

(1)放盐的多少直接关系着一道菜的好坏。

(2)大多数菜都在临近出锅前才加盐、醋这两种调味品，过早地投入调味品不仅影响口感，还会破坏菜的色泽。

(3)糖有时候是为了甜，有时候是为了使咸或者辣更突出。同理，盐有时候是为了咸，有时候是为了使甜更突出。

(4)切肉要逆纹路纵向切，不然不易煮熟也不易咀嚼；切蘑菇要顺纹路切，不然吃起来太糯；切笋要避开纹路斜切，不然切不动也咬不动。

(5)一定要试菜。由于很多菜重要的调味都在最后步骤，试菜可以很大程度上解决味道不够的问题，所以最后的关键调味料宁缺毋滥。调味结束后不要忙着关火，试过之后没问题再出锅。

(6)煲白粥之前要先腌米，米洗好之后加上少量的盐和油腌半小时以上，然后放水煲粥，煲里可以放两根瓷制的汤勺一起煮。

(7)肉片要先腌过再煮(烫或炒均适用)。

(8)煲汤用的鲜肉要先焯水。

(9)焯青菜的时候，一般用沸水。在水中加点盐和油，可以让青菜色泽更加鲜艳，口感清脆，还能保持蔬菜的营养。焯好水之后的青菜也可以马上浸入冷水中，这样可以防止青菜变黄。

四、 烹饪安全注意事项

1. 切菜时不要受伤

切菜的时候，就算是非常熟练的厨师，一不小心也容易切到手指。在做饭的时候，切到手指还很容易感染。所以平常切菜的时候要放慢速度，安全为上。

2. 用高压锅煮饭注意安全

高压锅不管是炖汤还是煮饭的速度都快于电饭锅，但是它也有不小的安全隐患，应注意及时关火，防止阀门堵塞等。

3. 炒菜时注意不要被油溅到

油在加热的状态下，若是碰到水，就会发出噼里啪啦的声响，还会飞溅。若是大量水油飞溅，可能会灼伤皮肤。将食物放入油锅中时，要轻放，否则油也容易溅起来。

4. 要专心做饭

在做饭的时候，注意力要集中。没有留意食材的变化导致食材烧焦或者添加了过量的调味剂，又或者在做饭的过程中受伤，这些都是不专心导致的。

5. 火不要一下子开太大

大家都知道，要想饭菜做得好吃，就要掌握好火候。在家里煮饭的时候，不要一下子将火开得太大，否则很容易发生事故。

6. 锅内起火，不要用水扑灭

在家里一般锅内起火，都是因为油温过高，这时不要用水去扑灭，最好是用湿布或锅盖盖住，起到隔绝氧气、灭火的作用。

7. 烹饪后将煤气关上

做完菜后，应将煤气罐的阀门关上，以保证安全。

 **拓展阅读**

基本食材的采购与保存

（1）食物采购的原则，基本上是越天然的越好，新鲜的比冷冻的好，更比袋装的好。原料比半成品好，更比可以直接吃的熟食好。

（2）如果非要选择袋装食品，那就尽量选保质期短的。

（3）鸡肉可以考虑直接买鸡大胸。虽然鸡小胸更好吃，但是鸡大胸价格便宜，也没有骨头。一块鸡大胸可以做一到两个菜。

（4）叶子类的蔬菜，放到冰箱的蔬菜盒里就行。但存放时间不应该超过一个星期。鸡蛋放在冰箱的冷藏室里就行。

（5）胡萝卜、土豆这类块茎蔬菜，放在干燥避光的阴凉处就行。

第三节　起居有序

一、健康作息

养成健康的作息习惯，不仅对学生阶段的学习非常有益，甚至对未来一生的学习和工作都会产生重大的影响。有许多成功人士的成功都得益于他们良好的作息习惯，因此应该重视自己的作息习惯。

1. 把作息安排变成生活习惯

很多人其实有非常适合自己的时间表、计划书，但无法做到每天坚持。如果始终把按计划做当作一件痛苦的事，为了遵循而遵循，则很难持之以恒。计划可以很简单，但不能不停地改变，应努力把计划日程变成一种生活习惯，使其和一天三顿饭一样自然，这样可以保证稳定。

2. 合理安排

制定了作息时间表，就要坚持严格执行。可以把作息时间表贴在墙上，自己遵守并由父母监督。另外，养成一个良好的学习习惯，不仅要合理安排自己的时间，而且要做到"松紧一致"。有的学生到了假期就会比较放纵自己，作息时间比较乱，到上学的时候要调整过来又比较困难，而且很累。正确的做法是，假期的时间安排应和上学时差不多。学习有一个惯性，可以适当间歇，但是不能一下扔开过久，要"松紧一致"。

3. 调整状态

按照自己的特点制定的作息时间表固然有其优越性，但有时却与考试期间的作息时间不一致。而人体的节律具有"惯性"，很难一下子完全调整过来，所以必须提前行动，在考前将自己各方面的情况调节到最理想的状态。总的来说，一个人的作息时间应根据自己的情况来定，并且在学习的过程中不断调整，以适应新的学习情况。

✦ ⊕ 拓展阅读

熬夜看手机的危害

1. 伤害眼睛

长时间看手机会伤害眼睛，尤其是长时间躺着看手机。如果将房间里的灯关掉的话，手机屏幕的亮光更容易对眼睛造成严重的伤害，长期如此，视力就会降低，严重的可能还会患上青光眼，甚至造成失明。

2. 降低睡眠质量

熬夜看手机会导致大脑兴奋过度，难以入睡，引起失眠，影响睡眠质量，不利于身体健康。

3. 伤害皮肤

玩手机的时候，手机对着脸部，电磁辐射更容易伤害脸部的皮肤，导致脸上长出色斑，甚至产生皮肤过敏等症状。另外，玩手机加上长期熬夜，也容易长出黑眼圈、眼袋，影响面容。

二、 勤于打扫

（一）家庭打扫的步骤

在打扫之前，要先把家里的东西收纳规整，合理安排。一些不用的物品可以扔掉。沙发、床之类，可以先遮盖起来。

一般要先打扫厨房，厨房的油烟严重，是卫生的重点清扫区。先打扫抽油烟机，如果抽油烟机上面的油污太多，建议可以请清洁公司来专门打扫厨房。卧室要先于客厅打扫，可以先把被子晾晒出去。卫生间是最后打扫的区域。

先打扫屋顶，然后擦墙壁、玻璃、纱窗（如果窗帘需要清洗的话，要先把窗帘摘下来），最后才是地面。因为前面的打扫过程中难免会有灰尘落到地面上，打扫房间时来回走动，尘土也多，所以地面最后再打扫。

（二）打扫的频率

平时要注意家庭卫生，可以一个星期或一个月搞一次家庭大清扫。平时注意环境卫生，到了年底的时候，就不至于清洁量太大。学会借助工具，如扫地机或智能擦玻璃机，能够有效减轻打扫工作量。

三、 学会收纳

（一）收纳器具

收纳器具的选择不仅要注重美观，还要注意耐用性和持久性。

市场上用于收纳的器具很多，大到各种架子、柜子，小到各种置物筐、挂袋，有各种颜色和款式。但是，选择收纳用具时，不仅要考虑用具的大小、颜色与家里的整体装修协调，还要注意用具本身的耐用性和持久性，更要注意收纳器具本身要具备"一物多用"的功能。

在选择收纳器具时，最好选择白色或者透明的器具，这样的器具不仅款式大方简约，还可以与周围的环境融为一体。形状上，要慎重选择圆形的收纳器具，以便在收纳时能够充分利用空间。

（二）收纳场所

收纳场所，一定要物尽其用，方便取用收纳，不是东西随便"收"在一起，而是为了使用更方便。在收纳的时候，要遵循一个原则：在哪里使用，就在哪里收纳。比如，每天洗漱要用的毛巾、牙刷、香皂、梳子等，可以在洗漱的地方用一些隔断或者收纳筐，把这些东西放在一起，方便随时取用。

在日常生活中，各种小东西必须放在指定的位置。一开始，这样做会有困难，但坚持几次，就会成为一种习惯。任何时候，东西用完，马上放回原处。养成习惯后，各类东西就各就各位，收纳到位。

（三）物品分类

有的时候，东西比较多，时间久了会想不起来某样东西放在哪里。可以在装东西的抽屉和箱子外面写上物品名，或者做上清楚的记号。

拓展阅读

"断舍离"

"断舍离"这个概念已经流行多年。事实上，收纳的另一层含义就是"断舍离"，只有弃掉无用的东西，才能把有用的东西收纳到位。

在生活中，要做到"断舍离"，并不容易。有的人不习惯扔东西，对各种物品都有着强烈的执念，总觉得这些东西有朝一日还会派上用场，或者物品本身对自己有着特殊的含义。这个时候，要想收纳到位，就得先对物品进行分类，区分哪些是"需要的"物品，哪些是"没用的"的东西。

所谓"需要的"物品，就是最近一年用过，以后还会使用的东西。有的东西经过认真思考后觉得还是不能扔掉，就可以留下。

所谓"没用的"的东西有三类：一类是最近两三年都没用过，并且以后也不会用到的东西；一类是坏掉的或污垢无法清除的东西；一类是不合爱好的东西。

通过分类，大部分物品都可以识别出是否需要。那些不需要的东西，也不需要直接丢进垃圾桶。那些还可以使用的东西可以通过网店拍卖、转让。留下的"需要的"物品就用各种收纳器具放置好，必要的时候，附上标签，方便取用。

第四节　家庭保健

一、 消毒灭菌

家庭常用的消毒灭菌方法有以下几种。

（一）天然消毒法

利用日光等天然条件杀死致病微生物，达到消毒目的，称为天然消毒法。

1. 日光曝晒法

日光由于其热量、干燥和紫外线的作用而具有一定的杀菌力。日光杀菌作用的强弱受地区、季节、时间等因素影响，日光越强，照射时间越长，杀菌效果越好。日光中的紫外线由于通过大气层时，因散射和吸收而减弱，而且不能全部透过玻璃，因此，必须直接在阳光下曝晒，才能获得杀菌效力。日光曝晒法常用于书籍、床垫、被褥、毛毯及衣服等的消毒。曝晒时应经常将被晒物翻动，使物品各面都能受日光直接照射，一般在日光曝晒下4～6小时可达到消毒目的。

2. 通风

通风虽然不能杀死微生物，但可在短时间内使室内外空气交换，减少室内致病微生物。通风的方法有多种，如通过门、窗或气窗换气，也可用换气扇通风。居室内应定时通风换气，通风时间一般每次不短于30分钟。

（二）物理灭菌法

通过热力等物理作用，使微生物的蛋白质变性，以达到消毒、灭菌的目的，称为物理灭菌法。

1. 燃烧法

这是一种简单易行、迅速彻底而有效的灭菌方法，但对物品的破坏性大，多用于耐高热或已带致病菌而又无保留价值的物品，如被某些细菌或病毒污染的纸张、敷料，搪瓷类物品（如坐浴盆）。应用此法时，要注意安全，须远离易燃或易爆物品，以免引起火灾。

2. 煮沸法

这是一种经济方便的灭菌法，一般等水开后计时，煮沸10～15分钟可杀死无芽孢的细菌，可用于食具、毛巾、手绢、注射器等不怕湿而耐高温的物品的消毒灭菌。

3. 高压蒸汽灭菌法

这种方法是利用高压锅内的高温蒸汽进行灭菌。此法杀菌力强，是最有效的物理灭菌法。做法是待高压锅上汽后，加阀再蒸15分钟。此法适用于消毒棉花、敷料等物品。

（三）化学消毒灭菌法

化学消毒灭菌法是利用化学药物破坏微生物的结构及其生理功能，抑制细菌代谢生长，从而起到消毒的作用。

1. 擦拭法

用化学药液擦拭被污染的物体表面，常用于地面、家具、陈列物品的消毒，如用0.5％～3％漂白粉澄清液、84消毒液等含氯消毒液擦拭。

2. 浸泡法

浸泡法是将被消毒物品浸泡在消毒液中，常用于不能或不便蒸煮的生活用具。浸泡时间的长短因物品及溶液的性质而异，如用1％～3％漂白粉澄清液浸泡餐具、便器需1小时，用0.5％ 84消毒液浸泡需15分钟，而用0.02％高效消毒片浸泡只需5分钟，就可以达到目的。

3. 熏蒸法

此法是利用消毒药品所产生的气体进行消毒，常用于传染病人居住过的房间空气及室内表面消毒，常用福尔马林(甲醛)＋高锰酸钾等。

拓展阅读

消毒注意事项

(1)首先要保证室内通风换气，应把常开窗作为家庭卫生的一项措施。

(2)在使用消毒液时，要严格按说明书规定的浓度进行操作，要戴防护手套，以防引发中毒现象。

(3)只要按照说明方法选用一种消毒液即可，千万不能混合使用，否则极易导致氯气中毒。

(4)如家中有老人、儿童及对消毒液过敏的人，进行消毒时人要离开室内，过40分钟到1小时后再对室内进行通风处理。对于消毒时间间隔，按消毒液说明书操作即可，但如果条件具备，最好每天坚持消毒。

二、 家庭用药

(一)工具类

体温计：水银体温计易打碎，更推荐使用耳温枪。

血压计与血糖仪：如家中有高血压、糖尿病等慢性病患者，建议备用。

棉签：用于清洁面积小的伤口。

消毒纱布：用于覆盖伤口。

创可贴：适用于表浅、整齐干净、出血不多且不需要缝合的伤口。

★微视频

家庭储药注意事项

(二)药品类

感冒药：如泰诺、连花清瘟胶囊、双黄连口服液、板蓝根冲剂等。感冒因症状不同，对应服用的药物也不同，注意千万不要将多种同类感冒药混吃。中成药和西药不能混用。

解热镇痛药：散利痛（复方对乙酰氨基酚片）、芬必得（布洛芬胶囊）等。适用于婴幼儿、儿童的有美林（布洛芬混悬液/布洛芬混悬滴剂）、泰诺林（对乙酰氨基酚口服混悬液）等。

胃部不适药：达喜片、奥美拉唑等。

治疗腹泻药：黄连素（小檗碱）、思密达（蒙脱石散）、口服补液盐等。

抗过敏药：氯雷他定、西替利嗪等。

急救类：如家中有患心血管疾病的老年人，可依据病情需要备一些心血管类药物，如硝酸甘油片、速效救心丸等。

外用止痛药：如扶他林软膏、云南白药喷剂等。

外用消毒药：碘伏、医用酒精、过氧化氢溶液等。

特别需要注意的是，药箱应当贮存在干燥、通风、温度适宜、避光且儿童不易拿到的地方。

1. 儿童用药

说到儿童用药，家有宝宝的家长都深有体会，孩子小时候特别容易生病，给孩子喂药是让大人和小孩都很痛苦的事，所以需要尽量选用儿童剂型，如滴剂、混悬剂、咀嚼片、泡腾片等。这些剂型除了用药方便，一般还有比较好的口感，孩子容易接受，专业术语就是提高儿童用药依从性。

另外，发热是人体的正常应激反应，也是儿童最常见的不适症状，常见退热药物有以下几种。

（1）对乙酰氨基酚：国际卫生组织推荐2个月以上婴儿首选的退热药物。

（2）布洛芬：较安全、高效，适合6个月以上儿童及成人。

（3）不推荐使用安乃近、阿司匹林以及糖皮质激素作为退热剂应用于儿童。

2. 老年人用药

老年人是用药的一大类人群。对于正在用药的老年人，根据病情需要，尽量减少同时用药的种类、从最小的药物剂量开始使用、不随意停药或加减量、提高用药依从性等是关键。服用非处方药品要在医师等专业人士的指导下进行。

第五节　家居维修

日常生活中，经常会碰到家具或家电损坏的情况。可以先对家居的问题或损坏情况进行初步判断，如果问题不大且家中有相关工具，可以尝试自己动手修理；如果问题较严重，则要请专业维修人员处理。

下面介绍几种常见的家居故障的维修方法。

（一）加湿器不工作

加湿器不喷雾或者喷雾太小时，首先要检查是不是水槽破裂或水箱盖没有拧紧。如果都不是，再检查是不是水槽里的水注得太满以致堵塞了通风道，因为平时在注水的过程中，我们一般情况下不会太在意水槽里水量的控制，认为水满了就好。

其次，检查是不是长时间没有清洗水槽导致水槽里面的污垢太多。清洗水槽时，先往水槽里加少许醋，把水槽以及喷雾通道全部清洗一下。

如果这些情况都不是，再检查换能器，极有可能是换能器烧坏了，这种情况下只能换个新的换能器。最后，最糟糕的一种情况就是加湿器里面的线路坏了，这种情况只能拿去维修。

（二）电暖壶异味

如果是新的电暖壶，刚开始用稍微有一些异味，属于正常现象。因为新的电暖壶还没用之前会有工业上残留的硅胶、黏合胶之类的味道，一般情况下放置一段时间就好了。如果不是新电暖壶，使用过一段时间之后产生异味了，那就说明买的电暖壶所用的材料是不合格的，这些材料在长时间的高温环境下发生了化学变化从而产生异味。这种情况，建议换一个质量好的电暖壶。

（三）水龙头不出水

要先判断原因再解决，若是水龙头网嘴处堵塞造成的不出水，就需要将网嘴拧下来弄干净，冲洗后安装回去；若是进水角阀被关闭也会不出水，需要将其开启才行。若两种方法都试过还不出水，就要问问邻居家是否有一样的情况，因为极可能是停水了。

拓展阅读

家务活里的哲学意味

与其他事务相比，家务活永远不能够真正做完：衣柜、书柜总是可以更整齐，窗户、镜面、厨具可以更明亮，地板打扫、除尘以后，还可以抛光、打蜡。

简单的体力劳动也是永远做不完的，它具有无限性，可以无限循环重复下去，家务活的重复性也正寓意着生活的本质——活着就是不断地重复。

家务活的指向是向内的，类似于"螺蛳壳里做道场"。与思考、反省、整理头脑或电脑内存一样，每推进一项家务，都使得生活得到了一重净化和优化。若想更深地体会家务活中的哲学意味，就需要学会痴迷于某些细节。

比如叠衣服，可以按照冷暖色系来摆放毛衣；饭前摆碗放筷，可以一边移动，一边琢磨碗筷之间的距离和角度。即便切一块苹果，也可以选择将其切成一朵苹果花，或者与巧克力搭配摆成一只泰迪熊。

收拾书柜，有人会按色系将书柜摆放得像彩虹一样。我是按作者的写作风格放置，比如我肯定不会把厄普代克和舒比格放在一起，但是把爱丽丝·门罗和简·奥斯汀放在一起，想必她们都不会太介意。

　　朋友阿猫说，她没想到厨事和家务成了治愈她创伤的良药。某天早上醒来，瞥见猫咪眼巴巴地盯着她，可一般都是男友给它喂猫粮。这时阿猫才猛然意识到，他和她已经分开了。她开始扫地、拖地、抹桌子，自己一个人做早餐。

　　人掌控不了别人对自己爱或不爱，甚至连自己的爱恨都掌控不了，能掌控的，只有眼下扫的这块地，它会明光锃亮地回馈自己，能安慰和不辜负自己的，只有手里的食材。在被琐事占据填满的时候，生活的温暖奇迹般地回来了。

　　家务里的艺术性和创造性可以缓解人的焦虑。独在异乡做访问学者的那段时间，研究在厨具欠缺的情况下怎样做出靠谱的中餐，成了我的一大爱好。有一次，我花了三个小时徒手做面条：把面粉揉成团，把面团搓成面棍，把面棍扯成面条。其间下了两场大雨，出了两回大太阳。

　　雨后两只松鼠追逐打闹着跑过院子。在寂静的午后，这场松鼠的舞蹈表演是给我一个人的奖赏。在专注做这一餐面条的时候，与其说时间好像停滞了，不如说我好像置身于时空之外了，浑然不觉世事，像滚雪球样迅速集聚变化，或像流沙样破碎崩塌。

　　回国后，我发现我有了一个新的爱好：不管去谁家，我都习惯钻进厨房帮主人干活，一起剥葱、捣蒜、盛饭、洗洗涮涮，分享笑话，就像音乐的前奏和尾音，使得这场热闹来得更为完整、饱满、生动。

　　这正如弗朗索瓦丝·萨冈所说的那样："所有平静的人生都幻想伏特加、乐队和醉生梦死，正如所有漂泊的人生都梦想着平静、童年、杜鹃花。"

　　〔资料来源：肖遥. 家务活里的哲学意味：活着就是不断地重复［N/OL］中国新闻周刊，(2019-07-22)［2020-07-11］. https://baijiahao. baidu. com/s? id＝1639680718491751602&wfr＝spider&for＝pc. 〕

【实践活动一】

为同学做一顿美味营养餐

【活动目标】

(1)了解营养膳食的基本内容。

(2)学习烹饪知识，提高烹饪水平。

【活动准备】

(1)在网络上查找相关食谱，选择准备做的菜肴。

(2)准备需要用到的厨具、餐具和食材。

【活动设计】

1. 汇报烹饪思路

(1)汇报准备做的菜肴名称及选择制作此道菜肴的理由。

(2)分析此道菜肴的营养价值。

(3)简要叙述相关烹饪过程。

(4)分析烹饪过程中的要点和难点。

2. 现场烹饪

使用便携式卡磁炉现场进行烹饪。

3. 试吃

邀请同学和教师进行试吃并点评。

【注意事项】

(1)严格遵守活动纪律，认真听从教师的指挥。

(2)按规定借用烹饪所需设备，并按时归还。

(3)烹饪过程中注意安全，不抢时间。

(4)烹饪完后清洗厨具、餐具，清理台面，保持整洁。

【结果评价】

教师或组长可参考表 4-1，对各成员参与本活动的情况进行评价。

表 4-1　为同学做一顿美味营养餐评价表

评价标准	分值	得分	总分	教师或组长评价
积极参与活动	30 分			
准备充分	30 分			
烹饪有条理	20 分			
菜肴味道佳	10 分			
烹饪完后清洗厨具、餐具，清理台面	10 分			

【实践活动二】

21 天养成家务好习惯

【活动目标】

(1)了解家务活动的意义和内容。

(2)养成家务劳动的习惯。

【活动准备】

制作 21 天家务计划表。

【活动设计】

1. 确定 21 天家务计划表

（1）调研家务活动的类型，选择有条件做的家务，制订出符合自己实际情况的 21 天家务计划表。家务活动的安排应尽量丰富、不重复。

（2）向教师和同学介绍自己的 21 天家务计划表，说明选取家务活的理由。

（3）表明完成 21 天家务计划的决心。

2. 打卡

每天通过拍照或者拍摄视频的方式，将自己做家务的情形反馈给教师，进行打卡，持续 21 天。

3. 感想分享

向教师和同学分享自己完成 21 天家务计划后的感想。提交一份书面报告。

【注意事项】

（1）严格遵守活动纪律，认真听从教师的指挥。

（2）按照教师要求准时打卡。

（3）不偷懒、不打折，认真完成每天的家务任务。

【结果评价】

教师或组长可参考表 4-2，对各成员参与本活动的情况进行评价。

表 4-2　21 天养成家务好习惯评价表

评价标准	分值	得分	总分	教师或组长评价
积极参与活动	30 分			
家务活动丰富、不重复	20 分			
坚持 21 天打卡不间断	30 分			
提交活动感想报告	20 分			

第五章

校园劳动：校园因我而美丽

📖 **本章导读**

生活需要劳动，劳动教育关系到学生一生的幸福生活。学生参加校园劳动是劳动教育的主要形式，是学生成长的必要途径，具有树德、增智、强体、育美的综合育人价值。

学习目标

知识目标

(1)了解文明寝室建设要求和寝室文化建设意义。

(2)理解维护校园环境的意义，掌握维护校园环境的方法。

(3)理解"绿水青山就是金山银山"的含义，掌握践行低碳校园生活的方法。

(4)掌握垃圾分类的标准、原则和投放要点。

素质目标

(1)在校园生活中做好文明寝室的建设者、校园公共区域环境的维护者、绿色环保的践行者和垃圾分类的倡导者。

(2)从我做起，从小事做起，美化校园环境。

学校开展劳动教育，不是把学生当免费劳动力

2020年1月，黑龙江一学校组织学生扫雪，一名女生扫雪近3小时，全程没有戴手套，导致手指被严重冻伤，险遭截肢。事情发生以后，有网络媒体在微博上发起"学生该不该为学校义务劳动"的讨论。有人认为，学生不是清洁工，不该出来扫雪。

因为扫雪时间过长，没有戴手套，学生手指被严重冻伤，学校无疑要反思并承担其中的安全管理责任。东北天气严寒，让学生长时间在户外扫雪是否合适；组织扫雪的教师是否尽到保护义务，检查学生是否做好防寒防冻准备。相信对于这些问题，任何有常识的人都不难给出答案。

但是，把问题指向"学生该不该为学校义务劳动"，却落入了顾此失彼的简单思维。如此表述方式，似乎将学生和学校视为对立的利益冲突体，不仅夸大了学生的被动性，也把学校组织学生劳动过于工具化了。

学生在学校适当参加劳动，不应该理解为学校"需要"学生的劳动，而是学生接受学校教育的一部分。在衡量学生能力的"德智体美劳"五大指标中，学生的劳动技能、劳动素养不可或缺，劳育是教育的重要维度。

然而，一段时间以来，劳动教育却被教育者和社会忽视了。尽管学校设有劳技课，但很多劳技课程不够接地气，学生能够在劳技课上做出精巧的作品，取得较好的成绩，在生活中却未必熟悉一针一线。随着学生升学压力加大，劳动教育在学校教育中的比重也逐渐降低，很多可以由学生自己完成的校园劳动，也逐渐由别人代替。部分学校和家长为了让学生集中精力学习，"排除"了他们眼中不必要的"干扰"。

针对劳动教育欠缺的问题，国家和有关部门陆续出台文件，强调加强劳育。2019年6月，国务院办公厅出台《关于新时代推进普通高中育人方式改革的指导意见》，要求"完善德智体美劳全面培养机制"。随后，中共中央、国务院印发的《关于深化教育教学改革全面提高义务教育质量的意见》再次强调"将劳动教育纳入全面培养的教育体系"。

开展劳动教育，应着眼于培养学生在生活中的劳动技能。"劳动课"不是理论课，与其让教师在讲台上口若悬河，不如放手让学生亲手尝试。当然，教师也不能放手不管，要传授给学生有实践意义的劳动技能，告诉学生劳动技巧和安全防护知识。很多教师只让学生参加劳动，自己却"袖手旁观"，其教育效果显然不及亲力亲为的示范来得好。

开展劳动教育，有利于学生提高协作能力、沟通能力等综合素质，是学生社会化的重要方式。很多人都有这样的印象，定期轮换的值日，或者隔段时间教室大扫除，不仅能维持学习环境的整洁，还能够通过同学间的亲密配合、互相协作增进

友谊。在劳动过程中，很多文化课学习中不会出现的实际问题被暴露，学生通过自己处理和解决这些问题，实现社交能力的提升与人格素养的健全。

开展劳动教育，过程比结果更重要。学校让学生参加校园劳动，不能出于某种使用"免费劳动力"的心态，以劳动教育的名义压缩学校的运营成本。学生是受教育者，不宜让他们承担过于繁重、存在一定安全隐患的劳动任务。随着社会分工的日益细化，很多劳动要么可以由机器替代，要么更多地由专业人员处理，发动大量学生参加某些非常规劳动不仅费时费力，还增加了不必要的风险。

时代在变，技术在发展，劳动的内涵与表现也在变化。比如，生活中洗衣机已经包揽了许多家庭的日常洗衣工作，学校与其让学生手洗衣服，还不如添置几台公共洗衣机。学校开展劳动教育，没有必要抱残守缺，社会也要对不同年代学生的成长特性予以理解。归根结底，劳动技能是服务于生活的，适应时代需求的劳动教育才有生命力。

生活需要劳动，劳动教育关系到一生的幸福生活。学生参加校园劳动是劳动教育的主要形式，对此，教育者可以有更大的作为，家长与社会也应当加深对劳动教育的理解，起到支持和鼓励的作用，而不是纠缠于"学生该不该为学校义务劳动"这一伪命题。

〔资料来源：王钟的. 开展劳动教育不是学校"需要"学生劳动［EB/OL］中青在线，(2020-01-08)［2020-07-09］. http://zqb. cyol. com/html/2020-01-08/nw. D110000zgqnb_20200108_1-02. htm. 〕

【思考与讨论】

劳动教育的意义是什么？你希望从劳动教育中收获什么？

第一节　文明寝室，从我做起

寝室是学生在校生活、学习及休息的重要场所，建设文明寝室的意义不仅在于保持良好的个人环境，也是保持良好的共同环境。

一、　文明寝室建设要求

建设文明寝室可以进一步优化育人环境，加强学生的行为规范教育，培养学生良好的生活习惯，增强宿舍的集体观念，促使学生学会生活、健康成长。文明寝室的建设要求主要表现在以下五个方面。

1. 内务

床上被褥折叠整齐，床下鞋子摆放整齐，桌椅摆放整齐，毛巾挂放整齐，书籍摆放整齐，其他用具置放整齐。

2. 卫生

地面干净、墙面干净、门窗干净、桌椅干净、衣柜干净，其他物品整洁干净。

3. 安全

不使用违规电器，不留危险物品，不留宿外来人员，不进出异性宿舍，不跳窗越墙。

4. 纪律

服从宿管员的管理；杜绝不文明行为，不养宠物，不在寝室抽烟、打牌、喝酒；未经允许，不得夜不归宿；按时值日，打扫寝室卫生。

5. 爱护公物

不损坏公共设施，寝室内的设施、公物要由专人负责管理；不乱扔垃圾，不往洗漱槽内乱扔残羹及杂物，以免发生堵塞。

二、 寝室文化建设

寝室文化是以学生为主体，以寝室为主要活动空间，以课余活动为主要内容，以校园精神为主要特征的一种群体文化。通过这种文化，营造出具有时代气息的生活，使寝室成为学生美化生活、优化环境、独立人格、健康身心的成长与成才摇篮。积极健康向上的寝室文化对学生成长成才有着举足轻重的作用，伴随着同学之间思想、性格、追求的不断碰撞交流，寝室区和寝室区之间以及寝室与寝室之间会形成各具特色的文化氛围。寝室文化具有相融、和谐的特点。寝室文化主要有学习型、信息型、娱乐型、艺术型、驿站型等类型。

寝室文化的建设包括两方面：一是该寝室内的成员通过自身努力，共同建设好所在寝室的寝室文化。为了使寝室的群体能融洽、和谐，各个成员必须调整自己的某些习惯行为和个性，以便适应整个寝室的共同规范，避免与集体发生冲突、造成不谐调的气氛。二是外部力量(主要指学校)的促进作用和对学生寝室的管理。对于有利于学生身心愉快发展且寝室成员自制能力强的寝室，应加以表彰，并推广经验。对于不利于学生成长的寝室，应该严格加强管理，促使其形成良好的文化氛围。

三、 寝室美化设计与创意

(一)美化原则

(1)寝室设计内容要积极向上、主题鲜明，突出寝室文化氛围和学习氛围。

(2)寝室装饰设计合理，布置大方得体，色彩搭配和谐，富有美感，突出温馨、舒适。

(二)设计创意

(1)彰显寝室文化，体现所学专业特色元素，同时也可以打造专属每个人的"私密空间"，彰显寝室成员的个人特点。

(2)利用绿色环保的材料和方式制作精美的装饰物，如矿泉水瓶盆栽(见图5-1)和冰棒棍笔筒(见图5-2)。这样不仅可以节约装饰成本，还可以向人传递出一种绿色的生活态度。

图 5-1　矿泉水瓶盆栽

图 5-2　冰棒棍笔筒

★微视频

变废为宝手工

(3)巧妙地利用能反映寝室成员之间关系融洽的照片、贺卡等小物件，可制成照片墙或照片钟表等进行装饰。

第二节　维护校园环境

一、校园环境

学校处处是教育，学校处处有教育，校园环境具有非常重要的育人功能。学校教育总是在一定的环境内进行的，可分为自然环境与社会环境。校园内的花草树木、空气、光线、色彩、校舍建筑、场地设备、室内布置等可称作自然环境(其实也是"人工"的自然)；校园内的政治、道德、文化和人际关系可视为社会环境。自然环境也可以理解为物质环境，社会环境也可以理解为精神环境。

二、维护校园环境的意义

校园环境的熏陶对学生个性发展具有重要作用，一方面能促进学生感性的自我发展，另一方面能促进个性生存与发展的协调平衡，促进创造性的发展。校园环境不仅是一种人工的自然环境，更是一种人为的精神环境。校园环境美的意义不只是停留在学校成员从环境这面"镜子"中，看到了自己的"本质力量"，还在于其强大的美的熏陶和同化力。它就像"润物细无声"的春风化雨，潜移默化着人们的心灵，丰富着学生的审美能力和情趣，使学生的个性得到不断完善和丰富。在学校的教育活动过程中，校园环境对学生心灵的陶冶、情趣的激发、和谐人际关系的营造、精神境界的提高以及校园气氛的活跃等都发挥着独特的功能与作用。

三、 校园文明行为规范

为了优化育人环境，加强高等学校校园管理，维护教学、科研、生活秩序和安定团结的局面，建立有利于培养社会主义现代化建设专门人才的校园秩序，国家教育委员会特制定《高等学校校园秩序管理若干规定》。为维护校园环境，学生应当遵守以下校园文明行为规范。

1. 讲究卫生

(1)自觉打扫教室及包干区公共卫生。

(2)不随地吐痰，不乱扔废弃物，不乱倒污水，不在教学区饮食。

(3)适时理发、经常梳洗、勤剪指甲、勤换衣物，搞好个人卫生。

2. 语言文明

(1)讲普通话，使用礼貌用语，不说脏话、粗话，不侮辱他人。

(2)和同学、老师交往时应使用"校园十大文明用语"。

(3)尊敬师长、尊重他人，不给老师和同学起绰号。

(4)说话和气，待人有礼。

3. 仪表端庄

服饰整洁，衣着得体，严禁穿背心、短裤、拖鞋进入教学楼、图书馆、食堂等公共场所。

4. 举止得体

(1)男女同学之间交往，举止要文明，不得做出有碍观瞻的行为。

(2)举止端庄大方，时刻注意走姿、站姿、坐姿，保持良好个人形象。

(3)遇到教职工要主动点头问候或鞠躬。

5. 爱护公物

(1)不破坏公用设施，不践踏草坪，不攀折花木。

(2)不在桌椅、墙壁、黑板等公物上乱写、乱画、乱刻。

(3)借用公物或他人物品要及时归还，损坏东西要赔偿。

6. 勤俭节约

(1)生活节俭，不互相攀比，不乱花钱。

(2)注意饮食卫生，爱惜粮食，不乱倒饭菜。

(3)随手关灯、关水，杜绝长明灯、长流水现象。

7. 诚实守信

(1)不说谎，不骗人，不传播虚假信息。

(2)不做违反道德、纪律或法律的事，和同学交往要团结互助。

8. 遵规守纪

(1)遵守作息制度，在教学楼、图书馆、食堂、学生宿舍等公共场所，不打闹、不喧哗、不起哄，不影响他人学习和休息。

(2)就餐时要尊重炊管人员，遵守食堂秩序，依次排队购买饭菜。

(3)参加集会要排队进场，退场要服从指挥，做到有序不拥挤。

(4)文明上网，不沉迷于网络游戏。

(5)培养健康的审美情趣，严禁传播、复制、观看、购买反动、淫秽书刊和音像制品。

 拓展阅读

维护校园环境卫生的提示语

(1)轻轻地我走了，正如我轻轻地来。

(2)除了你的目光，什么也别留下；除了你的知识，什么也别带走。

(3)求知而来，载知而去。

(4)迈步留意脚下草，弹指莫折枝头花。

(5)小草微微笑，请你绕一绕。

(6)芳草萋萋，踏之何忍。

(7)手下留情花似锦，足下留意绿如茵。

(8)足下留情，绿色常青。

(9)萋萋芳草地，愿君多留意。

(10)有了热爱生活的心，才能召唤翠绿的情。

第三节　做绿色环保践行者

"环境就是民生，青山就是美丽，蓝天也是幸福。"拥有天蓝、地绿、水净的美好家园，是每个人的梦想。生态环境是人类生存、生产与生活的基本条件。长期以来，我国十分重视生态建设与环境保护，将其作为一项基本国策。

一、 绿水青山就是金山银山

习近平总书记多次强调"绿水青山就是金山银山"，更进一步指出"不能只要金山银山，不要绿水青山"。"宁要绿水青山，不要金山银山"清楚地表达了生态优先的环境价值观，这是基于人类文明发展和中国现实国情的正确价值取向。

良好的生态环境是社会可持续发展和人民生活幸福的保障。因此，要树立绿色发展理念，把生态环境保护放在首要位置，形成节约资源和保护环境的格局，产业结构、生产方式、生活方式实现人与环境和谐发展，让"望得见山、看得见水、记得住乡愁"的美好愿景早日成为现实。

二、 绿色环保行动

环境是人类生存的基础，越来越多的事实证明环境的恶化给人类带来了严重的灾难。如何保护环境，实现社会的可持续发展，是地球上每一个人都必须认真考虑的问题。作为地球公民，我们有责任共同努力，为子孙后代留下一个美好的世界。善待地球，是一种时尚，一种世界性和世纪性的时尚。当环保成了人人积极参与的行为，绿色也就渗进了我们的文化与文明。在 21 世纪，环保行为意味着一个人的素质和教养，正如环境质量代表着一个国家的尊严和实力。

（一）绿色生活方式

绿色生活方式指以通过倡导人们使用绿色产品，倡导人们参与绿色志愿服务，引导人们树立绿色增长、共建共享的理念，使绿色消费、绿色出行、绿色居住成为人们的自觉行动，让人们在充分享受绿色发展所带来的便利和舒适的同时，履行好应尽的可持续发展责任的方法，实现广大人民按自然、环保、节俭、健康的方式生活。具体体现为以下内容。

（1）拒绝使用一次性木筷，尽量少用一次性物品。

（2）不追求过度的时尚。

（3）拒绝使用珍贵动植物制品。

（4）使用节约型水具。

★ 微视频

绿色环保

（5）拒绝过分包装。

（6）支持可循环使用的产品。

（7）尽量购买本地产品。

（8）一水多用。

（9）随手关闭水龙头。

（10）消费肉类要适度。

（11）节约粮食。

（12）双面使用纸张。

（13）垃圾尽量分类入箱。

（14）随手关灯，节约用电。

（15）提倡步行，骑单车，尽量乘坐公共交通工具。

（二）低碳校园生活

随着世界工业经济的发展、人口的剧增、人类欲望的膨胀和生产生活对资源无节制的消耗，世界气候面临越来越严重的问题，二氧化碳排放量越来越大，地球臭氧层正遭受前所未有的危机，全球灾难性气候变化屡屡出现，已经严重危害到人类与其他生物的生存。

低碳指的是较低或更低的温室气体（以二氧化碳为主）排放。所谓低碳生活，就是尽量减少生活作息时间所耗用的能量，从而降低二氧化碳的排放量。低碳生活不仅是一种生活态度，也成为人们的新时尚。作为学生，我们有义务、有能力，从身边做起，从点滴做起，宣传低碳生活知识，践行低碳生活理念，携手共建和谐美丽家园。

1. 倡导节俭理性的低碳生活方式

让节能、节水、资源回收利用逐步成为个人的自觉行动，不断提升校园文明程度。

（1）节约用电。光线明亮时不开灯，离开时随手关灯；手机充电器在充电后及时拔掉，手机屏幕亮度调到省电模式；学校所有的教室做到人走灯灭、人走扇停，开空调时关闭门窗。

（2）节约用水。洗手后及时关闭水龙头，现在供水还是需要电力系统的支持，所以在一定程度上节水也是节电。

（3）废物和垃圾分类回收。对于有回收价值的用品，如旧报刊、旧书籍等，可以集中回收或捐赠给图书馆。

2. 爱护花草树木

多多植树种草，不攀折花木。花草树木不仅可以通过光合作用吸收二氧化碳制造出氧气，起到净化环境的效果，还能美化校园，营造一个良好的学习和生活环境。

（1）每年植树节组织师生在校内或到郊外种树。

（2）不践踏草坪、不攀折花木，让身边的花草树木茁壮成长。

3. 举办低碳宣传活动

举办一系列与校园相关的低碳宣传活动，在校园成立低碳生活社团，组织低碳宣传活动。

（1）在校园宣传栏和教室张贴低碳宣传海报（见图5-3）和低碳行动细则。

图 5-3　低碳宣传海报

（2）组织全校师生进行低碳签名活动。

（3）在校园发放低碳宣传资料。

（4）在一些教学设备和生活设施上张贴"节约用电""节约用水"等宣传标语。

第四节　做垃圾分类倡导者

　　每个人每天都会产生许多垃圾，在一些垃圾管理较好的地区，大部分垃圾会被无害化处理，而大部分地方的垃圾则常常被简单堆放或填埋，导致臭气蔓延，并且污染土壤和地下水体。面对日益增长的垃圾产量和环境状况恶化的局面，如何通过垃圾分类管理，最大限度地实现垃圾资源利用，减少垃圾处置的数量，改善生存环境，是当前世界各国共同关注的迫切问题。

一、　垃圾分类概述及优点

　　垃圾分类一般是指按一定规定或标准将垃圾分类储存、分类投放和分类回收，从而转变成公共资源的一系列活动的总称。分类的目的是提高垃圾的资源价值和经济价值，力争物尽其用。进行垃圾分类具有以下优点。

（一）减少土地侵蚀

　　生活垃圾中有些物质不易降解，使土地受到严重侵蚀。垃圾分类，去掉可以回收的、不易降解的物质，垃圾数量能减少60％以上。

（二）减少污染

　　我国的垃圾处理多采用卫生填埋甚至简易填埋的方式，占用大片土地；并且虫蝇乱飞，污水四溢，臭气熏天，严重污染环境。土壤中的废塑料会导致农作物减产；抛弃的废塑料被动物误食，导致动物死亡的事故时有发生。因此，回收利用可以减少危害。

（三）变废为宝

　　我国每年使用塑料快餐盒达40亿个，方便面碗5亿～7亿个，一次性筷子数十亿双，这些占生活垃圾的8％～15％。1吨废塑料可回炼600公斤的柴油；回收1500吨废纸，可免于砍伐用于生产1200吨纸的林木；1吨易拉罐熔化后能结成1吨很好的铝块，可少采20吨铝矿。生活垃圾中有30％～40％可以回收利用，应珍惜这个小本大利的资源。

　　垃圾中有很多其他物质也能转化为资源，如餐厨垃圾、草木和织物可以堆肥，生产有机肥料；垃圾焚烧可以发电、供热或制冷；砖瓦、灰土可以加工成建材等。如果能充分挖掘生活垃圾中蕴含的资源潜力，仅北京每年就可获得11亿元的经济效益。可见，对消费环节产生的垃圾及时进行分类、回收再利用是解决垃圾问题的最好途径。

二、 垃圾分类标准

2019 年 11 月 15 日，新版《生活垃圾分类标志》标准发布，于 12 月 1 日起正式施行。与 2008 版标准相比，新标准的适用范围进一步扩大，生活垃圾类别调整为可回收物、有害垃圾、厨余垃圾和其他垃圾 4 大类，其对应标志如图 5-4 所示。

图 5-4　4 大类生活垃圾标志

（一）可回收物

可回收物是指未污染的、适宜回收的、可资源化利用的生活垃圾，主要包括纸类（如纸袋、报纸、旧书、纸板箱等）、塑料类（如塑料瓶、塑料保鲜盒、塑料衣架、塑料玩具等）、玻璃类（如酒瓶、玻璃杯、碎玻璃、平板玻璃等）、金属类（如易拉罐、锅、刀、螺丝钉、螺丝刀等）、纺织类（如布绒玩具、衣服、床上用品等）、废弃电子产品（如电动剃须刀、手机、收音机、吹风机等）、废纸塑铝复合包装（如饮料盒、牛奶盒等）等，如图 5-5 所示。

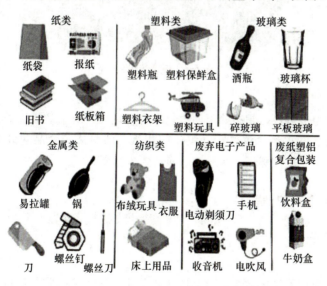

图 5-5　可回收物

（二）有害垃圾

有害垃圾是指对人体健康或者自然环境造成直接或潜在危害的废弃物，主要包括废电池（充电电池、铅酸电池、镍镉电池、纽扣电池等）、废油漆、消毒剂、荧光灯管、含汞温度计、过期药品及其包装物等，如图 5-6 所示。

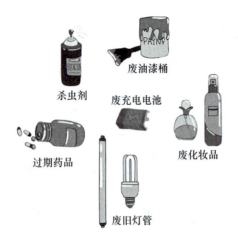

图 5-6　有害垃圾

(三)厨余垃圾

厨余垃圾也称为湿垃圾，指日常生活中产生的容易腐烂的生物质废弃物，主要包括食材废料、剩饭剩菜、过期食品、蔬菜水果、瓜皮果核、花卉绿植、中药残渣等，如图 5-7 所示。

图 5-7　厨余垃圾

(四)其他垃圾

其他垃圾也称为干垃圾，是指除可回收物、有害垃圾、厨余垃圾以外的其他生活废弃物，主要包括餐盒、餐巾纸、湿纸巾、卫生间用纸、塑料袋、食品包装袋、污染严重的纸、烟蒂、纸尿裤、一次性杯子、大骨头、贝壳、花盆等。

三、　垃圾分类操作

(一)操作流程

1. 垃圾收集

收集垃圾时，应做到密闭收集、分类收集，防止二次污染；收集后应及时清理作业现场，清洁收集容器和分类垃圾桶。非垃圾压缩车直接收集的方式，应在垃圾收集容器中内置垃圾袋，通过保洁员密闭收集。

2. 投放前

纸类应尽量叠放整齐，避免揉团；瓶罐类物品应尽可能将容器内产品用尽，清理干净后投放；厨余垃圾应做到袋装、密闭投放。

3. 投放时

应按垃圾分类标志的提示，将各类垃圾分别投放到指定的地点和容器中。玻璃类物品应小心轻放，以免破损。

4. 投放后

投入垃圾后，应注意盖好垃圾桶上盖，以免垃圾污染周围环境，滋生蚊蝇。

拓展阅读

生活垃圾分类、收集、处理流程

生活垃圾分类、收集、处理流程如图5-8所示。

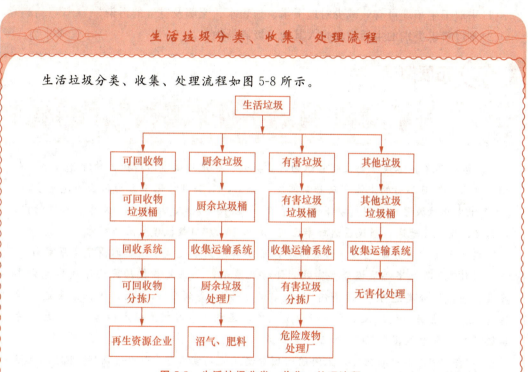

图 5-8　生活垃圾分类、收集、处理流程

(二)投放要求

1. 可回收物投放要求

(1)轻投轻放。

(2)清洁干燥、避免污染，废纸尽量压平整。

(3)立体包装应清空内容物，清洁后压扁投放。

(4)有尖锐边角的，应包裹后投放。

2. 有害垃圾投放要求

(1)投放时注意轻放。

(2)易破损的应连带包装或包裹后轻放。

(3)如易挥发，应密封后投放。

3. 厨余垃圾投放要求

(1)厨余垃圾应当提供给专业化处理单位进行处理。

(2)严禁将废弃食用油脂(包括地沟油)加工后作为食用油使用。

(3)纯流质的食物垃圾如牛奶等，应直接倒进下水口。

(4)有包装物的厨余垃圾应将包装物去除后分类投放。

4. 其他垃圾投放要求

(1)采取卫生填埋可有效减少对地下水、地表水、土壤及空气的污染。

(2)难以辨识类别的生活垃圾投入其他垃圾容器内。

拓展阅读

上海垃圾分类已成凤尚，居民区达标率过9成

垃圾分类不仅体现社会文明意识的进步提升，也是对城市治理能力的综合检验。在2020年7月2日举行的上海市政府新闻发布会上，上海市绿化市容局局长邓建平表示，《上海市生活垃圾管理条例》(以下简称《条例》)施行一年来，垃圾分类工作步入法治化、常态化、规范化轨道，居民区达标率已超90%，成为"引领低碳生活的新时尚"。

翻开上海垃圾分类这一年的成绩单，可以看到五个关键方面都取得了亮眼成效。

(1)2020年上半年垃圾分类实效测评结果显示，上海大多数居民已养成自觉分类习惯。居民区分类达标率从《条例》施行前的15%提高到90%以上，单位分类达标率达到90%。上海市民不仅认真履行分类义务，还积极学习相关规定和知识，仅垃圾分类微信查询平台就提供了2946万余次服务。

(2)与2019年同期相比，上海的四项分类垃圾均实现了"三增一减"的目标，垃圾分类实效显著提升。2020年6月，上海全市生活垃圾清运总量96.86万余吨，其中可回收物回收量6813.7吨/日，增长71.1%；有害垃圾分出量3.3吨/日，增长11.2倍；湿垃圾分出量9632.1吨/日，增长38.5%；干垃圾处置量15518.2吨/日，下降19.8%。

(3)上海完成了对2.1万余个分类投放点的规范化改造，基本建成了全程分类体系。此外，道路废物箱设置数量优化调整至4.1万余个；累计配置湿垃圾车1537辆、干垃圾车3077辆、有害垃圾车99辆、可回收物回收车239辆；建成可回收物回收服务点1.5万余个、中转站201个、集散场10个；"十三五"规划确定的15座生活垃圾处置设施项目全部开工，干垃圾焚烧和湿垃圾处置总能力达到24350吨/日。

(4)上海日趋完善规范配套制度，对推广垃圾分类动真格。文化和旅游部门检查了10786家旅游住宿企业的垃圾分类情况，责令整改146家，行政处罚1家；市场监管部门检查餐饮服务提供者12.7万家，责令整改276家，行政处罚39家；城管执法

部门开展执法检查 15.2 万余次，教育劝阻 59856 起，责令整改 38739 起，行政处罚 9585 件，其中单位 7472 件、个人 2113 件。

（5）生活垃圾分类意味着社会行为的重塑，要持之以恒地推进，必须构筑起细密的社会宣传动员体系。上海广泛开展"十、百、千、万"工程，社会宣传动员工作取得扎实成效。"十"是发扬基层群众能动性，成立 16 支区级志愿者服务分队、53 支街道（乡镇）志愿者服务队；"百"就是聘任市、区生活垃圾管理社会监督员 940 名，引领 135 个街镇申报创建成为示范街镇；"千"是瞄准社区，将垃圾分类及《条例》宣传覆盖到 5800 个居住区（村），让 6 千多名人大代表、政协委员参与垃圾分类实效测评；"万"则是举办《条例》集中培训 1.6 万余场次，完成居住区入户宣传 980 余万次。

2020 年是上海"垃圾分类三年行动"的收官之年，如何保障生活垃圾分类"更上一层楼"？邓建平表示，上海市将对照国际"最高标准、最好水平"，提高分类的准确性、投放的便利性和垃圾资源化利用水平，强化投放主体责任，从五个重点方面着手开展工作。

（1）进一步巩固提升分类实效。坚持高标准推进垃圾分类，将居住区（村）和单位分类达标率提高到 95%，示范街镇力争达到 85% 以上。

（2）进一步完善两网融合体系。加快生活垃圾分类清运体系和生活源再生资源回收体系"两网融合"，有效推进可回收物的资源化回收。

（3）进一步加快处置能力建设。新增干垃圾焚烧能力 2000 吨/日，干垃圾焚烧总能力达到 21300 吨/日；新增湿垃圾集中处置能力 1450 吨/日、就地处理能力 500 吨/日，湿垃圾处理总能力达到 7000 吨/日；预计 2020 年年底基本实现原生生活垃圾零填埋。

（4）进一步强化政策支持引导。结合土壤污染治理和化肥减量工作，研究制定湿垃圾利用产品推广政策；全面实施低价值可回收物回收补贴政策，提高资源回收利用率。

（5）进一步加强执法检查保障。持续开展日常执法检查和专项执法行动，重点围绕源头减量制度、分类投放管理责任人义务、公共场所分类投放规定执行情况开展执法检查；发挥典型案例的警示教育作用，推动全社会形成知法、守法的良好氛围。

〔资料来源：唐雅丽．上海垃圾分类已成风尚，居民区达标率过 9 成［EB/OL］中国发展网，（2020-07-03）［2020-07-11］．http://www.chinadevelopment.com.cn/2020/0703/1660241.shtml．〕

【实践活动一】

精心维护校园环境秩序

【活动目标】

（1）培养公共卫生意识。

（2）提高团结精神和奉献精神，增强服务校园的意识。

（3）在劳动过程中，养成绿色环保的好习惯。

【活动准备】

维护校园环境倡议书、宣传资料（宣传海报、提示标语）、调查问卷、签字笔、垃圾袋、透明胶等。

【活动设计】

1. 维护校园环境倡议活动

（1）活动负责人在活动之前准备好本次活动需要的维护校园环境倡议书、宣传资料（宣传海报、提示标语），并设计好本次活动需要的调查问卷。

（2）活动开始时，活动负责人向活动参与者宣读维护校园环境倡议书，强调维护校园环境的意义及校园环境现状，并请活动参与者在倡议书上签字。

（3）活动参与者分组在校内张贴维护校园环境宣传资料（宣传海报尽量贴在人流量大且显眼的位置，提示标语要贴在容易出现不文明行为的地方），并发放调查问卷。

（4）汇总调查结果，了解周围学生对维护校园环境的实施程度。

2. 维护校园环境拓展活动

（1）活动负责人将活动参与者分为若干小组，分别到学校宿舍、教学楼、操场、食堂、图书馆等处进行观察。

（2）若发现地面、桌椅上、抽屉内有垃圾，可将其处理干净；发现不文明行为时及时提醒或制止。

（3）活动结束后先进行组内讨论，然后每组派出一位代表分享活动心得。

【注意事项】

（1）严格遵守活动纪律，认真听从活动负责人的指挥。

（2）宣传资料贴放位置应合理得当。

（3）遵守拓展活动规则。

（4）活动时注意自身行为文明礼貌。

（5）认真撰写活动报告，不相互抄袭。

【结果评价】

教师或组长可参考表 5-1，对各成员参与本活动的情况进行评价。

表 5-1　精心维护校园环境秩序评价表

评价标准	分值	得分	总分	教师或组长评价
参与活动全过程	30 分			
积极主动，待人友好	20 分			
出色地完成自己的任务	20 分			
有奉献精神和团队意识	10 分			
能合理调配资源	10 分			
能充分发挥自己的优点	10 分			

【实践活动二】

倡导垃圾分类，回收再生资源

【活动目标】

(1)增强垃圾分类意识，学习垃圾分类的方法。

(2)养成垃圾分类习惯，促进资源回收利用。

(3)强化劳动意识，培养创新、勤俭、奉献的劳动精神。

【活动准备】

垃圾分类倡议书、宣传海报、调查问卷、签字笔、四色垃圾袋、卫生工具、马克笔、剪刀、固体胶、透明胶等。

【活动设计】

1. 垃圾分类倡议活动

(1)活动负责人在活动之前准备好本次活动需要的垃圾分类倡议书、宣传海报，并设计好本次活动需要的调查问卷。

(2)活动开始时，活动负责人向活动参与者宣读垃圾分类倡议书，强调垃圾分类的意义及垃圾分类现状，并请活动参与者在倡议书上签字。

(3)活动参与者分组在校内张贴垃圾分类宣传海报并发放调查问卷。

(4)汇总调查结果，了解周围学生对垃圾分类的了解程度及实施程度。

2. 垃圾分类拓展活动

(1)活动负责人给活动参与者发放四色垃圾袋、卫生工具、马克笔、剪刀、固体胶等，将活动参与者分为4组，分别到学校宿舍、教学楼、操场、食堂进行垃圾收集，并对收集的垃圾进行分类装袋。

(2)在可回收物中选择自己感兴趣的物品并进行手工制作，以小组形式进行作品展示。

(3)小组讨论后每组派出一位代表进行活动心得分享。

【注意事项】

(1)严格遵守活动纪律，认真听从活动负责人的指挥。

(2)按规定借用活动所需设备，并按时归还。

(3)遵守拓展活动规则。

(4)收集到的垃圾应分类放入指定垃圾桶内。

(5)认真撰写活动报告，不相互抄袭。

【结果评价】

教师或组长可参考表5-2，对各成员参与本活动的情况进行评价。

表 5-2　倡导垃圾分类，回收再生资源评价表

评价标准	分值	得分	总分	教师或组长评价
参与活动全过程	30 分			
出色地完成自己的任务	20 分			
垃圾分类完全正确	20 分			
有创新意识	10 分			
能合理调配资源	10 分			
在活动中主动帮助他人	10 分			

第六章
劳动创造社会价值

本章导读

　　劳动创造了世界，也创造了人本身，社会的一切发展和进步最终都要靠劳动来实现。人们不仅通过劳动创造赖以生存的物质财富，而且可以从中得到很多情感上的满足。在劳动的环境中，我们得到了不可缺少的人类间的交流；从劳动的成果上，人们得到了更大的满足。劳动既是立身的根本，也是评判人生价值的重要标准。一个人为社会创造的物质精神财富越多，人生价值就越丰富。事实上，劳动的过程，就是实现人生价值、创造社会价值的过程。本章以现代社会为背景，以马克思的劳动价值论为理论基础，将劳动分为农业生产劳动、工业生产劳动和科学劳动，并从这三个方面阐述劳动创造的社会价值。

学习目标

知识目标

（1）了解劳动的类型。

（2）了解各类型劳动的特点。

素质目标

（1）理解各类型劳动创造的社会价值。

（2）深化对劳动价值理论的认识。

（3）在日常生活中培养自己的劳动价值观。

大学生回乡当农民引热议

来自广东佛山三水区大塘镇莘田村的杨亚，是一名90后，2017年毕业于广东海洋大学水产专业。杨亚在校期间表现非常优秀，取得了留校任教的资格，但最终他选择了回老家养殖澳洲淡水龙虾。村民都纷纷议论，觉得一个大学生跑来农村干农活，真是可笑。父母没说什么，但是杨亚能看出他们的失望。杨亚没有解释太多，专心养殖起自己的龙虾。最终他让自己渡过一次次难关，成为村里的"龙虾大户"。看到杨亚创业成功后，村民也开始向他学习，利用龙虾养殖让自己发家致富。

【思考与讨论】

你如何看待杨亚放弃留校任教的资格，回农村创业的做法？为什么？

第一节　农业生产劳动创造社会价值

中国是历史悠久的农业大国，中国农耕文化源远流长。作为传统的以农业为主的国家，我们深受农耕文化的熏陶，对农民、农村怀有特殊的感情。了解什么是农业、了解我国农业生产是我们理解农业生产劳动创造社会价值的基础。

一、农业

（一）农业的概念

农业是利用动植物的生长发育规律，通过人工培育来获得产品的产业。农业属于第一产业，研究农业的科学是农学。农业的劳动对象是有生命的动植物，获得的产品是动植物本身。

农业是支撑国民经济建设与发展的基础产业。农业部门，是以土地资源为生产对象的部门，它是通过培育动植物产品从而生产食品及工业原料的产业。利用土地资源进行种植生产的部门是种植业，利用土地上水域空间进行水产养殖的是水产业，又叫渔业，利用土地资源培育采伐林木的部门是林业，利用土地资源培育或者直接利用草地发展畜牧的是畜牧业。对这些产品进行小规模加工或者制作的是副业，它们都是农业的有机组成部分。对这些景观或者所在地域资源进行开发并展示的是观光农业，又称休闲农业，这是新时期随着人们的休闲娱乐需求发展而产生的新型农业形式。

广义农业包括种植业、林业、畜牧业、渔业、副业五种产业形式。狭义农业是指种植业，包括生产粮食作物、经济作物、饲料作物和绿肥等农作物的生产活动。

（二）农业的起源

我国农业的起源问题，是学术界十分关心的课题。我国考古学界几十年来一直把它作为一个重要的学术课题进行探索，在江淮河汉诸流域及广大地域内进行调查、发掘，发现了一批遗址，其中最令人注目的是 1986 年在河北省徐水县发现的南庄头遗址。在发掘的 60 余平方米的范围内，发现了一条小灰沟和草木灰层，出土了兽骨、禽骨、鹿角、蚌、螺壳、木炭、石料，以及石器、骨角器、木板、木棒、夹沙红陶片等与居民生活有关的文物。特别是作为谷物加工工具的石磨盘和石磨棒在遗址中出土，说明当时农作物栽培业已出现。据科学家鉴定，它比磁山文化还早，甚至比江西万年仙人洞、广西桂林甑皮岩遗址还早上千年。它是中国发现的新石器时代遗址中年代最早的一处，把我国农业起源的时间上推至万年以前。

拓展阅读

后稷讲学

　　相传距今四千多年前，炎帝后裔有邰氏的女儿名叫姜嫄，经常外出散步。有一天，她偶然发现地面上有一个巨人足迹，觉得好奇，有意踏上去，后来就怀孕生子。人们认为这个无父亲的孩子是个"不祥之物"，就把他抛弃了三次，先后扔在小巷、冰河和森林里，奇怪的是每次都有牛羊、飞鸟和人相救。姜嫄认为他是个神孩，就又抱回养育，起名叫"弃"。

　　弃是个有志气的孩子，从小就喜欢农艺，在母亲姜嫄的教导下很快掌握了农业知识。他看到人们仅仅靠打猎维持生活，食物太单调，常常吃了上顿没下顿，心里非常难过，就决心想个办法来保证人类能生存下去。他想着想着上了山坡，看到满山遍野的树木和花草，突然灵机一动，人们为什么总要渔猎吃肉呢？这些树木的果实、茎叶能不能吃呢？于是，他便决定亲口尝一尝各种野生植物的滋味，以确定哪些能吃、好吃，哪些不能吃或不好吃。他遍尝百草，经历了九九八十一难，为人类找到了大

图 6-1　后稷

量的食物，后被尊称为"农业始祖后稷"（图 6-1）。民间流传着一首歌谣："神农后稷尝百草，不怕蛇咬狼挡道，死而复生不动摇，只为民众能吃饱……"

可是，后稷并不满足于这些发现，他看到人们为了找到可以吃的植物，往往要走很远的路，十分辛苦。能不能在家门口自己种植呢？他仔细观察，发现飞鸟嘴里衔的种子掉在地里，人们吃完的瓜子、果核扔在地上，到第二年又发出新芽，长出新的瓜果树。后来他又发现植物的生长与天气、土壤有关系，就决定利用天气的变化和不同类型的土地，指导人们选育良种，有计划地进行农耕。相传后稷的精神感动了天帝，派神仙下凡送来百谷种子，让他为民造福。

"后稷讲学了，教咱种庄稼了！"周民一传十，十传百，教稼台前，农夫们或坐或立，黑压压一大片，静听后稷讲解农业知识。后来，后稷还在教稼台上号召并领导人们改进农具，开渠修堰，排水、灌溉，使田野一片绿油油。人们都夸后稷教民种的庄稼穗儿大、颗粒饱、产量高。舜帝为了表彰他的功德，把广阔的有邰地赐予他。《史记·周本纪》和《诗经·生民》都详细记载和颂扬了后稷的功绩，教稼台也因此名扬天下。几千年来，有关后稷的故事广为流传。

（三）农业的发展

农业的发展大致可分为萌芽期、形成期和发展期三个阶段。

1. 萌芽期

古人在长期的农牧渔猎生产中积累了朴素的农业知识，诸如作物生长与季节气候及土壤水分的关系、常见动物的物候习性等。如公元前 4 世纪希腊学者亚里士多德曾粗略描述动物不同类型的栖居地，还按动物活动的环境类型将其分为陆栖和水栖两类，按其食性分为肉食、草食、杂食和特殊食性等类。

2. 形成期

19 世纪，农业进一步发展。农牧业的发展促使人们开展了环境因子对作物和家畜生理影响的实验研究。19 世纪中叶到 20 世纪初，人类所关心的农业、渔猎和直接与人类健康有关的环境卫生等问题，推动了农业、渔业、野生动物种群和媒介昆虫疾病传播行为的研究。由于当时组织的远洋考察都重视对生物资源的调查，从而也丰富了水生生物学和水域农业的内容。

3. 发展期

20 世纪 50 年代以来，农业吸收了数学、物理、化学工程技术科学的研究成果，向精确定量方向前进并形成了自己的理论体系。数理化方法、精密灵敏的仪器和电子计算机的应用，使农业工作者可以更广泛、深入地探索生物与环境之间相互作用的物质基础，对复杂的生态现象进行定量分析；整体概念的发展，促进系统农业等若干新分支产生，初步建立了农业理论体系。

二、 农业生产

(一)农业生产的概念

农业生产指种植农作物的生产活动。包括粮、棉、油、麻、丝、茶、糖、菜、烟、果、药、杂(指其他经济作物、绿肥作物、饲养作物和其他农作物)等农作物的生产。

(二)农业生产的主要特征

1. 地域性

农业生产的对象是动植物,需要热量、光照、水、地形、土壤等自然条件。不同的生物,生长发育要求的自然条件不同。世界各地的自然条件、经济技术条件和国家政策差别很大。因此,农业生产具有明显的地域性。

2. 季节性和周期性

动植物的生长都有着一定的规律,并且受自然因素的影响。自然因素(尤其是气候因素)随季节而变化,并有一定的周期。所以,农业生产的一切活动都与季节有关,必须按季节顺序安排,季节性和周期性很明显。

3. 不稳定性

自然条件对农业生产的影响非常显著,光热、降水等气候条件对农业生产影响极大。特别是光热条件,与农作物种类的分布、复种制度和产量关系最密切。因为太阳光热是植物物质形成的最基本条件,植物体的干物质(除去水分的物质)中90%～95%是通过光合作用得来的,只有5%～10%来自根部吸收的养分。所以农业生产的各种措施都在于因地制宜,充分合理地利用光热条件。各地纬度不同,作物的分布也不同。例如柑橘生长于亚热带,苹果生长于暖温带,甘蔗生长于热带、亚热带,甜菜则生长于凉爽的中温带。热量条件通常是低纬优于高纬,纬度低,生长期长,复种指数高;高纬地区,无霜期短,热量不足,作物生长困难。除热量条件外,作物生长还必须有水分,不同的作物需要不同的水分条件。过干和过湿都不利于作物生长。年降雨量少于250毫米的干旱地区,除有灌溉水源外,一般不能发展农业。世界农业发达的地区主要分布在热量条件和降水条件配合较好的热带和温带地区。气候年际变化大的地区,农业生产常具有不稳定性。大风、暴雨、冰雹、寒潮、霜冻等灾害性天气也常给农业生产造成损失。

(三)农业生产投入产出

动植物的生长繁殖与自然条件密切相关,因而,动植物(或者是植物种子)以及热量、光照、水、土壤等自然条件成为农业必要的投入。在这些投入的基础上,经过劳动者的劳动(即投入劳动力),农业就可获得产出。随着社会生产力的发展和经济水平的提高,农业生产中,生产资料的投入比重逐渐增加。农业机械替代手工农具,解放了劳动力,提高了劳动生产率;化肥、农药等的投入,可促进农业的产出。在现代农业中,加大科技投入(如培育良种、改进灌溉技术、改良工作方式等),成为提高农业产出的重要手段。

(四)农业生产者

中国在向工业化、城镇化道路迈进的过程中,面对农业人口占比大、剩余劳动力多的状况，一方面，农民需要通过打工来改善生活，另一方面，中国非农业经济的发展也需要来自农村的劳动大军作为力量的支撑。因此，在江西、湖南、四川等内陆省份还出现了不少以打工收入为主要经济来源的打工县、打工乡、打工村，这些地方因青壮年劳动力在东南沿海打工，繁重的农业生产劳动任务便留给了体弱的农村中老年们，这样一来，又带来了新的农业生产问题：农业生产本是一种以强体力劳动为主的生产劳动，青壮年进城打工，年老体弱、文化知识缺乏的农民留守在农业生产第一线，农田的基本设施修缮、农业的基本建设、农业生产技术的提高、农业生产发展的后劲等问题，又亟待我们研究解决。

三、 农业生产劳动创造社会价值

（一）农业生产劳动创造经济价值

我国传统的农业弥补了工业社会发展追求利益最大化的弊端，同时克服了现代农业发展过程中所产生的不良后果。我国的农业现代化既继承了传统农业优点，又与现代化技术融合，创造着传统和现代相结合的高效经济价值。轮作、复种就是传统农业在实践基础上总结出来并沿用至今的生产方式，早在东周时期就已经出现。为预防病虫害的侵袭，也为了防止土地肥力的加速衰退，轮作技术被发明了，即在同一块土地上按不同时令有计划地轮换种植不同的农作物。此外，还有一种技术称为复种，就是为了提高同一块土地的利用率，在同一年内播种 2 次以上。轮作、复种能产生高效的农业经济价值，淮河以南地区常采用多种形式的水旱轮作制，而在中原大地以北地区主要发展豆谷轮作。传统农业文化处处体现着循环利用、尊重自然、可持续发展的理念，例如水旱轮作、施肥轮作和豆谷轮作。我国的传统农业文化是当今可持续农业发展的基础，合理利用自然资源，保持土壤肥力的持续和稳定，以及人与自然和谐相处的理念，处处都蕴含着巨大的经济价值。

（二）农业生产劳动创造生态价值

在几千年的农业生产实践过程中，辛勤智慧的劳动人民总结了丰富的农业生产实践经验，发明创造出成熟的农业技术和一系列符合生态发展要求的耕种制度，形成了用地养地、轮作倒茬、精耕细作等优良的传统。它的生态价值突出表现为：一是通过合理施肥、系统灌溉、土地轮种、复耕细作、修建梯田等多种农业技术方式，实现了对土地精心保护并且达到合理永续利用的目的，传统农业一贯遵循养地用地相结合的原则，从而很好地保护了水土资源；二是人类的先祖知道人与自然息息相关，他们努力遵循人与自然的和谐共生，最大限度地按自然规律办事，通过相关法令法规来严格约束人们的狩猎、捕鱼和采集等行为，从而杜绝人们过度索取自然资源；三是对各种不同的自然环境条件，我国人民因地制宜、扬长避短，发挥不同的地域优势，使农林牧渔各业相互依存，协调发展，这样就能够更加合理地利用农业资源。保护生态环境是可持续发展的基础，农业生产劳动的生态价值正在现代社会中发挥着举足轻重的巨大作用。

（三）农业生产劳动创造教育价值

在过去很长一段时间，农业生产劳动一直是教化的主要载体。农业生产劳动，既是维系社会存在和发展的基本物质前提，也是向年轻一代展示和传递劳动经验的渠道。"耕读

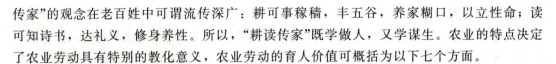

"传家"的观念在老百姓中可谓流传深广：耕可事稼穑，丰五谷，养家糊口，以立性命；读可知诗书，达礼义，修身养性。所以，"耕读传家"既学做人，又学谋生。农业的特点决定了农业劳动具有特别的教化意义，农业劳动的育人价值可概括为以下七个方面。

1. 增长知识，学会科学思维

农业劳动过程可接触诸如作物品种知识、种子知识、土地与土壤知识、施肥与灌溉知识、气象知识、防病虫害知识、农业工具使用知识、栽培知识等。观察作物的生长过程可以使人思考影响作物生长的各类因素，培养人的科学思维和综合思考问题的能力。这种思维训练是一般课程所不能比拟的。

2. 体验劳动艰辛，培养珍惜劳动成果的品质

人们常说"一分耕耘，一分收获"。其实，在农业劳动过程中，收成与劳动投入并不总是成正比例关系。原因在于农业生产面临着诸多的不可预测和不可抗拒的自然灾害。从事农业劳动最能体验"汗滴禾下土"和"粒粒皆辛苦"，培养人们"一粥一饭，当思来之不易；半丝半缕，恒念物力维艰"的情感，从而养成珍惜劳动成果的品质。

3. 善待大自然，尊重自然规律

农业劳动是和大自然打交道的活动，在与大自然互动过程中，人们不断了解自然规律，积累利用自然服务生产的经验，同时体会大自然的力量，思考人与自然的关系，进而养成尊重自然、敬畏自然的品质。农业劳动是人与自然和谐关系教育以及生态教育的有效途径。

4. 培养诚实的品质

农业劳动与其他劳动最大的区别在于"诚实"，诚实品质是农业劳动得以完成的基本条件。栽什么树结什么果，撒什么种子长什么苗，发芽、开花、结果，每个阶段都不可逾越；灌水、施肥、除草，每个环节都不可缺少；没有播种就没有发芽，没有浇水就没有生长，没有施肥就结不出优质的果实。在农业劳动过程中，人们强烈地体验着诚实劳动的因果关系，领悟诚实的意义。

5. 培养耐力与忍耐品质

农业劳动的各个环节环环相扣，完成一个环节才能进入下一环节，任何环节都不能缺失或逾越，否则就会前功尽弃。农业的周期性也决定了农业活动不可急功近利，更难以看到立竿见影的效果，而是需要一个漫长的生长周期，漫长的等待过程可以磨炼心性，培养人们的耐心和对未来的憧憬。此外，农业所面临的诸多风险，在教育人们尊重自然的同时，也培养人们忍耐、坚韧和不屈不挠的品质。

6. 培养感恩之心

农业劳动对感恩品质的教化在于培养对大自然和土地的情怀。人们在农业劳动中体验到大自然的恩赐，没有阳光、雨水、土地，作物就不能生长，世界就没有生机，人也就不能生存。在农业劳动过程中，人们思考人与土地的关系，感恩土地生生不息、年复一年地为世世代代的人们提供生存的条件，进而培养出对土地深厚的感情，成为生态文明和可持续发展重要的社会文化基础。

7. 珍爱生命的品质

农业劳动的对象是生命体，农业劳动过程就是培育生命、爱惜生命的过程。无论是种子的发芽，还是幼苗的生长，或是小动物出生与长大，都需要人的悉心照料，在这个过程中，人们体验生命活动的规律，探索生命的奥秘，发现生命的价值。农业劳动过程就是陪伴生命成长的过程，从珍爱动植物到珍惜人的生命，从动植物的生存环境联想到人的生存环境，深刻理解保护生态环境的重要性。农业劳动过程的生命教育，比一般课堂上的说教更具体、更鲜活，也更有效。

(四)农业生产劳动创造文化价值

农业生产劳动创造的文化是一种最早出现的文化，简称农业文化。它是农耕文明产生并且逐渐发展成熟后，随之慢慢积淀形成的。农业是最古老、最原始的产业，经过数千年的经历、演变和发展，形成了一种文化——农业文化。因此，人们往往在认识上有一个误区，认为农业文化是一种落后的文化。事实上，时至今日，农业文化在现代社会进步中发挥着各种作用。一是社会凝聚功能。农业文化是传统智慧的结晶，倡导先进、积极的农业文化时，就能用其厚重的思想底蕴把单位和个人凝聚到农业文化的旗帜下，共同为农业发展而努力。二是生产导向功能。农业文化以其独有的特质展现着它的精神和价值。农业和文化是统一的，它们共同指引着农业的发展方向，即创造高产高效优质农业。农业文化既引导着农业生产方向，同时也是社会道德的导向文化之一，它的导向功能显而易见。三是历史贯联功能。农业文化具有贯联古今的功能，它一脉传承，将原始、古代、近代、现代和未来的农业有机地联系、贯穿起来。传统农业文化是先人一辈辈积累下来的，并且传承至今，今人继承又发展了农业文化，这种血脉关系使农业文化在历史的长河中得以发扬光大。四是产业协调功能。农业文化属于整个社会文化大系统中的一员，它能协调农业部门与其他产业部门的关系，以有利于高产优质高效农业的发展。农业文化还能协调自然资源开发与保护之间的关系，让农业资源既有利当代又造福后人。同时，农业文化也协调了农业生产内部各部门之间的关系，使农业生产协调有序进行。五是生产服务功能。一方面农业文化服务于农业，起源于农业，伴随着农业生产活动而产生发展，同时又反作用于农业，促进农业生产力和效率的提升，以达到优质高效。另一方面农业文化服务于社会，农业文化的发展让社会文化更加丰富，有利于精神文明建设，提高人民道德素质，同时有利于社会和谐稳定发展。

第二节　工业生产劳动创造社会价值

工业是唯一生产现代化劳动手段的部门，它决定着国民经济现代化的速度、规模和水平，在当代世界各国国民经济中起着主导作用。工业还为自身和国民经济其他各个部门提供原材料、燃料和动力，为人民物质文化生活提供工业消费品；它还是国家财政收入的主要来源，是国家经济自主、政治独立、国防现代化的根本保证。除此以外，在社会主义条件下，工业的发展还是巩固社会主义制度的物质基础，是逐步消除工农差别、城乡差别、体力劳动和脑力劳动差别，推动社会主义向共产主义过渡的前提条件。

一、工业

（一）工业的含义

工业主要是指原料采集与产品加工制造的产业或工程。工业是社会分工发展的产物，经过手工业、机器工业几个发展阶段。工业是第二产业的组成部分，主要分为轻工业和重工业两大类。

（二）工业的起源

17 世纪，英国进行资产阶级革命，推翻了英国的封建专制制度，消除了不利于资本主义发展的种种束缚，建立了以资产阶级和土地贵族联盟为基础的君主立宪制度，从而成为世界上第一个确立资产阶级政治统治的国家。资产阶级加速推行发展资本主义的政策和措施，利用国家政权消除农业中的封建制度和小农经济，为资本主义大工业的发展提供了充分的劳动力和国内市场；资本主义原始积累过程，提供了资本主义大工业所必需的大批自由劳动力和巨额的货币资本，促进了工业革命各种前提条件的迅速形成。

（三）工业的发展

工业的发展极大地提高了生产力，使各国的社会经济迅速发展，人们生活水平普遍提高。工业革命加强了世界各地之间的联系，扩大了人们对自然的认识，提升了人们对自然的利用能力。世界工业的发展分三个阶段，分别是第一次工业革命、第二次工业革命和第三次工业革命。第一次工业革命推动了工厂制度的产生，推动各国工业产值超过农业而成为工业国家；第二次工业革命后形成了垄断，克服了生产的无政府状态，推动各国成为以重工业为主导的国家，新兴工业异军突起；第三次工业革命也叫第三次科技革命，它推动了国家垄断资本主义的发展，推动第一、二产业比重下降，第三产业比重上升。三次工业革命用图表概括如表 6-1 所示。

表 6-1　世界工业的三次革命

	第一次工业革命	第二次工业革命	第三次工业革命
年代	18 世纪 60 至 70 年代	19 世纪 70 年代	20 世纪 50 年代
主要标志	蒸汽机的发明和应用	电器化（内燃机、电力的使用）	微电子技术的发展和应用
工业生产的影响	采煤、冶金、棉纺织、机械制造等工业	电力、化学、石油开采和加工、汽车制造、轮船制造、飞机制造等工业	电子计算机、核技术、高分子合成、基因工程、纳米技术、航空航天等工业
工业布局方式	煤铁复合体型	煤铁复合体型、临海型	临空型

	第一次工业革命	第二次工业革命	第三次工业革命
工业布局变化	分散趋向集中	布局更加集中	集中趋向分散
影响工业布局的主要因素	燃料(动力)、原料	原料、燃料(动力)、交通运输	知识和技术、优美的环境、现代化的高速交通条件
主要工业中心和工业区	英国的伯明翰(钢铁)和曼彻斯特(棉纺织)等	美国的五大湖区、德国鲁尔区、英国中部地区、苏联的欧洲地区、日本太平洋沿岸工业区	美国的"硅谷"、日本的"硅岛"、苏格兰(英国)、慕尼黑(德国)、班加罗尔(印度)、中关村(中国)

二、 工业生产

(一)工业生产的概念

工业部门是采用物质资源制造生产资料、生活资料，或对农产品及半成品进行加工的生产部门。习惯上，把为国民经济部门提供燃料、动力、原材料和技术装备的工业部门，称为基础工业。如煤炭工业、石油工业、电力工业、钢铁工业、石化工业等。

(二)工业生产的主要特征

1. 工业生产是物理和化学变化过程，以及少量的微生物作用过程

工业生产不像农业那样受生长季节和自然地带的严格限制，只要具备资金、原材料、设备、能源、技术和劳动力等条件，就可以根据需要选定适宜厂址进行生产，或是调整生产规模。工业生产受自然灾害的直接影响相对较小，生产比较稳定可靠。只有少数以农产品为原料的加工工业(如制糖)，生产有一定的季节性和地带性。但是，工业生产都需要占有一定的地域空间，都需要原料、动力和用水，因而土地、矿藏、水等自然资源，也是工业生产的必要条件。

2. 不断发展的社会生产力是促进工业发展的巨大动力

自然条件为工业生产准备了必要的物质前提，但是对工业发展具有重大推动作用的，是不断发展的社会生产力，其中包括生产工具的革新和应用，以及劳动者的科学技术水平。从历史上看，科学技术上的每一次重大发明和革新，都会促进工业生产的飞跃式发展，从而引起工业地区分布的重大变化。

(三)工业生产投入产出

工业生产主要在工厂里进行。在工厂里，劳动力(工人、技术人员等)利用动力(燃料、电能)和机械设备，将原料制成产品。一种原料可以生产不同的产品，而一种产品又可能由多种原料加工、组装或化合而成。工厂生产的正常进行，除需要劳动力、动力、厂房设

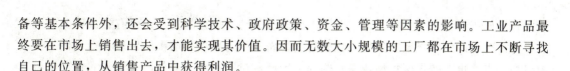

备等基本条件外，还会受到科学技术、政府政策、资金、管理等因素的影响。工业产品最终要在市场上销售出去，才能实现其价值。因而无数大小规模的工厂都在市场上不断寻找自己的位置，从销售产品中获得利润。

1. 投入要素

（1）土地。要有一定数量的土地供建厂定址，就地形而言，一般的工业企业要选在较平坦处，既方便工业生产的安排，又方便人们的生活及交通。

（2）劳动力。工业的生产活动离不开工人，即劳动力，其中也包括科技人员。

（3）水源。一般工业生产都离不开水源供应，这就要求有比较近的、丰富而优质的水源作保证。

（4）资金。这是工业企业建厂的一个必要条件，要有一定流动资金以维持工业的正常运转，包括购买原材料和机械设备等。

（5）能源。能源是工业的动力，工业的发展离不开能源。

（6）原料。工业生产就是将原料加工、改造而制成新的产品的过程，没有原料，就成了无米之炊。

此外，工业企业的生产要素还有技术、管理制度、政府政策等。

2. 工业产出

工业产出指经工业过程所生产出的各种产品，包括两部分：一部分是满足人们生活需要的产品，如食品、服装、家用电器等，另一部分是用来满足生产需要的产品，如钢铁、机械、化肥、农药等。

（四）工业生产的分类

不同的工业，不同投入因素在其总投入中所占的比重有很大差别。工业如果加大某一种因素的投入量，则会相对降低其他因素的投入量。不同地区和不同的工业部门，由于工业生产的社会、经济、技术条件的差异，以及工业生产的性质不同，对工业生产投入的主要因素也不同。

根据各投入要素在总投入中所占比重的差别，可将工业分为资源密集型工业、劳动密集型工业、资金密集型工业、技术密集型工业等。具体判断某种工业属于哪一种发展类型，应看其最主要的投入要素，或者看其生产、分布最主要的限制因素。例如：在工业投入的各要素中，原料占最重要的地位，则这种工业是资源密集型工业，例如采掘工业（包括煤炭生产、石油开采、林木采伐等）、制糖工业、水产品加工工业等。

投入劳动力较多的属劳动密集型工业，如纺织工业、服装业、电器装配业等，其主要分布在劳动力资源丰富的地区。投入资金较多的属资金密集型工业，如钢铁工业、化工工业等。这类工业需要大量的资金投入，但对原材料的依赖也很严重。随着社会的发展，交通运输业效率不断提高，使这类工业的布局已变得灵活多了。所以，我们把这类工业归入资金密集型工业。它往往与资源密集型工业一起，形成大规模的工业区。投入科学技术因素较多的属于技术密集型工业。如电子工业、核工业、航空航天工业、生物工程工业等。这类工业要求有高技术水平，因而多分布在科学技术和高等教育发达的地区。

以上四种工业类型，严格来说，并没有一个确切的界限，就多数工业部门而言，很难确定它们属于何种发展类型。例如纺织工业既有劳动密集型的特点，也有资源密集型的特点；钢铁工业既属于资金密集型，也兼有资源密集型的特点；瑞士的钟表工业，既有劳动密集型特点，也有技术密集型特点；等等。因此，对于一个工业部门来说，我们应掌握其主要的投入因素。此外，不同地区应因地制宜，根据当地的资源、劳动力、经济、技术条件等，确定优先发展的工业类型。一般经济水平较低的地区，多发展资源密集型和劳动密集型工业；经济水平较高的地区，可重点发展资金密集型工业；科技发达地区可发展技术密集型工业。

三、 工业生产劳动创造社会价值

自工业革命以来，以大机器的使用和无生命能源的消耗为核心的专业社会大生产占据了社会经济的主导地位，科学技术高度发达，生产效率全面提高，推动了剧烈的社会分化，也加速了社会精细分工。现代工业凭借科学技术的指导和高效率的机器，取代了延续数千年的手工生产，社会生产力水平达到了前所未有的高度，将世界历史推进到工业文明时代。在这个时代，工业生产以日益提高的自动化程度，不断创造着生产力发展的奇迹，使人类物质文明呈现空前的繁荣。工业生产劳动创造的社会价值可以从机械工业生产劳动和手工生产劳动两方面阐述。

（一）机械工业生产劳动创造社会价值

早在 2010 年，中国就已成为世界第一工业大国，实现了以毛泽东同志为代表的第一代领导集体将中国由农业国发展为工业国的夙愿。

1. 列强崛起，皆因强大的工业生产劳动

（1）英国因工业革命成就日不落帝国。英伦三岛孤悬海外，在相当长的一段历史时期内，英国在政治、经济、文化上都处于边缘化的地位，而工业革命的到来却给原本边缘化的英国一个咸鱼翻身的机遇。当英国人以鸦片战争轰开清朝国门之时，我们不仅要看到英国人的坚船利炮，更要看到为坚船利炮提供支持的工业基础，而这正是 19 世纪红衫军打遍世界无敌手的物质保障，是英国成为日不落帝国的基石。

（2）德国因强大的工业实力具备挑战旧有国际秩序的能力。1834 年，李斯特等学者呼吁建立起德意志关税同盟，德意志国家才走上了工业化的道路。随后，德意志国家抓住了第二次工业革命的机会，钢铁工业蓬勃而起，涌现出鲁尔工业区、萨尔工业区等工业重镇。在德意志第二帝国时期，依靠对国内廉价劳动力的剥削和其他国家的战争赔款，德国工业实力实现跨越式发展，成为欧洲第一大工业国。雄厚的工业基础也成为德国敢于挑战英国霸权的底气所在。

（3）美苏因强大的工业奠定战后国际新秩序。在南北战争后，美国同德国一样抓住了第二次工业革命的机遇，至一战前夕，美国的工业产量居世界首位，占全球工业总产量的32%，钢、煤、石油和粮食产量均居世界首位。至二战前夕，美国的工业产量占全球工业总产量的 38.7%。而这正是美国在二战期间，平均每两个月建成一艘舰队航母，每年产 4 万架飞机、2 万辆坦克的根源所在。苏联建立，特别是在斯大林的钢铁工业化指导思想和

计划经济体制下，苏联迎来了高速工业化的时代。至二战前夕，苏联工业产量占世界工业总产量的17.6％，而且工业结构以军工、重工为主体。正是依靠强大的重工业，苏联在二战期间最终打赢了卫国战争，与盟军在易北河会师，和美国一道重新划定了战后国际秩序。

2. 西方式微，皆因失去强大的工业

（1）没有强大的工业生产劳动就没有国际地位。回溯历史，在两次世界大战中，中国虽然付出了巨大的代价，但徒有战胜国之名，无战胜国之实，根源就在于工业实力不如人、综合国力不如人。没有自己的工业体系和国防工业，既无力保障国家安全，又无法支持国民经济的持续发展，在弱肉强食的国际关系法则下，自然饱受欺凌。

改革开放以来，中国快速发展，摆脱了积贫积弱的印象，中华人民共和国也成为联合国五大常任理事国之一。随着近几十年来西方大张旗鼓的"去工业化"，以及东亚国家竭尽所能发展工业，使全球出现了"北美——西欧——东亚"三大工业中心，在全球政治舞台上，东亚国家开始扮演越来越重要的角色。国际政治格局也发生了从冷战期间的"两极对抗"，到后冷战时代的"一超多强"，再到如今的"北美——西欧——东亚"三足鼎立时代——各个国家国际地位的变迁，说到底还是由工业实力所决定的。

（2）没有强大的工业生产劳动就没有经济的持续繁荣。无"农"不稳，无"工"不强，无"商"不富。由于农业受制于相对有限的产出，在三个产业中，工业是真正具有强大造血功能的产业，对经济的持续繁荣和社会稳定有着非同寻常的意义。

自2008年金融危机以来，欧美经济一落千丈，中国经济异军突起，已然成为世界经济增长的引擎，其根本就在于中国高速增长的工业实力。

（3）西方衰弱在于"去工业化"。自20世纪70年代以来，欧美发达国家逐步将淘汰产能向第三世界国家转移，一方面铸就了"亚洲四小龙"的经济奇迹，另一方面降低了本国因工业带来的环境污染，失业人口则向服务业转移，并大力发展"钱生钱"的金融业，创造了近乎于天文数字的虚拟经济。西方国家的这些举措曾经一度被视为明智之举，但事到如今，"去工业化"危害尽显。

3. 坚定发展强大工业不动摇

随着中国工业转型升级，越来越多的高科技产品会打破垄断，中国将会由"中国制造"转变为"中国智造"。

4. 完整的工业体系作用主要体现在对外竞争力和国防军事力量

在对外贸易竞争中，更完善的工业体系能够减少工业配套生产成本，有利于生产质优价廉的产品，加强国内产品在国际贸易中的竞争优势。由于全球化的影响，很多原材料、半成品、产品等从国外进口比国内生产更有优势，所以保持一个完全100％的工业显得没有必要，反而会加重产品的成本。这就是除中国外其他国家工业体系并不绝对完整的原因。

从经济发展的角度讲，由于一国产业比较齐全，外国投资时，很容易就能从本地找到生产厂家，大大降低了产品生产的成本（从外国进口零件不但需要支付运费，往往还要支付关税）。这使得中国即便劳动力成本已经明显高于很多发展中国家，大量的产业还是不

得不留在中国(当然,完善的基础设施也是一个重要的原因)。因此,一个完整的工业体系不但对国家安全有好处,还对经济发展有着很大的助益。

一个100%的工业体系,其价值也体现在国防建设中,能够自主生产一切武器装备而不会被外国"卡脖子"。

当然,到现在,一个完整的工业体系对中国的价值还是很大的,对中国的产业升级有重要意义。

拓展阅读

口罩背后:一个世界上最完整的产业链供应链

随着世界卫生组织宣布新冠肺炎疫情为"大流行",口罩吸引着全世界几十亿人的目光。而这小小口罩,背后是环环相扣的生产链条和系统完整的工业体系,是一个当今世界最完整的产业链供应链。

原材料:央企"跨界护盘",熔喷布产量大幅提升

口罩的原材料主要是聚丙烯材料加工制成的无纺布。医疗口罩一般采用多层结构,其中最内层和最外层为纺粘无纺布,中间层便是熔喷布。熔喷布,是口罩中起过滤作用的关键材料,是口罩的"心脏",除了能阻挡较大粉尘颗粒外,还可以通过表面的静电荷将细小粉尘、细菌和病毒飞沫吸住。熔喷布是过滤功能口罩的必要原料,1个普通医用外科口罩要使用1层熔喷布,1个N95口罩则至少要用掉3层熔喷布,1吨熔喷布可以做100万只医疗外科口罩。

我国熔喷布的产能并不高,数据显示,2018年中国熔喷布非织造布的实际产量为5.3523万吨,占当年纺丝成同非织造布产量的1.8%。2019年末疫情突发,让此前小众的熔喷布一举成为市场宠儿,面对急剧扩张的需求和口罩原材料短缺的矛盾,央企纷纷"跨界护盘"。

中国石油化工研究院把研发口罩所需熔喷料、熔喷布作为重大政治任务,一周之内便完成了研发生产的一系列工作。石化院兰州中心仅用8天就完成关键设备采购、安装,并攻克了相关技术难题,于2020年2月28日成功开发出中国石油自主聚丙烯熔喷专用料,日产能2吨。

据国务院国资委医疗物资专线工作组消息,截至3月6日24时,中央企业熔喷布当日产量已达到约26吨,随着新的生产线陆续投产,熔喷布未来产量将大幅提升,有效缓解供应紧张局面。

市场监管部门果断出手:市场监管总局联合公安部依法查处扰乱熔喷布市场价格秩序的违法行为,坚决斩断哄抬熔喷布价格的违法链条。

关键设备：协同研发攻关，补齐口罩产业链短板

熔喷布生产线投资巨大、技术含量较高、设备安装复杂、对厂房要求高，这些是制约熔喷布产能扩大的重要因素。"建设一条熔喷布生产线差不多要800万元，国产设备的交货期要3至4个月，进口设备则要6至8个月。"江苏某科技公司负责人说。

在口罩产业链中，作为国内最大的医卫原料供应商，中国石化原本是最上游聚丙烯原料的生产者，为保障中游熔喷布价格稳定和下游口罩产品供应，中国石化决定打通产业链，全面介入熔喷料、熔喷布和口罩生产，在北京，中国石化燕山石化2条熔喷生产线投产；在江苏，中国石化仪征化纤8条熔喷布生产线投产。10条熔喷布生产线总投资约2亿元，医用口罩熔喷布日产量达18吨。

口罩机是影响口罩产量另一环节，也是口罩产业链的短板。它将多层无纺布通过热压、折叠成型、超声波焊接、废料切除、耳带鼻梁条等工序，制造出具有一定过滤性能的各种口罩。

受疫情影响，口罩机同样非常紧缺。总部位于广州黄埔区的多家骨干企业及其供应链成立了平面口罩机攻关组，仅用一个月时间就攻坚克难，生产出100台口罩机。据攻关组牵头企业国机智能公司介绍，10天研制首台套平面口罩机并完成压力测试，20天生产100台套，这是在没有过往经验、关键零部件采购相当困难、技术人员奇缺、疫情防控压力很大的情形下完成的。

由航天工业集团研制的"1出2型"高端型全自动口罩机也在北京成功下线。该型号口罩机由793项共2365件零件组成，只需简单培训，便可实现单人操作。计划实现20台的批产，包括样机在内的24台全部投产后每天将产出300万只口罩。

各相关企业接续努力的同时，国资委紧急推动加大医用口罩机、防护服压条机等关键设备的研制生产，采用"多家企业、多种方案、多个路径"的模式攻关。截至3月7日，航空工业集团、中国船舶集团等6家企业累计制造完成压条机574台，平面口罩机153台，立体口罩机18台。

产业链：全民硬核复产，中国制"罩"为世界作出贡献

普通医用口罩是由纺粘无纺布层、熔喷无纺布层、耳带线、鼻梁条等部件组装而成，根据不同种类还需要添加过滤棉层和活性炭层。看似普通的部件，却涉及化工、纺织、机械、冶金、电子等基础工业门类，涉及原材料、设备、厂房、资金、人力、准入许可、生产周期七大要素，而只有中国，才拥有最完整的口罩产业链、供应链和生产要素。

至3月29日，中国口罩产量创下新高：全国口罩日产能达到1.1亿只，日产量达到1.16亿只，有效满足了疫情防控需求。

"双亿"目标实现的背后，是全国上下齐心协力的"硬核复产"。国家还通过建立临时收储制度，明确重点医疗防护物资政府兜底采购收储；对疫情防控重点保障企业实行名单制管理，给予税收、金融支持；建立重点企业生产临时调度制度，派出驻企特派员全力扩大生产；市场监管部门"特事特办"，加快审批流程等一系列措施，为企业创造生产条件。

"双亿"目标实现的关键，是有中国完善的工业体系、完备的上下游产业配套能力为支撑。中国拥有全球规模最大、门类最全、配套最完备的制造业体系。据了解，目前我国拥有 41 个工业大类、207 个工业中类、666 个工业小类，是全世界唯一拥有联合国产业分类中所列全部工业门类的国家。

〔资料来源：冯粒，曹昆．口罩背后：一个世界上最完整的产业链供应链［EB/OL］人民网，（2020-03-16）［2020-07-11］http://society.people.com.cn/n1/2020/0316/c1008-31634559.html.〕

（二）手工生产劳动的社会价值

当下，人们有一种热衷手工产品的倾向，手工产品包含着劳动者个人的人格特征，并呈现出独特的创造性，与工业产品有着迥异的生命性质，具有物质本真性、淳朴性。手工劳动全受控于主体，不像工业技术那样可以把劳动从主体中分离出来，成为征服一切差异性的异己力量。手工生产始终被生产者直接把握，并与他的一切，包括需要、兴趣、素养、性情、习惯以及操作能力和水平紧密关联。与劳动主体交融为一的技术本质，使得手工技艺必然体现出人的自然性、社会性和历史性，以至其技术内涵和文化属性必然依存于追求现实事功的践行过程，而其形态和功能也只有在实践活动中才能得到实际的呈现，这也是手工生产方式与工业生产方式的最大区别。

当前社会表现出多元特征，政治、经济、文化多元，生活方式多元，生活需求多元，由此，生产方式必然多元。机械化、半机械化、手工生产等都是推动社会进步的力量，如今，后工业化为高超的手工技艺赋予了新的含义，进而为手工技艺提供了全新的前景，丰富了社会生产和消费结构。现在，人们视使用手工制品为时尚，这不仅是一种喜好和生活必须，还在于追求生活质量和维护身心健康。当下，人们不时受到工业劣质品、次品的困扰；感受到工业产品带来的环境污染、资源浪费的威胁；体会到工业产品的单一、机械和冷漠；忧虑科技成果的负面效果日益突出……人们从心理上已不再一味地宽容，甚至厌倦了个别工业品。

唯经济主义地对待"生产"概念，追求"标准化"的现代化发展模式，是大工业生产方式一统天下的期求使然。事实上，当今现代化水平和发展远未标准化，尽管人们一直用"标准化"来诠释现代化，这也只不过是社会生产方式领域的趋势。"标准化"并非社会需求的真实反映，社会需求的实质是多元化，不能用标准化模式去替代物质层面和精神层面的多样需求关系。那么，为什么长久以来人们不假思索地接受"标准化"的现代精神？也许，自从工业化开始，人们就被科技革命的成果和现代生产方式的追求所迷惑，没有去区分科技进步和生产方式标准化的合理性与人们生存方式和社会需求多样化的合理性。二者本身具有矛盾性，这种矛盾一直伴随现代化进程，即生产方式日趋标准化、单一化和社会需求日趋差异化、多元化。用标准化指导消费和需求必然导致现代化退潮，致使现代化、工业化之后必然步入后现代、后工业时代。事实正是如此，这也就回答了为什么手工生产必然存在且日益发展的问题。

机器生产不是万能的，无法穷尽所有产品形态，产品的标准化和统一性，背离了人类文化的连续性与多样性。日趋自动化的工业生产方式，在现代化发展过程中不断暴露出它的消极因素，特别是在产品形态和物质消费结构上，那种标准的、单一的、简洁的产品是适应大生产的产物，并不能反映现代人的消费心态。现代人的消费是多样的、复杂的、有选择的。大机器生产无法完全满足现代人个性化的物质需求。小批量、小范围和特殊性是现代手工生产的特点，充分体现了人性需求，突出了人的主体地位，不存在机器异化人的担忧，人的消费的多元性、选择性也因而得到充分体现。手工生产的可塑性、灵活性和能动性为现代社会带来了更丰富的产品形态。倡导"手工生产"并不意味着去颠覆工业生产的现实，而是丰富现代消费物质，优化消费结构，构建有利于现代生活的消费体系。我们承认现代工业生产方式和科技手段在解决人类基本生存问题上的必要性和主导地位，更要培育和发展现代手工生产劳动和技艺，广泛接纳手工生产带来的丰富的产品形态，促使其成为社会进步的推动力量。

第三节　现代科学劳动创造社会价值

科学劳动一词最早是马克思提出的。他说："随着大工业的发展，现实财富的创造较少地取决于劳动时间和已消耗的劳动量，较多地取决于在劳动时间内所运用的作用物的力量，而这种作用物自身——它们的巨大效率——又和他们所花费的直接劳动时间不成比例，而是取决于科学的一般水平和技术进步，或者说取决于这种科学在生产上的应用。"

一、 科学劳动的概念

什么是科学劳动？简单地说，科学劳动是掌握了科学技术知识的科学劳动者所进行的高级脑力劳动。从历史的发展过程看，人们通过不断的生产实践，不断积累生产经验和劳动技能，不断地创造和运用生产工具并寻求新的劳动对象，"人们在创造工具的过程中，不断寻求劳动工具与劳动对象的客观规律，这种在劳动过程中寻求规律的思考就是脑力劳动，也是科学劳动的开端"。

★ 微视频

劳动创造价值

二、 科学劳动的起源

科学不是天生就有的，而是人们在不断地生产实践或社会实践中，不断地总结经验，发现其内在的规律，总结上升为理论，其中反映着对自然界客观运动规律的知识理论体系被称为自然科学，反映着对社会客观运动规律的知识理论体系被称为社会科学。所谓科学劳动，应该包含两个方面：一方面，人们在不断地生产和社会实践活动中认识客观规律并将其上升为理论，这是科学发现和发展的过程，这既包括分析研究、发明创造的科学发展过程，也包括学习、传授、继承和长期积累的过程；另一方面，人们将科学应用于生产，创造出一系列新的工具、手段、工艺，并培养劳动者使其掌握一定的科学技术知识并运用它们来进行生产活动，这是由科学到技术，再由技术到生产的应用过程，是由潜在生产力到现实生产力的转化过程。科学劳动既包括积累和总结实践经验，从事科学发现、发明创造的劳动，学习、继承科学成果的劳动，也包括将科学转化为技术、将技术应用于生产实践过程的劳动。这不是少数人或一两代人劳动的结晶，而是由人类世代相传长期劳动的结晶，表现为脑力劳动或构成脑力劳动的主要部分。人们往往只看到脑力劳动，而不注意进一步对脑力劳动所包含的这种科学劳动进行深层次分析，因而长期以来忽视对科学劳动的深入研究。

科学劳动是通过人表现出来的，进行科学劳动的人可称为科学劳动者。科学劳动者具有科学劳动力。一般人类劳动所实现的是人与自然界的物质变换过程，科学劳动则是人们借助科学技术驾驭自然力、改造自然力、利用自然力，将自然物质转变为人类有用物的过程。

三、 科学劳动的发展

时代在前进，实践在发展，起源于英国的近代第一次工业革命，从 19 世纪 40 年代开始向欧洲发展，并迅速扩展到整个世界。当时科学技术的确已有一定程度的发展，所以马克思在这样的时代背景下，提出了"科学技术是生产力""一般科学劳动"对生产有重要作用的著名论断。但当时还处于以蒸汽机为标志的资本主义工业化的初期阶段，科学技术在生产中的应用属于早期阶段。从历史发展过程看，人们通过不断的劳动生产实践，积累生产经验和劳动技能，制造和运用新的生产工具并寻求新的劳动对象，不断改进生产工艺和劳动技能，逐步认识自然界物质运动的客观规律。起初是点滴地搜集积累，到一定程度进行系统的整理概括，形成完整而系统的科学体系，这就产生了科学。这时候，科学、技术、生产三者之间的相互关系，形成"生产—技术—科学"的模式向前发展。科技发展的早期，虽有许多天才的科学发现和重要的技术发明，但由于尚无系统的科学理论为指导，整个科学技术还是直接建立在生产实践与人类生活经验的基础上，因此，科学技术在社会经济发展中的作用还不是很大。

自 19 世纪电磁学革命时开始，工业生产出现了根本变化。由奥斯特、法拉第和麦克斯韦创立的电磁学理论，直接引发了 19 世纪下半叶的电力科学技术革命和近代以来生产力发展的第二个新高潮。电力科技革命不仅改变了工农业生产的基本状况，还迅速进入人类生活领域，带来了无线电通信、电灯、电话、电视，甚至个人计算机等层出不穷的电器，大大改变了人类的生产、工作和生活状况，这是影响人类经济与社会发展的最重要变化之一，并由此确定了科学、技术、生产三者之间关系的新模式，即"科学—技术—生产"。科学劳动者在进行科学劳动、创造、传播、应用、发展科学技术能力的过程中，成为经济和社会发展的强大推动力。科学能力决定着科学知识体系的生产、更新和发展；技术能力决定着把科学知识转化为一定的专业技术和生产程序、工艺流程；生产能力决定着将科学技术转化为直接生产力，最终形成现实的物质产品。这三者互相联系，互相促进，推动科学、技术与生产力共同发展。但在这三者之间起决定性作用的首先是科学理论的指导。在当代，科学理论不仅走在技术和生产的前面，而且为技术和生产的发展开辟了各种可能的途径。

20 世纪中叶以来，各学科、各专业、各类知识之间的相互渗透、交叉、综合日益频繁，出现了科学技术化、技术科学化，形成了科学技术一体化新趋势，开始走向"大科学"时代，走向现代化的高科技阶段。这时，科学劳动者所进行的已不是一般科学劳动，而是现代科学劳动。以前的一般科学劳动，只是掌握一般的科学技术知识，反映着科学技术尚未充分发达阶段的情况。现在，现代科学劳动是掌握了现代有关最新科学、多学科的前沿理论和最新先进技术的科学劳动者所进行的科学劳动，是高级或超高级的脑力劳动，是高级或超高级的复杂劳动。现代各国生产力水平都直接取决于科学技术水平的高低和创新能力的大小。而科技水平和创新能力又直接取决于科学劳动者的现代科学劳动的质量和水平。邓小平及时提出了"科学技术是第一生产力"的重要论断。要使第一生产力能够充分实现，将潜在的生产力转化为现实的生产力，必须依赖现代科学劳动。现代科学劳动不只是当今世界推动社会经济发展的动力，而且正起着越来越重要的决定作用。

四、 科学劳动的具体表现形式

科学劳动是高级脑力劳动，它的具体表现形式则是多种多样的，必须具体情况具体分析。

(一)在物质生产部门

企业科研部门的现代科学劳动不直接参与企业的实际生产过程，只着重研究与本企业有关的技术问题，研究如何开发新产品实现产品创新，如何采用新技术实现技术改造，如何提高劳动生产率等。这种劳动是间接为发展本企业生产、提高科技水平和产品质量、开拓新市场服务的。现代发达国家具有一定规模的企业，都有自己的专业科研机构，这是这些企业生存和发展的命脉所在。这些科研机构的劳动者所进行的现代科学劳动，是企业总体劳动的有机组成部分，其抽象劳动创造的价值直接进入企业的物质产品之中。在现代经济竞争中，他们的作用成为企业兴衰成败的重要因素之一。这也是我国不少企业发展科研机构、设置博士后工作站的目的所在。

(二)在精神生产部门

作家创作作品出版，书中既包含作家科学劳动创造的新价值，也包含从生产资料转移来的旧价值。书籍印数作为使用价值的数量，则是作家及有关人员具体劳动创造的使用价值的表征。所不同的是，物质生产部门生产的是物质产品，精神生产部门生产的是精神产品。歌唱家在唱歌表演时，给听众以一种音乐享受，这是特殊的使用价值；在这种特殊的音乐享受中，也包括歌唱家科学劳动所创造的价值，这是无形产品，稍纵即逝。但他们也是通过交换劳动来体现人和人的关系，只是不通过物和物的交换，而是通过特殊方式即无形产品的交换表现出来。这种无形产品正体现出精神劳动生产的特殊性质。

(三)在教育部门

教师的劳动主要是授课，通过传播科学技术和文化知识，使这些知识得以保存、继承、整理和发展。教师的劳动不是生产物质产品，而是培养新一代的劳动者。高层次的学校则为培养掌握现代科学技术知识的高素质人才服务。这些未来的科学劳动者，都将成为人才市场的重要成员。教师的科学劳动所创造的价值，作为教育训练费用，是构成新一代劳动者劳动力价值的三个要素之一。教师的科学劳动凝结为劳动力价值，只是这种价值不是凝结在物质产品中，而是以劳动力形式存在。教师的具体劳动创造使用价值，表现为培养出大批人才，这是和物质产品不同的使用价值，但会发挥比物质产品的使用价值更大的作用来为人类造福。

（四）在企业管理中

现代企业的管理者要进行科学管理，他们必须是掌握现代科学技术知识的该行业的专家；必须掌握现代信息手段，如熟练运用外语、计算机技术；要精通市场知识，能够深入研究市场情况，确定企业经营的战略与策略；要有较高的政治思想水平、政策水平和交往能力，懂得领导艺术，能团结全体员工，调动广大劳动者的积极性；更要善于实现科技创新、体制创新和理论创新，通过创新推动企业前进。这种企业管理者的管理劳动是现代科学劳动，其抽象劳动创造的价值凝结在该企业的产品中，其具体劳动通过经营管理使更多好的使用价值进入市场以满足广大人民日益提高的生活需要。

五、 科学劳动创造社会价值

科学劳动反映的是劳动领域里的实质性内容，是本质范畴；而服务劳动、管理劳动、精神劳动、科技劳动等则是科学劳动的具体表现形式。也就是说，掌握了科技的科技工作者进行的是科技劳动，掌握了科技的经营管理工作者进行的是管理劳动，掌握了科技的服务工作者进行的是服务劳动，掌握了科技的教育工作者和文艺工作者进行的是精神劳动；等等。科学劳动创造的社会价值就体现在以下几个方面。

（一）服务劳动创造社会价值

服务劳动的特点是，劳动者以其创造的效用直接满足消费者的需要。服务劳动者在创造某种效用的时候，虽然耗费了物质资料和劳动，但是，大多不凝结在某种实物上，没有物化的结果。例如，旅店业的劳动者为接待旅客住宿，耗费了一定的物质和劳动，使旅客的需要得到了满足，但没有留下任何实物。这是典型的服务劳动表现。一部分服务劳动，在为消费者提供服务后，物质和劳动消耗也物化在一定的实物上，但不表现为实物产品的售卖，而表现为一种劳动交换活动。例如，成衣店为顾客加工衣服，走街串巷的木工为顾客制作家具，弹棉花的工人为居民加工被褥等。现代服务劳动创造社会价值有如下体现。

（1）在生产过程中，首先都要劳动者运用生产工具，作用于劳动对象，消耗一定的脑力和体力劳动，创造出一定的使用价值。这时所耗费的劳动，都作为价值凝结在商品体中，不管这种商品体是物质商品还是非物质商品，是有形商品还是无形商品，不管这种商品的使用价值是实物形式还是运动形式，其凝结为价值的社会劳动都是一样的。

（2）不管是物质商品还是服务商品，不能按异质的使用价值来计量交换，只能按同质量的价值来进行交换。价值能否实现，同样是交换过程中、社会生产和再生产过程中极其重要的问题。由此可见，抽象的社会劳动凝结在物质商品中成为物质商品的价值，凝结在不同的服务商品中成为服务商品的价值，它们的价值形成过程实质上都是一致的。因此，服务商品的价值是服务劳动的凝结，服务商品的使用价值是价值的物质载体，之所以异于物质商品，只是因为服务劳动大都凝结在非实物形态的商品和运动形式的使用价值上。

(3)服务劳动的绝大部分是科学劳动，是掌握了科学技术的、高级的、复杂的脑力劳动，比一般劳动会创造出更多的价值。但也有些服务业，如个体零售商业、饮食、修理、理发之类，以体力劳动和手工劳动为主，基本上是劳动密集型企业，机械化、自动化程度较低，很难利用机器进行大批量生产。在这些服务部门中，劳动生产率提高较慢，资本有机构成较低，在价值构成中，工资占的比重较大。

(4)有些服务产品的价值创造是一次性的，而价值实现却是多次性的。一般说来，物质产品交换的结果是，出售者售出商品，购买者独占了该商品的使用价值。有些服务产品则不同，如科技商品，对它的研制是一次性的，出售以后，专利权仍属于研发者，他可以再次或重复多次出售，不断实现其价值，这种产品的价值实现，是由科技商品交换的特殊性决定的。购买者只得到该科技产品的一部分使用价值，整个产品的所有权还在科技生产者手里。这种情况，体现在各国制定的专利法、版权法和知识产权法上。

(5)服务劳动创造的产值占国内生产总值的比重不断提升，在经济发展中起着越来越重要的作用。目前，现代服务劳动所创造的产值在国内生产总值中所占比重较大，2019年服务业增加值已达534233亿元，占比为53.9%，在国民经济发展中起着日益重要的作用。物质生产部门给服务部门提供了更多的生活资料和服务资料，是服务部门存在和发展的重要物质基础；物质生产部门的收入增加和劳动时间缩短，使教育等服务性支出比重增加，这就促进了高质量劳动力的培养；反过来，教育、科研等部门的发展，又成为推动物质生产发展的主要因素。总之，物质生产部门发展推动了服务部门的发展，而服务部门的发展反过来又推动了生产部门的发展。人的物质生活需要是相对有限的，而精神生活需要则是无限的，这就使得随着生产力发展，服务业在经济中的比重也逐渐增加。

(6)随着现代科学技术的迅速发展，服务劳动者的科学技术水平日益提高，服务劳动日益体现着科学劳动的本质要求，体现为科学劳动的具体表现形式。掌握科学技术的科学劳动者所进行的科学劳动是社会主义劳动的本质要求，它可以通过不同的具体劳动形式表现出来，在服务劳动者身上就形成服务劳动。之所以形成服务劳动，是因为他们掌握了现代科学技术，成为高度复杂的高级脑力劳动者，有相当高的劳动效率和功能，能创造出更多的价值和国民财富，在社会经济生活中起着重要作用。

(二)管理劳动创造社会价值

管理劳动，对于推动社会主义经济的发展、优化经济结构、增加国民财富、提高人民生活水平，有一定的现实意义，对于具体的某一企业的发展壮大、在市场经济竞争中处于不败之地，也有决定性作用。管理劳动创造社会价值，有如下特点。

(1)管理劳动是掌握了科学技术知识的高级脑力劳动，是现代科学劳动的具体表现形式，是高级复杂劳动，在同样时间内，比简单劳动创造出的价值更多。这种高级复杂劳动，首先是由于管理劳动者为获得多学科的专业知识，需要一个相当长的学习、研究过程以及积累实践经验的过程，这不仅需要大量的时间，还需要投入大量物化劳动，因此高级管理劳动者的劳动力价值较高，这需要从他新创造的价值中来补偿。其次，管理劳动善于运用科学技术知识，充分运用自然力，合理配置资源，善于组织人力物力，这就会以较少投入取得较大的经济效果，因而在同样的劳动时间内，会创造更多的价值。

（2）现代管理劳动善于运用科学技术力量，节约社会资源和自然资源。管理者会通过管理创新，节约预付资本；他们会正确分析市场形势，在优胜劣汰的竞争中占据有利地位；他们会善于调动全体员工的积极性，充分挖掘劳动潜力，发挥劳动者的主动性和创造性，实现更多的价值增值；他们会充分利用自然资源，实现成本的高度节约；等等。因而在生产中和经营中，劳动生产率会不断提高，个别劳动时间会低于社会必要劳动时间，企业取得超额利润，实现更大的价值增值。

（3）现代管理劳动也有二重性，即具体劳动和抽象劳动。其具体劳动表现为对社会经济活动和生产再生产过程进行组织、计划、决策、指挥、协调、控制、监督等具体形式的活动；其抽象劳动表现为管理者和全体员工一道，进行生产活动和经济活动，创造出有形产品或无形产品。这些活动都要在一定时间内耗费劳动者的脑力和体力，这些抽象的社会劳动，凝结在有形产品和无形产品中，形成价值，通过交换，体现着人和人之间的社会关系。在这里，价值形成的主要特点是，不只是通过一般的物质商品交换体现人和人之间的社会关系，还需要从全社会的广泛经济活动中，通过宏观管理来体现人和人之间交换劳动的社会关系。

（三）精神劳动创造社会价值

从事精神劳动的精神劳动者，具有精神劳动力。精神劳动力同样具有价值和使用价值。精神劳动力的价值也是由劳动者本人及其家属所需要投入的生产资料的价值和学习研究费用所决定的。现代精神劳动者要花费大量的时间和资金作为学习和科研费用支出，所以现代精神劳动力的劳动力价值较高。现代精神劳动力的使用价值是劳动，作为抽象劳动既能创造新价值，作为具体劳动又能转移旧价值。产品中新创造的价值，一部分用于补偿已消耗的劳动力价值，一部分作为剩余产品价值供社会和个人分配所用。产品中转移的旧价值，可分为两部分，一部分是生产资料的旧价值转移，另一部分是已有的科学、技术、知识中所包含的旧价值的转移，这是现代精神劳动所具有的特殊性。精神产品的价值创造与价值实现，有其自身的特点。

（1）现代精神劳动是高级或超高级的复杂劳动，在相同时间内能够创造较多的价值。现代精神劳动者需要掌握现代科学技术和相关学科相结合的广博的知识，不仅需要较长时间学习和研究，不断补充和更新知识，还需要耗费更多的脑力，最大限度地进行创造性思维，从事研究探索，在前人已有的基础上进行创新性劳动。不论是科学理论、技术产品、文艺作品，都是高级或超高级复杂精神劳动的产物。高级或超高级复杂劳动具有相当高的劳动效率，在同样时间内，比一般劳动甚至一般的复杂劳动能创造更多的价值。例如，一个名画家在一周时间内创作一至二幅作品，每幅画可售数十万元，较之物质生产劳动在一周内所创造的价值不可同日而语。这正充分说明了现代精神劳动在价值形成中的重要作用。

（2）精神产品的价值量决定，有多种不同情况。物质产品的价值量是由社会必要劳动时间决定的。精神产品中有一部分是物质产品转移来的旧价值，如在精神劳动时所消耗的精神生产资料和产品的物质载体，以及精神劳动者所消费的生产资料等，这部分价值是由生产它们的社会必要劳动时间决定的。但是精神产品具有原创性和唯一性，这就决定了对它们既不能用简单的劳动时间来计量，也不存在决定商品价值量的社会必要劳动时间。这是因为，精神产品既然具有原创性和唯一性，就不存在代表社会正常生产条件和平均劳动熟练程度和强度的问题。生产精神产品所花费的个人劳动时间直接决定精神产品的价值。生产该产品花费的个人劳动时间越多越复杂，其价值量就越大；更由于精神产品具有原创性和垄断性，不需要通过部门和行业之间的竞争来实现其价值，所以精神劳动所创造的精神产品的价值量，基本上是由生产精神产品所花费的个人劳动时间决定的。这和物质商品价值量决定有着明显的不同。但是某精神产品一经普遍生产使用，不再具有垄断性，其价值量就会大大降低。马克思说："再生产科学所必要的劳动时间，同最初生产科学所需要的劳动时间是无法相比的。例如学生在一小时内就能学会二项式定理。"这也说明，精神产品价值量决定，有多种不同情况。

（3）精神产品的价值实现，也有多种情况。精神产品是否具有原创性，是否为社会所接受，需要通过市场交换来体现。有些精神生产活动具有原创性，因此能以很大的价值实现。有些精神生产活动原创性稍差就获得较少的收入。大多数的精神产品都处于这个层次。能够批量生产和规范化提供的精神产品的价值创造和价值决定与物质产品的价值创造和决定一样，严格地来讲属于物质生产。精神产品如果没有原创性，产品不为社会所认可，个人劳动就不能为社会所承认，其精神劳动就不能形成价值。如果该商品在创造过程中，不是一次就成功，而是经过多次失败，那么这多次失败就不会为社会所承认，当然也不能实现其价值。

（4）有些精神产品的劳动报酬，不等于精神产品的价值。创新型的精神劳动者的稿费、版税、上演费等报酬，并不是出卖精神产品而取得其价值，也不意味着等价交换。因为劳动者在取得报酬时，并没有让渡该产品的所有权，而仅仅是让渡了使用权。教师、学者、作家、艺术家取得报酬虽然也是一种交换劳动的社会关系，交换的却不是精神产品自身的全部价值。

（四）科技劳动创造社会价值

科技劳动不仅仅是形成商品价值的抽象劳动，也是创造使用价值的具体劳动。它在创造使用价值的同时，还起着转移旧价值的作用。从创造使用价值方面看，科技劳动不仅创造出多种为经济社会发展以及满足人们生活需要的新产品，还具有消耗的资源少、对生态环境污染小、使用方面更安全、对劳动者危害少、可持续发展等特点。从转移旧价值方面看，它不仅将生产资料的旧价值转换到新的商品中去，同时还将凝结在科学知识中的旧价值也转移到新商品中去。科技劳动创造社会价值方面的特点有如下几个方面。

（1）科技劳动是高级或超高级复杂劳动，在一定时间内，能凝结成为更多的价值量。价值是凝结在商品体内的人类社会劳动，价值是在现有正常生产条件下，在社会平均的劳动熟练程度和劳动强度下制造某种使用价值所需要的社会必要劳动时间。复杂劳动是自乘的多倍的简单劳动。一般的科技劳动者比一般工人能创造更多的价值，这是由于一般科技劳动者能利用自然力于生产中创造大量的使用价值、大量增加国民财富。但现代科技劳动者掌握了现代科学技术，不仅能充分利用自然力，而且凭借对现代科学理论深刻而综合的认识，运用先进的高科技生产手段，对自然物质属性进行深度开发和利用，创造出比传统工业高若干倍的生产能力。传统工业仅仅是对自然物质和自然力的加工与利用，现代科技则是对自然物质的重新创造，代表着人类开发与利用自然的更高阶段。这就大大提高了劳动生产率，使国民财富有了更大增长，是高级或超高级的复杂劳动，因而，在同样的时间内能够形成更多的价值。

（2）由于现代科技发展的特殊性，在一定时间内，有些现代科学劳动者能够实现更多的高额价值。随着现代科技革命的发展，科学发现与技术发明转化为现实生产力的周期愈来愈短。从发明到应用过程的初期，只有首先取得成果的单位或个人才有对该项产品或技术的所有权。由于该新产品的发明创造者只有一个，该新产品生产者的个别劳动时间就成为社会必要劳动时间。这就出现两种情况：一是整个社会还是使用以平均社会劳动时间决定的旧商品，因而新商品比旧商品价廉物美，就会因此取得额外的高额价值；二是该新商品的生产者只此一家，别无分店，个别劳动成为社会必需劳动，也就能因此实现较高的价值。在资本主义制度下，马克思称之为额外剩余价值。在社会主义制度下，这属于个别劳动成为社会必要劳动所实现的较多的高额价值。一旦该新商品成为社会普遍使用的商品，这种高额价值就不再存在。

（3）由于现代科技产品生产的复杂性，使现代科技生产者的个别劳动成为一种风险劳动。进行现代高科技生产，购置先进科技设备必须投入大量资金。由于新技术转化周期缩短，新的生产技术迅速出现，现有科技设备将被淘汰，但原有设备通过折旧率还未能将投入的资本金收回，这种无形损耗将使经营者遭受重大损失。为了抵御亏本的风险，经营者在组织生产时，尽量加快生产的折旧进程，尽量争取减少损失甚至争取现有设备无偿利用的收入。特别是现代创新劳动过程中，为了研究、发明、创造某项成果，必须投入一定量资本和劳动。这种科学研究带有很大的不确定性和失败的可能性，很多高科技成果都是经过若干次失败后才取得成功的。在商品生产中，生产废品的劳动没有创造使用价值，当然也不形成价值。这种试验失败并未取得成果的劳动，虽然也是现代科学劳动，却得不到社会的承认。失败的劳动形成价值是以它最后取得成功为前提的，也就是说，失败的劳动只有凝结在一种有用的商品中才形成价值。可见在项目研究开发过程中，肯定包括失败劳动的耗费，因而在科技创新的科研劳动量的计算中还应包括一定的风险补偿系数。这说明，科技创新劳动是一种风险劳动。

【实践活动一】

食堂劳动，勤工俭学

【活动目标】

（1）通过食堂劳动，体验不一样的劳动生活，勤工助学，从而养成勤俭节约的良好习惯。

（2）通过食堂劳动，发挥学生自我教育、自我管理、自我服务优势，进一步保障学生就餐权益，不断提升食堂服务工作质量。

【活动准备】

（1）填写《勤工助学申请书》，向学校相关部门申请食堂劳动。

（2）了解基本食品安全及各项指标要求，面对可能出现的各种问题掌握一定的处理方法。

（3）充分了解食堂劳动的内容，做好应对工作的心理准备和服务技能的准备。

【活动设计】

1. 报到

（1）持申请到的"勤工助学上岗证"，到食堂进行报到。

（2）服从食堂的安排，到指定岗位进行劳动。

2. 岗位劳动

（1）态度和蔼，热情服务，协助食堂经理维护进餐秩序，督促保洁员做好大厅卫生工作。

（2）做好学生食堂现场值班工作，及时处理进餐学生的现场投诉，对处理不了的问题及时上报食堂经理。

（3）检查餐厅各窗口是否存在收取现金行为，就餐人员是否有把校内餐具带出食堂的行为。

3. 活动总结

根据"食堂劳动，勤工俭学"活动，撰写活动总结，评选出优秀活动总结。

【注意事项】

（1）在同一时期内，每名学生只能申请一个勤工助学岗位。

（2）如果中途退岗，必须提前一周向本部门的勤工助学指导教师递交离岗申请。

【结果评价】

教师或组长可参考表 6-2，对各成员参与本活动的情况进行评价。

表 6-2　食堂劳动，勤工俭学评价表

评价标准	分值	得分	总分	教师或组长评价
参与活动全过程	30 分			
出色地完成自己的任务	30 分			
有创新意识	20 分			
能合理调配资源	20 分			

【实践活动二】

图书管理分类，体验劳动快乐

【活动目标】

(1)通过图书管理分类工作，勤工助学，从而养成勤俭节约的良好习惯。

(2)通过图书管理分类工作，在勤工助学的同时读书，增长知识。

【活动准备】

(1)填写《勤工助学申请书》，向学校相关部门申请图书管理分类工作。

(2)了解书刊的分类、编制、书目、索引，以及各类书所在的具体位置。

(3)了解图书馆管理细则，掌握审查借阅者身份、维护图书馆秩序及防止偷书行为的方法。

【活动设计】

1. 报到

(1)持申请到的"勤工助学上岗证"，到图书馆进行报到。

(2)服从图书馆的安排，到指定区域进行工作。

2. 岗位劳动

(1)做好书本整理、上架及统计添加、删除和修改图书借阅者的基本信息等工作。

(2)对书籍进行定期除尘，做好防火、防虫、防潮等工作。

(3)协助校图书管理员完成其他工作。

3. 活动总结

根据"图书管理分类，体验劳动快乐"活动，撰写活动总结，评选出优秀活动总结。

【注意事项】

(1)在同一时期内，每名学生只能申请一个勤工助学岗位。

(2)如果中途退岗，必须提前一周向本部门的勤工助学指导教师递交离岗申请。

【结果评价】

教师或组长可参考表6-3，对各成员参与本活动的情况进行评价。

表6-3　图书管理分类，体验劳动快乐评价表

评价标准	分值	得分	总分	教师或组长评价
参与活动全过程	30分			
出色地完成自己的任务	30分			
有创新意识	20分			
能保持图书干净、整洁	20分			

第七章
积极投身志愿服务

志愿服务已成为人类社会生活的重要组成部分，体现着社会文明的进步。20世纪以来，志愿服务在全球得到了蓬勃发展，小到社区里的邻里互助，大到国际人道主义救援，志愿者的身影无处不在。全世界的志愿者为人类的和平和发展贡献了巨大力量。

学习目标

知识目标

(1)理解志愿服务与志愿服务的动机。

(2)理解志愿者、志愿者精神和志愿服务活动。

(3)了解志愿服务文明礼仪与志愿服务项目。

素质目标

(1)理解志愿服务的内涵。

(2)明确参加志愿服务的动机。

(3)熟悉志愿者精神的核心体现。

(4)能积极参加各种志愿服务活动。

到前线去！百万青年志愿者闻令而动

作为最早一批的志愿者之一，华雨辰在除夕那天就"听"到了"集结号"。

那一夜，团武汉市青山区委在官方平台"青春青山"上发出号召：面向社会招募志愿者，支援一线。

征集令发出后，志愿者的热情超出了团区委所有工作人员的预料。经过审核筛选，很快，281 名志愿者投入战斗。

作为武汉市最早面向社会发布志愿者招募公告的团组织，团青山区委打响了青年志愿者投身抗疫的第一枪。

在全国，共青团第一时间进行组织化动员和社会化发动，将一批批青年聚集到志愿服务的大旗下。

1 月 25 日，团中央向全团发出立即投身疫情防控行动的动员令，将志愿服务作为团结带领广大青年在实践中服务党政工作大局、服务群众急迫需要的重要载体，动员广大青年响应号召、立即行动起来，在当地党委政府领导下，科学有序地参与疫情防控工作。1 月 26 日，《关于青年志愿者组织和志愿者开展疫情防控应急志愿服务的工作指引》发布，指导疫情防控志愿服务的整体工作。

1 月 27 日，团吉林省委通过微信、微博、H5 等新媒体渠道广泛宣传，在省内招募青年防疫志愿者。招募通告发出后，短短 15 分钟就有超过 3000 名青年进行在线报名，多个志愿者招募微信群瞬间爆满。

1 月 28 日，团黑龙江省委发布黑龙江省青年防疫志愿者招募公告，开通志愿者 24 小时服务热线。公告发布当天，全省招募志愿者 1.2 万余名，组建志愿者工作交流微信群 40 个……

据统计，截至 3 月 5 日，各省（区、市）团委共预招募志愿者 170.4 万人，上岗志愿者 137.1 万人。其中，90 后志愿者 58.2 万人。

〔资料来源：金卓 . 2020 中国青年志愿者战疫史记！［EB/OL］中国共青团网，（2020-04-03）［2020-07-11］. http：//qnzz. youth. cn/qckc/202004/t20200403_12270455. htm.〕

【思考与讨论】

百万青年踊跃冲向抗疫前线，体现了一种什么样的精神？请具体阐述。

第一节　志愿服务

志愿服务是指任何自然人、法人或其他组织自愿贡献自己的时间和精力，在不为任何物质报酬的情况下，为改善社会服务、促进社会进步而提供的服务。当前，志愿服务正在成为社会变革的一种积极力量，其形式日趋多样，规模越来越大，产生的社会效益日益突出。从国际经验来看，志愿人员是社会发展过程中一股巨大的人力资源，对于改善人民生活质量、提升公民素质、促进社会融合都有特殊的意义。随着社会的进步和人们生活水平的提升，志愿服务将逐渐成为经济社会协调发展过程中的重要因素。

一、志愿服务概述

(一)志愿服务的含义

人们从不同的角度提出种种不同的志愿服务的定义表述。联合国教科文组织给志愿服务下的定义是："志愿服务是一种利他行为，是指人们在非私人的场合，在一段时间内自愿、不计报酬地为他人、为社会奉献自己的时间和专业知识，以帮助他人实现他们的所需。"美国社会工作协会认为，追求公共利益、本着自我意愿与自由选择而结合的一群人称为志愿服务团体，而这种团体工作则称为志愿服务。美国学者马克·缪其克在其所著《志愿者》中认为："志愿服务并不是简单的无偿劳动，而是为了正确理由而实施的无偿劳动。激发'善行'的是美德，像慷慨、博爱、感恩、忠诚、勇气、同情心和对正义的渴望。"国内学者丁元竹等将志愿服务界定为"任何人自愿贡献个人时间和精力，在不为物质报酬的前提下，为推进人类发展、社会进步和社会福利事业而提供的服务"。2006年，共青团中央颁布了《中国注册志愿者管理办法》(中青发〔2006〕5号)，其中第四章第九条明确规定："志愿服务是指志愿者组织、志愿者服务社会公众生产生活和促进社会发展进步的行为……志愿服务范围主要包括：扶贫开发、社区建设、环境保护、大型赛会、应急救助、海外服务等。"2017年8月22日，国务院颁布《志愿服务条例》，其第二条规定："本条例所称志愿服务，是指志愿者、志愿服务组织和其他组织自愿、无偿向社会或者他人提供的公益服务。"

上述内容对志愿服务的界定各不相同，但其基本精神是一致的：志愿服务不是以营利为目的，而是基于利他动机，自愿贡献知识、技能、体能及时间等，以增进他人福利，促进社会和谐与进步为宗旨的公益服务活动。

(二)志愿服务的内涵

1. 利他主义的价值追求

利他主义的奉献精神是志愿服务的基本价值追求，而缺乏利他主义的价值追求，即使行为本身客观上帮助了别人，也不能称为志愿服务。当志愿者这一形象闪现在我们脑海中时，我们首先想到的是，他一定是个乐于助人的人，是一个热忱服务他人、奉献社会的人。例如：定期到敬老院、孤儿院、自闭儿童中心照顾老人、孤儿和自闭儿童，给他们生活上的帮助、精神上的安慰；通过暑期"三下乡"活动，将有关文化、科技、卫生方面的知识带到农村，促进农村相关事业发展等，这些活动都体现了利他主义的奉献精神。

2. 自愿性

自愿是志愿服务的基本特征。从"志愿"一词的中文含义看，"志愿"本身就包含了自愿的意思。志愿服务的自愿性意味着个体具有参加志愿服务的选择权，既可以选择注册参加某一志愿组织，也可以选择参加某项具体的志愿活动，同时也可以选择不参加志愿活动。志愿服务的自愿性意味着非强制性和非义务性，它与职业工作不同。职业工作是根据劳动合同，必须每天按时出勤并完成规定的工作任务。它也不是法律或伦理道德规定的义务。

3. 无偿性

无偿性是指志愿服务不求物质回报。正因为志愿服务有利他的价值追求，所以不求物质回报是志愿服务的基本要求，也是社会对志愿者的基本期待。志愿者个人更不能向服务对象索取物质回报。如果志愿服务追求物质回报，那它与普通的商业行为和市场交易就没有区别了。志愿服务不求物质回报，并不意味着志愿服务没有任何的经济性。相反，当下的志愿服务有赖于一定的经济基础，因为志愿服务需要必要的培训、交通支持以及餐饮、医疗保障等。所以，志愿者个人不能以物质回报作为参加志愿服务的目的，但对于参加志愿服务的一些必要开支是应该得到补偿的。尤其是学生志愿者，如果完全依靠他们自筹经费去参加志愿服务必定不可持续。《志愿服务条例》第三十条规定："各级人民政府及其有关部门可以依法通过购买服务等方式，支持志愿者服务运营管理，并依照国家有关规定向社会公开购买服务的项目目录、服务标准、资金预算等相关情况。"

4. 公益性

志愿服务是为了社会公众的利益和福祉而开展的活动，是社会的公益行为，志愿者组织不是为特定的具体个人服务。志愿服务活动主要包括助老扶弱、扶贫济困、支教助学、环境保护、社区服务以及其他社会公益性活动。

二、 志愿服务的动机

志愿服务工作是以奉献为主的工作，其中充满了困难与艰辛，但为什么还有很多人愿意参与到志愿服务工作中？有人认为，人天生是群居动物，互帮互助是人的本能；有人认为，行善助人，乐人乐己，参加志愿服务活动会善有善果；还有人认为，志愿者是出于满足好奇心、结交朋友、锻炼自我等原因参与志愿服务活动的。从志愿服务的本质来看，这些都不足以完全激励人们踊跃参与志愿服务。那么，个体从事志愿服务的动机是什么呢？

1. 精神追求

爱因斯坦说："一个人的价值，应该看他贡献什么，而不应当看他取得什么。"志愿者在付出的过程中，被他人需要、被社会认可，这一回报不是金钱，也不是物质奖励，而是一种内在的精神价值。它使生命充满了意义，使社会充满了温暖。

2. 社会使命

志愿服务活动源于心系社会、服务社会的慈善捐助。今天的志愿者们秉承这一使命，并积极回应这一使命的召唤，以多样的志愿服务内容投入到增进人类福祉的活动中。志愿者们投身于公益事业，不仅贡献个人力量，而且与社会形成互动，从而催生社会责任感和使命感；他们发扬人道主义精神和志愿服务精神，为政府分忧、为社会解困，改变着社会面貌。正如爱因斯坦所说："只有献身于社会，才能找出那短暂而有风险的生命的意义。"

3. 知识学习

志愿者在从事志愿服务工作时，不仅可以帮助他人，还可以在这一过程中学习新的知识和技能，积极促进个人的成长和人格的完善。志愿服务是团队工作，志愿者在这一团队中能够建立良好的人际关系，增强团队精神，加强团队合作。尤其是大学生志愿者，他们在提供志愿服务的同时，提高了自身专业技能；同时，志愿服务也帮助他们了解社会，深化对理论知识的理解，并获得启迪与教育。

4. 价值实现

美国著名心理学家马斯洛认为，人生的最高境界是自我实现，其中就包括关心他人、超越自我。尽管人们在日常生活中追求物质利益，但从未放弃对美好生活的向往。心灵的充实、精神的升华、潜能的发挥以及自我价值的实现一直都是志愿者的不懈追求。志愿者的善举不仅充实了他们的生活，也升华了他们的灵魂，实现了他们的人生价值。

5. 人生体验

我们在生活中体验，也在体验中生活，为的是使我们的人生更加丰富多彩。志愿服务在人生众多的体验当中，也许只是短暂的瞬间，却是无比灿烂的。在志愿服务活动中，有些体验是日常生活的酸甜苦辣，有些体验却是刻骨铭心的。参加首都支援农村教育工作的教师们说："我们被农村感动，我们感动着农村。"作为志愿者，他们体验到了这种心灵共鸣。为了丰富生活体验，塑造多彩人生，越来越多的人加入到志愿服务队伍中来。

6. 心理完善

志愿服务可以帮助志愿者培养快乐的心境和积极向上的价值观。志愿者在关心和帮助他人的过程中，缓解了自身心理压力，完善自身品格。一篇介绍美国的志愿服务的文章讲述了志愿者凯瑟琳·佩纳的故事。志愿者凯瑟琳·佩纳为术后乳腺癌患者做了 22 年的咨询指导工作。她说："我保证所有志愿者都会在情感上、生理上、心理上感觉更好，不管你是谁，不管你做什么（志愿工作）。我所认识的志愿者都笑容满面。"通过志愿服务，志愿者们能够树立自尊、自强、自立、自爱的人格气质，培养健康乐观的心理素质。

第二节 志愿者、志愿者精神和志愿服务活动

一、志愿者及志愿者组织

(一)志愿者

志愿者也称志愿人员,中国香港称义工,中国台湾称志工。《志愿服务条例》第六条规定:"本条例所称志愿者,是指以自己的时间、知识、技能、体力等从事志愿服务的自然人。"共青团中央颁布的《中国注册志愿者管理办法》将志愿者定义为"不以物质报酬为目的,利用自己的时间、技能等资源,自愿为社会和他人提供服务和帮助的人"。联合国将志愿者定义为"不以利益、金钱、扬名为目的,为近邻乃至全世界进行贡献的活动者"。从这些对志愿者的定义来看,要成为一名志愿者,必须要有为他人、为社会作奉献的信念,必须是自主自愿地参与非义务或职责的活动,必须是不求物质报酬的。当然,要成为一名志愿者,还必须具备相应的基本能力和身体素质。

志愿者在参加志愿服务活动时(特别是有组织地参加志愿者活动时),可以穿志愿者服装,或佩戴志愿者标识,以表明志愿者的身份,方便为他人和社会服务。目前,全国没有统一的志愿者服装和标识。团中央设计了中国青年志愿者的标志,以供全国青年志愿者使用。

"中国青年志愿者"标志(图7-1)的整体构图为心的造型,同时也是英文"青年"的第一个字母Y;图案中央既是手,也是鸽子的造型。标志寓意为,中国青年志愿者向社会上所有需要帮助的人们奉献一片爱心,伸出友爱之手,以跨世纪的精神风貌,面向世界,走向未来,表现青年志愿者"热情献社会,真情暖人心"的主题。该标志是中国青年志愿者活动的统一标志,将制成胸章、纪念章(徽章),旗帜及其他宣传品,供青年志愿者开展活动和宣传之用。标志版权归共青团中央所有。

图7-1 "中国青年志愿者"标志

关于志愿者,有几个问题应辨别清楚。

1. 真假志愿者之辨

如何辨别真假，有两种观点：一是动机论，认为辨别是否是真志愿者，主要看他是否认同利他主义的价值观，是否想通过帮助他人和社会，来促进社会的进步；二是效果论，认为动机存于人的内心，有时很难辨别清楚，只要他的行为真正帮助了别人和社会，就是真正的志愿者。其实，动机和效果之间相互关联，有好的动机，一般情况下定会有好的效果；而动机不纯的志愿者，肯定很难真诚地为他人服务，效果也相应会打折扣。对于纯粹为了个人私利参加志愿服务的志愿者，志愿者组织要对其进行教育引导，如屡教不改，造成不良影响的，则应注销其志愿者资格。

2. 志愿者的资格年龄之辨

志愿服务活动在法律上是一种民事行为，民事行为的实施主体应该具有民事行为能力。因此，在我国，志愿者一般要满18周岁，如果满16岁且是以自身劳动收入为主要生活来源的也可以，18岁以下则应当取得监护人的书面认可。《志愿服务条例》第十五条规定："志愿服务组织安排志愿者参与志愿服务活动，应当与志愿者的年龄、知识、技能和身体状况相适应，不得要求志愿者提供超出其能力的志愿服务。"

3. 志愿者是否一定要加入志愿者组织之辨

有人认为，志愿者必须注册并加入志愿者组织才能成为一名志愿者，这是一种误解。志愿者的基本要求是本着利他主义的奉献精神，不计物质报酬，自愿以自己的知识、技能、时间、精力服务他人，奉献社会。《志愿服务条例》第十一条规定："志愿者可以参与志愿服务组织开展的志愿服务活动，也可以自行依法开展志愿服务活动。"所以，不能依据是否加入志愿者组织来衡量一个人是否是志愿者。当然，志愿者加入志愿者组织无疑是有很多好处的。比如，可以获得志愿者组织的专门培训，得到更多的服务机会，认识更多的朋友，志愿服务时的安全得到保障等。因此，个人志愿者(特别是学生志愿者)最好能够加入一个志愿者组织，通过志愿者组织开展志愿服务。

4. 志愿者的权利义务之辨

志愿者用自己的时间、精力、知识、技能帮助需要帮助的人而不计物质回报，似乎只承担了社会义务和责任，而没什么权利可言。其实，不管是从志愿服务行为是民事行为的角度，还是从志愿者是志愿者组织成员的角度来说，志愿者既要承担一定的义务，也具有一定的权利。

(二)志愿者组织

《志愿服务条例》第六条第二款规定："本条例所称志愿服务组织，是指依法成立以开展志愿服务为宗旨的非营利性组织。"可以说，志愿者组织是指以"奉献、友爱、互助、进步"的志愿者精神为价值追求，招募、培训志愿者，协调、组织志愿服务工作，以推动人类发展、促进社会进步的社会公益组织。作为志愿者组织，必须满足几个关键条件：一是"奉献、友爱、互助、进步"必须成为该组织以及所有组织成员的共同信念和价值追求；二是该组织的所有成员应该全都是志愿者；三是该组织只专注于志愿服务活动，一般不得开展与志愿服务无关的活动，更不得开展营利性活动；四是该组织的终极目标是推动人类发展，促进社会进步。

志愿者组织按照不同的分类方法可划分成各种类型。按地域划分，包括国际性的（例如成立于 1970 年的联合国志愿人员组织）、全国性的（例如我国由共青团发起成立的中国青年志愿者协会）、地域性的（例如各地的青年志愿者协会）；按行业领域划分，包括环境保护、公共福利、教育、医疗、帮扶济困等；按不同系统划分，包括共青团系统的青年志愿者协会、妇联系统的巾帼志愿者组织等；按不同人群划分，包括学生志愿者组织、社区志愿者组织、老年志愿者组织等。

二、 志愿者精神

志愿者精神与志愿服务密不可分。志愿者精神是志愿服务的内在价值追求，志愿服务是志愿者精神的外在表现。什么是志愿者精神？联合国教科文组织将其定义为"一种在自愿的不计报酬或收入的条件下参与推动人类发展、促进社会进步和完善社区工作的精神。它是公众参与社会生活的一种重要方式，是个人对生命价值、社会、人类和人生观的一种积极态度"。

★ 微视频

志愿者精神

志愿者精神可以概括为四个方面：奉献、友爱、互助、进步。这一精神是中国传统美德、时代精神和人类共同文明的有机结合。它既是对中华民族团结友爱、助人为乐、见义勇为、尊老爱幼、尊师重教等传统美德的继承与发扬，又是社会主义时代精神的弘扬和"雷锋精神"在新时期的体现。志愿者精神的具体内涵因人、因地、因时而异，不同国家、不同时代的人对于志愿者精神的具体含义也有着不同的理解。可以说，志愿者精神也是与时俱进、不断发展的，但无论这种精神怎样变化，都要满足一些基本的条件。

志愿者精神的核心部分体现在以下几个方面。

1. 从志愿者角度看，志愿者精神就是"奉献精神"

首先，志愿者精神在于自觉自愿。自觉自愿精神包含了自觉与自愿两个方面：自觉意味着在服务中发挥积极作用，主动承担责任；自愿则意味着志愿者是出于自身意愿而不是在他人或某种外力迫使下参加志愿服务。其次，志愿者精神在于奉献，而不是出于其他目的。这一点体现在中国青年志愿者誓词中："尽己所能，不计报酬，帮助他人。"最后，志愿者精神主要通过志愿者的信念来体现。精神是某种看不见摸不着的东西，它无法通过量化的方式来评判，它存在于志愿者内心的信念之中。现实中的志愿者有着不同的境界，判断境界高低的标准当然是志愿者精神，一个好的志愿者是信念在不断纯化的志愿者。

2. 从志愿者与服务对象的关系角度看，志愿者精神可以理解为"互助友爱精神"

志愿服务不仅是单方面的施与，还具有"双赢"的特色。一方面，志愿者在服务他人、服务社会的同时，自身也到了完善，得到精神和心灵的满足。另外，志愿者在服务过程中也丰富了自己的生活经验，加深了对社会的认识，并培养了组织领导、合作等方面的能力，增强了自信心，获得了成就感。另一方面，服务对象也不是消极被动地接受帮助，志愿服务过程就是志愿者与服务对象相互关爱、相互交流和共同发展的过程。"服务社会，传播先进文化，为建设团结互助、平等友爱、共同前进的美好社会贡献力量"，就是对"互助友爱"精神的最好诠释。

3. 从志愿服务的社会价值角度看，志愿者精神可以理解为"公民精神"

俄罗斯伟大的文学批评家别林斯基曾说过："你可以不做诗人，但你必须做一个公民。"公民精神高度浓缩了公民社会的内涵，其表现形式则是公民的社会责任。简单来说，公民的社会责任就是公民在享受法律权益的同时，履行对社会应尽的义务。一个社会如果缺少公民精神，就会变成一个私人利益的卑微集合体，而国家也就变成了依赖私人利益结合成的空洞的法人团体。公民精神是构建和谐社会不可或缺的内在因素，是一种持续动力。

4. 从人类社会发展的角度看，志愿者精神可以理解为"人文精神"

联合国志愿人员组织做了一个很好的总结，即志愿者精神体现为"个体对生命价值、社会、人类和人生观的一种积极态度"。显然，在影响志愿者和救助对象、作用于社会体系结构和心理各方面的基础上，志愿者精神最终的目的是在全社会每个成员的心灵中得到内化，成为一种面对人生、社会和生命个体的态度。这是志愿者精神的最深层次，是"奉献服务""自助助人""公民参与""互助友爱""共同进步"等精神内涵在个人人生态度中的升华。

拓展阅读

时代需要志愿者精神

我们身处一个伟大的时代，国家的国际地位日益提升，国民经济高速发展，人民生活水平大幅提高。人们对未来充满信心，希望能实现自身和民族的梦想。我们身处一个尴尬的时代，社会的精神环境不断恶化，人与人的关系日渐疏远，对与自己无关的人和事，人们表现得极为冷漠甚至冷酷。

在这样一个时代里，仍然有这样一群人，他们不求回报，甘于奉献，他们的足迹遍布大江南北，他们的身影活跃在扶弱助残、救灾抢险、环境保护、社区建设等各个领域。他们有一个响亮的名字，那就是——志愿者；他们高举着一面旗帜，那就是"奉献、友爱、互助、进步"的志愿者精神。

这个时代需要志愿者精神，因为志愿者精神无论是对个人健全成长和全面发展，还是对社会的融洽和谐，都具有重要意义。

志愿者精神是提升自我与服务社会的统一。常言道"送人玫瑰，手有余香"。在参与志愿服务的过程中，志愿者们付出了自己的汗水，为社会和他人提供了帮助；与此同时，他们的能力得到了锻炼，他们的精神获得了满足，他们的思想得到了升华。这正体现了志愿者精神中的"进步"二字。因此，志愿服务不仅是一种高尚的责任，而且是一种不可剥夺的权利，在一些发达国家，志愿服务甚至被当作一种生活方式。

志愿者精神是传统美德与现代文明的结合。中国自古以来就有"与人为善，为人之本""病人之病，忧人之忧"等古训，随着社会文明的进步，人们在满足了物质需要后，更注重精神上的追求，整个社会除了遵循价值规律和利益原则外，也更注重道德秩序和必要的社会保障（西方资本主义国家的发展历程就充分说明了这一点）。而志愿者精神既传承了中华民族助人为乐、扶贫济困的传统美德，又体现了社会主义道德的基本要求，在社会的精神文明建设中占据了重要的位置。

　　志愿者精神是中国与世界沟通的纽带。当今世界，志愿者精神已经为世界各个国家、各个民族、各种文化所广泛认同，体现了人类对美好生活的共同向往和追求。在一些发达国家，志愿者已经有了几十年的历史，志愿者精神也深入人心。以美国为例，五成的美国人每年人均参加志愿服务时间大约为100个小时，每年全国人均服务时间接近50小时，而美国志愿者的宗旨是"到最需要我们的地方去，做任何需要我们做的事"。与此相比，中国在这方面的数据要落后不少——根据《慈善蓝皮书：中国慈善发展报告（2014）》的数据，2013年度，全国纳入注册的志愿者总量约为7345万人，占中国13亿人口总数的5.65％，志愿服务约8.3亿小时。如果计算全国人均服务时间的话，每人每年不足1小时。但可喜的是，近几年中国的志愿者无论是数量还是服务时间，都在飞速增长，中国的志愿服务虽然仍有很长的路要走，但在发展速度和发展潜力方面并不弱于西方发达国家。而在国内外的一些重大活动（比如北京奥运会和上海世博会）中，志愿者的活跃更是得到了世界各国的一致认可，对中国的国家形象起到了积极的作用。

　　时代需要志愿者精神，也需要更多的志愿者。衷心希望在不久的将来，能和更多志同道合的朋友们在志愿者精神的引领下庄严宣誓："我愿意成为一名光荣的志愿者。我承诺，尽己所能，不计报酬，帮助他人，服务社会，实行志愿者精神，传播先进文化，为建设团结互助、平等友爱、共同前进的美好社会贡献力量。"

　　〔资料来源：唐传明．时代需要志愿者精神［EB/OL］中国文明网，（2014-12-05）〔2020-07-11〕．http://www.wenming.cn/wmpl＿pd/yczl/201412/t20141205＿2330738.shtml.〕

三、 志愿服务活动

（一）志愿服务活动的定义

　　首先，志愿服务活动的前提是"人"的活动，志愿服务活动的主体只能且必须是"人"。其次，志愿服务活动是具有志愿性的行为，它必须体现志愿服务的自愿、无偿、公益、慈善等特点。因此，志愿服务活动也就是具备这些特点的活动。

（二）志愿服务活动的评价

　　在道德领域，道德行为的评价存在着动机论与效果论两种观点。动机论主张通过动机来评价行为的道德性，认为动机是决定行为是否道德的唯一标准。与动机论相反，效果论则主张通过外在的效果来评价行为是否道德。科学评价某行为是否是志愿服务活动需要兼顾动机和效果两个方面：一方面，要考察志愿者的内在动机，看其是否真正本着志愿者精神来从事志愿服务活动；另一方面，还要观其行为所实际产生的效果。在动机上根本不具有志愿者精神的志愿者无论如何是不符合志愿者这个称谓的，他的行为也无法被认定为志愿服务活动。但是志愿服务活动同时还应能产生一系列的实际效果。如果一个有良好动机的志愿者未能为社会提供实际的服务，那么这种所谓的动机纯正也是不可证实的。动机有时需要通过效果来证明。总之，一个行为要被称为志愿服务活动，必须符合两个条件：一是其行为主体具有志愿者精神，愿意提供无偿、公益和慈善等服务；二是它必须在事实上产生一定的行为效果，为社会带来实际的贡献。

第三节 参与志愿服务

一、志愿服务文明礼仪

（一）志愿者形象礼仪

形象礼仪是个体形象的外在表现形式之一，形象礼仪的好坏往往反映出一个人教养、素质的高低。形象就是一个人的外表是否得体，包括穿衣打扮、妆容、发型、配饰等。志愿者形象礼仪主要指志愿者在其工作岗位上为目标人群提供服务时所应该具有的言谈举止、服饰及礼貌礼节上的礼仪规范，主要包括仪容礼仪、服饰礼仪、仪态礼仪、表情神态礼仪。

1. 仪容礼仪

仪容仪表是一个人精神面貌的外在表现。对志愿者而言，端庄整洁的仪容不仅表现自重、自信、敬业等个人内涵，更直接体现了对服务对象的尊重。仪容礼仪主要应注意：个人卫生、整洁清爽、化妆得当。

★微视频

志愿者着装标准

2. 服饰礼仪

服装不仅能表明一个人的身份，还能体现穿着者的修养、风度和品位。因此，志愿者在服饰的穿戴方面要注意礼仪规范，要穿出志愿者的精神，亮出志愿者的风采。志愿者服饰的选择、穿戴要注意：①服从志愿者组织对志愿者着装的统一要求；②着装整洁；③穿戴文明、雅观；④饰品得当。图 7-2 所示为 2019 年武汉军运会志愿者风采。

图 7-2　2019 年武汉军运会志愿者风采

3. 仪态礼仪

除了仪容、着装这些静态呈现的外在礼仪外，志愿者落落大方的举止、合乎规范的行为、端庄稳重的仪态，也是志愿服务礼仪的基本要求。

(1)站姿。志愿者的基本站姿要领：脚跟并拢，脚尖分开(女士 30 度左右，男士 45 度左右)，收腹挺胸，提臀立腰，双臂下垂(自然贴于身体两侧)，虎口向前，宽肩下沉，头正颈直，下颚微收，目光平视。在志愿服务过程中，男性与女性通常可以根据各自不同的性别特点，在遵守基本站姿的基础上，进行一些局部的变化，如图 7-3 所示。

图 7-3　志愿者站姿训练

(2)行姿。志愿者行进姿势的基本要求是双目平视，表情自然平和，两肩平稳，上身挺直，步幅适度，步速平稳，走成直线，如图 7-4 所示。

图 7-4　行姿

(3)坐姿。在服务工作中，志愿者须明确两点：一是允许自己采用坐姿时，才可以坐下；二是在入坐之后，尤其是在服务对象面前坐下时，务必要自觉地采用正确的坐姿。坐姿的基本要领是轻、稳、紧。一般情况坐椅面的三分之二，比较软的沙发则坐椅面的三分之一；交谈时间比较长的情况下可坐满椅面背靠椅背，如果是很短的交谈则坐三分之一。女性落座双脚要并拢，男性则可分开，但双脚距离应与肩宽大致相等。起立时，右脚后撤半步，站稳了再离开。女性志愿者坐姿如图 7-5 所示。

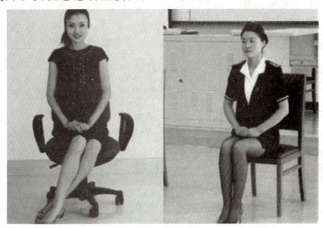

图 7-5　女性志愿者坐姿

4. 表情神态礼仪

人们总会通过面部神态的变化来表达内心的思想感情，表现喜、怒、哀、乐，对所说的话起解释、澄清、纠正或者强调的作用。志愿者在服务过程中应呈现出谦恭、友好、真诚的表情神态，给服务对象留下美好的心理感受。

(1)志愿者笑容礼仪。对志愿者来说，微笑是必备的通行证。微笑的基本做法是先要放松自己的面部肌肉，然后使自己的嘴角微微向上翘起，让嘴唇略呈弧形，在不牵动鼻子、不发出笑声、微露牙齿的前提下，轻轻一笑，如图 7-6 所示。但在问候、致意、与人交谈时，露出上排八颗牙齿的笑容更具亲和力。

图 7-6　微笑服务

（2）志愿者眼神礼仪。志愿者在服务过程中，难免要与服务对象进行目光的交流。在进行目光交流时，要注意眼神的礼仪，要敢于礼貌地正视对方，目光坦荡、温和、大方。

（二）志愿者接待礼仪

志愿者的接待礼仪主要是指志愿者在服务岗位上迎接、接待、送别服务对象时所应做到的规范动作。志愿者在接待过程中要遵循平等、热情、礼貌、友善的原则，做到四个"到"，即口到、眼到、身到、意到；做到三个"声"，即来有迎声，问有答声，走有送声。

（三）志愿者沟通礼仪

志愿者工作在很大程度上是一种与人沟通的工作，能采取积极的态度与服务对象进行沟通的志愿者更容易解决工作中遇到的问题，从而不断提高工作效率。在与服务对象沟通的过程中，应注意表情自然，举止得体，细节恰当，语言礼貌。

二、　志愿服务项目

随着我国志愿服务事业的发展，一些相对稳定、较为持续的，适合青少年学生参与的志愿服务项目已经形成。

1. 青年志愿者"一助一"长期结对服务计划

这项计划以孤寡老人、残疾人、生活困难的离退休人员和下岗职工、特困学生、国家优抚对象等困难群众为主要服务对象，通过团组织和青年志愿者组织牵线搭桥，在青年志愿者和服务对象之间建立起长期稳定的关系，为困难群众提供力所能及的服务和帮助，成为青年志愿者行动深入基层、深入人民群众的一项经常性、基础性工作。图 7-7 所示为志愿者心系孤寡老人。

图 7-7　志愿者心系孤寡老人

2. 青年志愿者扶贫接力计划

这项计划从 1996 年开始实施，采取公开招募、定期轮换、长期坚持的接力机制，组织动员青年志愿者为贫困地区提供教育、农业科技推广、医疗卫生等方面的服务。从 1998 年 6 月开始，团中央青年志愿者行动指导中心组建了扶贫接力计划研究生支教团，从全国 36 所重点高校推荐的免试研究生中招募了 394 名志愿者，赴 16 个国定贫困县从事为期一年的教育工作。图 7-8 所示为志愿者提供医疗服务。

图 7-8　志愿者提供医疗服务

3. 大中专学生志愿者暑期文化科技卫生"三下乡"活动

这项活动由中宣部、教育部、团中央联合实施，自 1994 年以来，每年组织动员近百万名大中专学生志愿者深入农村基层和受灾地区，发挥自身的知识智力优势，开展内容丰富、形式多样的扫盲和文化、科技、卫生服务，推广农村实用技术，倡导健康文明的生活方式，促进农村的经济社会发展。图 7-9 所示为大学生志愿者下乡服务。

★微视频

"三下乡"社会实践活动

图 7-9 大学生志愿者下乡服务

4. 保护母亲河"中国青年志愿者绿色行动营计划"

这项工作以"劳动、交流、学习"为主题，通过组建绿色行动营、建设绿色行动基地，集中组织青年在重点区域开展植树造林、沙漠治理、水污染整治、清除白色垃圾等环保志愿服务活动(图 7-10)。1999 年 6 月，首期项目在河北丰宁营正式启动，不到半年时间就吸引了全国 19 个省区市及英、法、德、日、土耳其等 12 个国家和地区的 1000 多名志愿者在车宁沙化区整地造林 1500 余亩，挖土石方 5 万立方米，回填土 3.75 万立方米。内蒙古达里诺尔、黄河万家寨、四川广安邓小平故居、浙江楠溪江和合州、吉林延吉等项目也陆续启动。

图 7-10 保护母亲河，我们在行动

5. 成人预备期志愿服务

这是青年志愿者行动与 18 岁成人仪式教育活动有机结合的成功实践，它抓住 16～18 岁中学生向成年公民成长这个关键时期，把成千上万的中学生动员起来，把对青少年进行公民意识教育和引导青少年履行公民义务统一起来，号召青少年在成人预备期开展每年不少于 48 小时的志愿服务，寓教育于服务之中，取得了良好的效果。

6. 关爱行动

"共青团关爱农民工子女志愿服务行动"由共青团中央发起，于 2010 年 5 月 4 日在全国各地集中启动。该行动以随父母进入城市的农民工子女和留在农村的农民工子女为主要服务对象，组织青年志愿者小组（或团队）与农民工子女建立结对关系，进行结对服务。

 拓展阅读

"共青团关爱农民工子女志愿服务行动"全面启动

5 月 4 日是五四青年节，"共青团关爱农民工子女志愿服务行动"在全国各地全面启动。各级团组织按照团中央的部署，统一行动，动员广大团员青年、青年志愿者与农民工子女建立长期结对帮扶关系，深入开展学业辅导、亲情陪伴、感受城市、自护教育、爱心捐赠等内容的志愿服务活动。团中央书记处全体同志也作为青年志愿者，分别参加了北京、天津、河北等地关爱农民工子女志愿服务活动。

位于北京市海淀区东升乡的前八家小学有 409 名学生，其中 385 人为农民工子女。16 时，共青团中央书记处第一书记陆昊、书记处书记周长奎，中共北京市委常委梁伟走进这所小学，参加学校每周二下午开展的"红领巾课外活动"，向孩子们赠送了"好少年希望图书"和城市场馆参观票。北京林业大学环境学院团总支与前八家小学建立了长期结对服务关系，大学生志愿者带领同学们在操场上开展了增强团队合作、培养环保意识、提高安全自护能力的各种小游戏。陆昊还教孩子们打乒乓球，和孩子们一起制作环保手工作品，了解孩子们的学习和生活情况。

在参加活动的过程中，陆昊对基层团干部和青年志愿者强调，在我国改革开放和工业化、城镇化的历史进程中，农民工群体为我国的经济社会发展做出了不可替代的重要贡献。同时，他们在融入城市的过程中也遇到了不少困难和问题，农民工子女在成长过程中更需要全社会的关心、爱护和帮助。党和政府高度关注农民工及农民工子女的成长问题。共青团开展关爱农民工子女志愿服务行动，是团组织履行基本职能、体现社会责任、促进社会和谐的重要载体。各级团组织要高度重视，集中力量，形成机制，长期推进；要坚持求真务实，确保工作的实效性、持久性。

团中央书记处常务书记王晓来到天津港港口，与长期在这里服务的青年志愿者一起，带领农民工子女参观天津港博览馆，一起乘船到海上参观天津港，感受天津城市的新面貌。团中央书记处书记贺军科到河北省唐山市路北区的一所农民工子弟学校，参加了"我看家乡发展，我们心手相牵"主题班会，勉励城市小伙伴与农民工子女携手学习，互相帮助，共同成长。在北京新发地批发市场，团中央书记处书记卢雍政和在那里工作的河南籍农民工一起，与他们远在周口市老家的留守孩子进行了视频通话，参加了北京邮政青年志愿者们为农民工代写家书活动。在中国科技馆新馆二层恐龙平台，团中央书记处书记罗梅与来自北京大学、清华大学、北京科技大学的青年志愿者一起，陪伴朝阳区慧忠里、南沙滩小学的农民工子女进行"小球旅行"项目的科技互动体验。在北京青年宫，团中央书记处书记汪鸿雁和社区青年志愿者一起，与农民工子女做起"水果墩"游戏，观看了以感恩母爱为主题的电影《额吉》。

据了解，各地团组织在五四青年节期间广泛开展了多种形式的关爱农民工子女志愿服务活动。四川省成都市成华区团委在红花小学建设了由高校关爱农民工子女联合团支部、志愿服务站、阳光少年之家组成的"三位一体"服务阵地，把关爱农民工子女与凝聚青年农民工有效连接，实现服务手段与基层组织建设的有机结合。江苏团省委在镇江市举行了全省启动仪式，镇江市成立了"关爱行动"志愿者服务队，青少年维权岗创建单位与农民工子女结对，青年志愿者带领农民工子女参观了镇江新区，举行了别开生面的"农民工亲子运动会"和"新镇江青年"乒乓球联赛。辽宁团省委在沈阳市和平区砂山四校建设了全省第一家"共青团关爱农民工子女志愿服务行动"省级示范基地，同时，100个"基层志愿服务项目"也已开始征集。中国建筑工程总公司有100万农民工，中建总公司在央企中率先启动了"共青团关爱农民工子女志愿服务行动"，开展了"同样的蓝天，同样的爱"主题活动，每一个团支部都与农民工子女进行结对，开设"青春热线"，进行"结对互访"，建立"爱心基金"。宁波团市委为鄞州区首南街道嵩江学校的农民工子弟学生购买了价值万元的学习、文化和体育用品，并在学校建立志愿服务站，长期为农民工子女提供志愿服务。宁夏团区委计划用2年时间为全区100所农民工子女较集中的中小学校建设电话亭，定期发放免费电话卡，为农民工子女与外出打工的父母进行感情联络提供便利。

据了解，"共青团关爱农民工子女志愿服务行动"将按照"青年志愿者小组（或团队）＋农民工子女＋接力"的项目实施模式，动员大中专院校、机关企事业单位及社会各方面的青年志愿者，整合团内力量和社会资源，为随父母进入城市的农民工子女和留在农村的农民工子女提供志愿服务。据不完全统计，截至目前，各级团组织已动员团员青年、青年志愿者与农民工子女长期结对42.9万对。

〔资料来源：中华人民共和国中央人民政府网站."共青团关爱农民工子女志愿服务行动"全面启动［EB/OL］.（2010-05-04）［2020-07-10］.http://www.gov.cn/jrzg/2010-05/04/content_1599191.htm.〕

7. 暖冬行动

暖冬行动始于2016年，面向春运旅客的普遍性需求和老幼病残孕等重点旅客群体，依托火车站、机场、道路客运站、港口码头、高速公路服务区等场所，重点围绕五个方面开展服务：引导咨询、秩序维护、重点帮扶、便民利民、应急救援。这项行动充分展现了中国青年志愿者服务春运的工作成效和社会反响，弘扬志愿者精神，引领了更多热心青年参与春运服务（图7-11）。

图 7-11 志愿者在车站给旅客提供帮助

8. 阳光行动

中国助残志愿者协会成立大会于 2015 年 5 月在京举行，大会审议通过了中国助残志愿者协会章程，选举产生了协会第一届理事会及领导机构。中国残联主席张海迪指出，中国助残志愿者协会的成立，不仅让助残志愿者有了自己的"家"，更让志愿助残成为社会公益品牌。中国助残志愿者协会作为全国助残志愿者的组织，一定要做到心中装着残疾人、一切为了残疾人，努力成为弘扬人道主义和仁爱精神的模范，成为有社会公信力的组织。

9. 其他志愿服务

志愿服务并不局限于以上常见的几种，我们日常学习生活中也有很多需要志愿服务的场合，例如在校园中服务校园活动、学生学习生活、新生入学(图 7-12)、学生就业以及开展文明宣传等，在社区中服务文化活动、开展社区安全教育等。

图 7-12 引导新生入学

【实践活动一】

关爱留守儿童，播撒爱心阳光

【活动目标】

(1)为留守儿童给予精神慰藉，用爱与陪伴温暖留守儿童的心灵。

(2)理解"关爱行动"志愿服务活动对自身及社会的价值。

【活动准备】

孩子们学习生活所需的基本物资(如书包、练习本、文具、衣服、鞋等);上课所需教材、多媒体设备等。

【活动设计】

1. 物资分配

(1)分析孩子们在学习生活方面所需,合理分配物资。

(2)指导孩子们按需索取,在使用过程中与同学分享。

2. 使用多媒体设备上一节自然科学课

(1)正确使用多媒体设备以及所备素材,带孩子们上一节新鲜、有趣的自然科学课。

(2)引导孩子们分享所学知识,并穿插补充。

3. 活动评价

(1)活动以小组(三人一组)为单位进行,活动结束后组员进行自我评价。

(2)请孩子们对"老师们"做出评价。

【注意事项】

(1)赠予物资按照自己能力购买,或使用自己所在学校专项经费购买。

(2)借用自己学校多媒体设备等,正确、小心操作,使用后按时归还。

(3)认真做好准备工作,如备课。

(4)活动中耐心与孩子们沟通,考虑孩子的心理感受。

(5)认真撰写活动报告。

【结果评价】

教师或组长可参考表7-1,对各成员(小组)参与本活动的情况进行评价。

表7-1 关爱留守儿童,播撒爱心阳光评价表

评价标准	分值	得分	总分	教师或组长评价
用心参与活动全过程	25分			
能积极主动分析并解决问题	25分			
活动中耐心、细心,深受孩子们喜爱	25分			
活动后,自我评价深刻到位	25分			

【实践活动二】

参与社区服务,感受劳动教育

【活动目标】

(1)走入社区,增进对社会的了解与认识,理解个体与社会的关系。

(2)关心社会现实,主动探究社会问题,积极参与力所能及的社区服务活动,服务社会,发展社会实践能力。

（3）了解与认识社区服务和相关流程，端正劳动态度，形成良好的劳动习惯。

（4）遵守社会行为规范，养成社会交往能力，关心他人，关心社会，具有服务社会的意识和社会责任感。

（5）开展问题探究，体验探究过程，对在劳动中发现的社会问题和自我问题进行深度研究，养成主动探究的习惯，形成问题意识，发展探究能力和创新精神。

【活动准备】

了解社区服务基础知识；准备工具：扫帚、拖把、抹布、垃圾袋、笔、本子、小型麦克风等。

【活动设计】

1. 前期宣传

组织以"参与社区服务，感受劳动精神"为主题的活动课，让学生了解此次活动的目的、内容及意义，让学生更好地融入社区、了解社区、服务社区，增进对社会的了解，把握个体与社会的关系，使自己更容易融入社会。

2. 成立小组

在活动前成立各个小组，确立各小组组长。各小组根据此次活动的目的及时讨论并制订具体的行动方案，明确各个成员的任务，做到行动明确、迅速。

3. 具体活动形式

（1）小区访谈。由一组成员全权负责，针对社区不同类型、不同年龄段人群做抽样调查，询问他们最迫切需要的社区服务项目，调查人员做好记录并及时向社区负责人反映，使问题尽早得到处理。

（2）温暖献爱心。针对那些社区的空巢老人及留守儿童，走进社区，走进他们的心中，为他们送去一丝温暖。此项活动不限人数，活动成员要真正走进空巢老人家中，与他们面对面交谈，与留守儿童做游戏，尽自己所能为他们清扫家中杂物，使他们感受被陪伴的温暖。

（3）社区劳动。此活动人数不限，意在走进社区、服务社区、劳动社区，清扫街道等公共区域，为社区美化贡献自己的力量。

4. 活动总结

活动结束后，开展"劳动社区心得体会"共享课。每名成员都可以分享此次活动的心得体会，并把此次心得体会整理成文字稿件上传。在分享此次活动心得的同时，要反思此次活动中的不足之处，吸取经验，在以后的实践活动中不断提升自己。

【注意事项】

（1）乘车安全。做到上、下车安全有序，不拥挤。遵守乘车秩序，不将身体任一部位伸出车外。

（2）人身安全。各小组组长要管理好组员，防止掉队或离队。准备医疗包一个，以备不时之需。

【结果评价】

教师或组长可参考表 7-2，对各成员（小组）参与本活动的情况进行评价。

表 7-2　参与社区服务，感受劳动教育评价表

评价标准	分值	得分	总分	教师或组长评价
用心设计并参与活动全过程	20 分			
能积极主动分析并解决问题	20 分			
与社区工作人员、居民积极沟通	20 分			
注意安全事项	20 分			
活动后，自我总结、评价深刻到位	20 分			

第八章
踊跃参加社会实践

本章导读

　　社会实践是学校教育的一种延伸，既是大学生走出校门、接触社会、了解国情、学以致用的重要机会，也是大学生投身社会建设、锻炼自身能力的重要渠道。大学生应合理利用假期实习和勤工助学的机会，走向社会，积极实践。

学习目标

知识目标

（1）熟悉假期实习和勤工助学的相关常识和实用技能。

（2）熟悉国家关于勤工助学的管理办法。

（3）了解"三下乡"社会实践的内涵和意义，掌握"三下乡"社会实践方案策划的流程。

（4）熟悉"三下乡"社会实践的安全须知。

素质目标

（1）能根据所学制订符合自身情况的社会实践计划。

（2）能积极面对社会实践活动，在活动中不断历练自己，做到有所学、有所感、有所悟。

湖北一高校学生为老区直播带货助力脱贫攻坚

"2020年新冠疫情突如其来，对我县农副产品的销售产生了较大冲击。贵院学生的宣传推广，促进了我县特产夏黑葡萄的线上销售，拓宽了消费渠道，提高了社会知名度，展示出了大学生的社会责任与担当。"近日，来自湖北省大悟县新城镇红畈村村委会的一封特殊感谢信，讲述了湖北经济学院法商学院唐佳琪、刘浩天等10名学生利用电商平台帮助革命老区大悟县的村民直播带货的故事。

2019年7月，湖北经济学院法商学院暑期"三下乡"会计系RA005社会实践团队在队长罗鑫雨的带领下，前往大悟县新城镇红畈村调研乡村振兴背景下红色文化产业带动乡村经济发展模式，并帮助销售葡萄实现收入4000多元。该调研成果获得全国大中专学生"三下乡"暑期社会实践"千校千项"优秀团队荣誉称号及中国管理科学研究院教育科学研究所教育发展研究"十三五"规划课题立项等多项荣誉。调研过程中，团队成员和该村村民建立了深厚的情谊。

红畈村是大悟县乡村振兴的核心示范区，成立了多个专业合作社，其中紫晶生态葡萄采摘园产业发展尤为迅速。受疫情影响，该村农副产品的销量受到了很大冲击，一度陷入低迷。

团队成员获悉村民产业困境后，主动表示愿意与农户共渡难关，提出了互联网销售帮扶办法，通过直播带货等电商销售模式，帮助村民线上推广和销售夏黑葡萄，宣传乡村"采摘游"，助推农业与旅游业融合发展。在该建议获得红畈村村民的赞同后，同学们精心准备，分工合作，举办了多场网络直播营销活动，其中一次直播带货吸引千余网友，逾百人下单，实现销售收入近万元。

直播中，同学们还以向购买葡萄的网友免费赠送"采摘折扣券"的方式，引导"线下旅游＋消费"模式，网友凭券预约葡萄园线下采摘可享六折优惠，目前已有数百名网友领券预约游园采摘。

队长罗鑫雨说："团队成员将结合所学的专业知识，通过抖音短视频、公众号运营等新媒体平台，以及线上线下的宣传、推介和营销，帮扶红畈村农产业和旅游业发展，助力脱贫攻坚、乡村振兴。"

新冠疫情发生以来，湖北经济学院法商学院共有160多名学生积极参加抗疫志愿服务活动，以强烈的奉献和担当精神，生动讲述了法商人的故事，绽放出法商学子的青春风采。

〔资料来源：Wysummerylu. 湖北一高校学生为老区直播带货助力脱贫攻坚〔EB/OL〕腾讯大楚网，（2020-06-24）〔2020-07-09〕. https://hb.qq.com/a/20200624/006931.htm. 〕

【思考与讨论】

(1)什么是社会实践？它有哪些形式？什么形式的社会实践对大学生更有益？

(2)你参加过什么样的社会实践？社会实践的经历对你有何帮助？

第一节　假期实习

实习是大学生积累社会经验的重要途径，它能够提高大学生的沟通能力、适应能力及解决问题的能力等。大学生应充分把握在校的实习机会，广泛地接触社会，努力大胆地尝试，积累实践经验，增强自己未来求职的竞争力。

一、假期实习指南

★ 微视频

大学生如何做好假期实习？

实习是学习与就业之间的一个重要环节，好的实习经历能为在校的学习交出一份满意的答卷，同时也可为将来的就业热身，打好"预备战"。

（一）获取实习信息

大学生可以从以下渠道获取实习信息：

（1）学校公示栏。学校附近的企业或者公司通常会把招聘信息以纸质文稿的形式张贴在学校公示栏上面，家在学校附近或者希望在学校附近找实习单位的学生可在学校公示栏中获取实习信息，选择合适的实习单位。

（2）各地方劳动局。各地方劳动局每年都会有相应的政策支持大学生假期实习，劳动局给出的用人实习单位有很多，而且十分正规。

（3）各大企业官网。一般来说，各大企业都会在寒暑假期间，在其官网上发布招聘（大学生实习）公告，有意向的学生可以多留意各大企业的官网，寻找适合自己的假期实习机会。

✛ 拓展阅读

大学生寻找实习机会应有防骗意识

为防止被骗，大学生在寻找实习机会时，应特别注意以下方面：

（1）从可靠渠道获取职位信息。

（2）通过多种渠道了解企业背景。

（3）认真确认面试地点。

（4）谨慎签订实习协议。实习协议中应当写明实习薪资、实习期限、终止协议等相关条款。如果用人单位违约、拖欠工资，学生可以将实习协议作为证据提起劳动仲裁或诉讼，维护自身的合法权益。

（5）拒交任何名义的费用。

（6）求职前了解相关法规和劳动政策。

(二)选择实习岗位

在选择实习岗位时应尽量选择与自己专业相匹配或者自己感兴趣的岗位，这样不仅可以学以致用，还可以挖掘自身蕴藏的潜力，为将来就业打好基础。

在具体做选择时，我们要摆正心态，客观分析自己的专业知识、沟通技能、思维能力及自身性格、兴趣等，分析实习机会可能会促进哪些能力和素质的提高，进而选择适合自己的实习岗位。

拓展阅读

实习经验分享

(1)在实习单位方面，一般成熟的企业会有较完善的管理制度和鲜明的企业文化，可以提升实习者的职业素养；而那些中小型公司虽然在管理方面不成熟，但是实习者可以在职业能力方面得到较大的提升。

(2)对于实习报酬要具体情况具体分析，如果实习机会难得，可考虑不要报酬。

(三)在实习中探索个人职业定位

实习是我们探索个人职业定位的好机会。在实习过程中，除了认真完成分配给自己的任务外，我们还要主动总结对应职位的核心能力要求、特性等，观察对应职位的上升空间，以及所处行业的发展前景，并以此为参照分析自己是否适合该职位或行业，判断是否需要调整自己的职业定位。

(四)在实习中提高自身综合能力

进入企业实习后，要尽快完成从学生到工作者的身份转变和思路转变，不断提高自己的综合能力。

首先，要清楚工作都是结果导向的。客户需要的是成果，工作评估的也是成果，过程中无论做了多少事，只要没有达成目标、没有交付成果都不算完成工作。如果没有产出成果，必须主动协调资源，推动问题解决。

其次，要分清事情的轻重缓急，对时间进行合理安排。不清楚手里的工作孰轻孰重时，要及时向上级领导反映或请示。

再次，对于工作内容切勿眼高手低，要以积极主动的态度认真对待接到的每一个任务，在规定的时间内保质保量地完成。

最后，还要注意如何进行有效沟通、与同事和谐相处等问题。

二、 假期实习实务

(一)实习初期

(1)熟悉环境，不做局外人。实习开始后，尽快熟悉环境，除了自己部门的业务内容，还要大致了解其他部门的情况。学习使用打印机、扫描仪等办公设备。

（2）厘清业务关键词。对领导、同事提及的专业名词，心中不留疑问，第一时间请教他人或查阅相关资料，明白其所指。

（3）多听、多想、多自学。凡事多留心，多问为什么，同时还要学会自学，特别是通过看报告、旁听会议等各种渠道尽快了解工作内容及业务流程。

（二）实习中期

（1）以正式员工要求自己，要把自己当成一个有工作责任感的职场人，积极尝试承担新工作。

（2）做事认真负责、有章法。厘清工作任务，及时汇报工作进度，遇问题先想办法再寻求帮助，按时保质保量地完成工作。

（3）多总结，多反思。要学会回顾工作、总结经验、思考不足。认真思考这项工作的重点环节是什么，如何避免出错，如何改进，如何更好地应对突发状况等。

✛ 拓展阅读

如何成为优秀的实习生

让领导做选择题，而非解答题

如果领导要求你策划一场宣传活动，最好不要让领导做解答题，活动的具体细节等琐碎问题不要麻烦领导来确定。你应该提前做好活动的多个预案，向领导汇报各个预案的优缺点，让领导来选择按照哪一个来执行。

不要找各种借口

刚开始实习时，因为不熟悉业务难免会出问题。但要注意，出现问题时不能找各种借口，推脱责任。如果说完成不了是能力问题的话，那么找各种借口来推脱责任就是态度问题了。这样会给人留下一个特别糟糕的印象。

多做事，少说话

我们要时刻提醒自己出来实习的主要目的是提升自己，明白公司招聘你的目的是需要你为公司做出一定的贡献，要把自己的精力放在做事上。

提高自己工作的主动性

对于实习生，公司一般不会安排太多事情。我们在完成自己的工作后，要主动观察或开口询问周围的人是否需要帮助，这样才能在实习中真正有所学、有所悟、有所提高。

（三）实习结束

（1）请实习单位提供一份鉴定，并签字盖章。实习鉴定应写明实习岗位、岗位描述、实习过程中完成的工作或项目、工作评价等。

（2）总结实习并更新自己的简历。总结实习中的问题和收获，反思自己在哪些方面仍需要提升。及时更新简历，为毕业求职做好准备。

（3）保持联络，获取有效信息。如果有毕业后到实习单位求职的意向，可根据自身情况申请适当延长实习时间。离开实习单位后，继续保持与单位同事的联络，及时了解业务发展，第一时间获取相关招聘信息。

第二节　勤工助学

随着我国经济的发展和教育的改革，高校勤工助学不再局限为一种经济资助的手段，而是成为大学生实践的重要组成部分。勤工助学是指学生在学校的组织下利用课余时间，通过劳动取得合法报酬，用于改善学习和生活条件的实践活动。勤工助学是学校学生资助工作的重要组成部分，也是提高学生综合素质和资助家庭经济困难学生的有效途径。近年来，除了贫困生外，许多家境较为富裕甚至是优越的学生也加入了高校勤工助学的行列。他们看重的不是勤工助学的收入，而是勤工助学对他们自身成长的重要意义。

一、勤工助学概述

★微视频

勤工助学的经历

（一）活动管理

学生在学有余力的前提下，向学校提出勤工助学的申请，接受必要的勤工助学岗前培训和安全教育，再由学校统一安排到校内或校外的岗位上进行勤工助学活动。学校不得安排学生参加有毒、有害和危险的生产作业，以及超过身体承受能力、有碍健康的劳动。任何单位和个人未经学校同意，不得聘用在校学生。

（二）时间安排

学生参加勤工助学不应当影响学业，原则上每周不超过 8 小时，每月不超过 40 小时。寒暑假勤工助学时间可根据学校的具体情况适当延长。

（三）劳动报酬

学生参加校内固定岗位的勤工助学，其劳动报酬由学校按月计算。每月 40 个工时的酬金原则上不低于当地政府或有关部门制定的最低工资标准或居民最低生活保障标准，可以适当上下浮动。

学生参加校内临时岗位的勤工助学，其劳动报酬由学校按小时计算。每小时酬金原则上不低于 12 元人民币。

学生参加校外勤工助学的酬金标准不低于学校所在地政府或有关部门规定的最低工资标准，具体数额由用人单位、学校与学生协商确定，并写进聘用协议。

（四）权益保护

学生在开始勤工助学活动前应当与有关单位签订协议，保护自身的合法权益。在进行校内勤工助学前，应当与学校的学生勤工助学管理服务组织签订具有法律效力的协议书。在进行校外勤工助学前，应当与代表学校的学生勤工助学管理服务组织、用人单位签订具有法律效力的三方协议书。协议书应当明确学校、用人单位和学生三方的权利和义务，意外伤害事故的处理办法以及争议解决方法。

二、　勤工助学的意义

首先，高校勤工助学可以获得一定的报酬，这是勤工助学最直接的现实意义，也是对贫困学生最直接的经济支持。虽然高校中勤工助学的收入要低于校外勤工助学的工资水平，但是在校内工作一方面能够最大程度地保证自己的学业，另一方面也避免了在校外上当受骗的可能，对学生的工作性质、安全都有一定的保障，是许多贫困学生的首选。

其次，高校勤工助学是锻炼当代大学生思想品格的重要途径。当下大学生普遍害怕吃苦，缺乏服务精神和团队意识，责任意识不强，而且对父母有依赖思想。因此，参加勤工助学能够让学生感受到生活的艰辛，体会到自立自强的真正内涵，帮助他们树立自信心，培养服务精神和责任意识，同时在团队竞争中，提高心理承受能力，培养危机意识。另外，由于高校中勤工助学工作基本以学期为单位，因此在长期的工作中，能够培养学生的自我约束能力、劳动意识和职业道德。

再次，高校勤工助学有利于提高学生的综合能力，为他们将来走向社会打下基础。目前，"就业难"已经成为全社会关注的话题。高学历不等于高收入已经成为普遍现象。当下大学生大多数为独生子女，从小就是父母长辈的宠儿，在"温室"中读书成长，盲目地认为学历高就应该拥有与之相匹配的收入，对社会的现实情况缺乏足够的认识。更重要的是，现在多数大学生缺乏动手能力，普遍认为在大学期间只要把该学的功课学好就够了，至于工作实践是毕业之后的事情。但是从近几年的就业现状来看，用人单位普遍青睐有工作经验的毕业生，看重他们在工作中积累的丰富经验。

最后，高校勤工助学的实践能够让学生锻炼自己的语言和写作能力，提高沟通水平，学会如何与人交往，准备好向职业化的角色转变。例如，音乐学院的学生们都是因为喜爱音乐、热爱自己的专业，并在自己所学的专业方面有较高水平而考入音乐学院的。在很多学生的观念里，上大学只要把自己的专业学好，将来就能够成名成家，在自己的音乐领域内闯出一片自己的天地，但现实社会远不是想象中的那样。随着各大艺术院团的改革和艺术类毕业生数量的递增，各大院团在招聘过程中，不仅要求演奏员演奏水平高、能演奏多种乐器，而且要求其能同时承担一定的幕后工作，如乐务、演出安排等行政类工作。这些工作看似容易，但如果之前没有一定的工作经验，做起来很可能会出现各种各样的疏漏。在学校中参加过勤工助学的同学在这方面则非常有优势。他们可能在学校艺术实践处、学生处、教务处、研究生处、音乐研究所等部门担任过学生助理，协助部门的老师组织各类会议、演出，甚至参与学院组织的大型活动，进而能够较为全面地了解和参与活动的策划、组织、排练、演出等与自身专业相关的各个工作领域，在积累了工作经验和人脉的同时，也为自己提供了更加宽广的发展空间。这样一专多能的学生往往在毕业时更容易得到用人单位的青睐。

对当前的大学生来讲，勤工助学是他们从学校向职场过渡的一个重要的中间环节，不仅能够帮助贫困学生完成学业，对工作能力、思想品德等方面的提升更有帮助。

三、 勤工助学的岗位

从岗位来源来看，勤工助学的岗位分为校内岗位和校外岗位。校外岗位也纳入学校管理。

从勤工助学的时间来看，勤工助学的岗位分为固定岗位和临时岗位。固定岗位是指持续一个学期以上的长期性岗位和寒暑假期间的连续性岗位。临时岗位是指不具有长期性，通过一次或几次勤工助学活动即完成任务的工作岗位。

从勤工助学的岗位工作内容来看，勤工助学的岗位主要有以下几个方面：

(1)教学辅助工作，如校教务信息员、学院教务助理等。

(2)科研辅助工作，如兼职实验员，参与教师科研工作，参与校内外研究项目等。

(3)院内管理工作，如党总支工作助理、学生工作助理、共青团工作助理、图书馆管理员、校园治安员等。

(4)校内生活服务、环境美化和卫生保洁，如帮厨、膳食助理及各类卫生保洁工作。

(5)临时搬运和卫生、绿化工作。

(6)家庭辅导教师。

(7)校外科技实践活动。

(8)其他适宜学生从事的工作。

学生可通过学校网站查询详细岗位信息，根据自身情况选择合适的岗位进行申请。

四、 勤工助学面试准备

任何面试都是面试者对求职者筛选的一个过程。对方需要从你提供的信息中判断你是否适合当前的岗位。作为求职者，无论面试何种岗位，都要注重沟通效率，在短时间内充分展示自己的特长、个性、优势、能力等，给对方留下好的印象。

准备面试时，可以从以下问题入手，做好充分准备。

(1)请简述你的基本情况。

(2)你有什么工作经验？在工作中有何体验和收获？

(3)你认为胜任此工作岗位应当具备哪些素质？

(4)你如何描述自己的个性？你觉得自己性格上最大的优点和缺点分别是什么？

(5)你为什么认为自己适合这份工作？

面试要点

（1）面试时，可以谈自己勤工助学的经历，但要注意言简意赅，切忌啰嗦无重点。

（2）自我介绍时不要慌张，尽量把自己踏实、能吃苦的一面展现出来。

（3）如果没有面试经验，可以先上网看看别人面试的情况，然后再结合自己的实际情况理顺思路，最后再把组织好的话写下来，提炼要点，提前做练习。

五、 勤工助学安全

（一）勤工助学中的安全保护

《高等学校学生勤工助学管理办法》对学生在校期间勤工助学做了相关规定。同时，各高等学校针对自己学校的情况也分别出台了相关的管理规定。学生在校期间如果要参加勤工助学，不仅要了解国家的政策，还要了解本学校的相关规章制度。

1. 勤工助学中的劳动保护

学校要加强对用人单位招聘和聘用学生的过程进行监督，对有损学生合法权益的行为应予以纠正，甚至取消用人单位招聘学生勤工助学的资格。要保证学生参加勤工助学时依法享受劳动保护。

2. 勤工助学中的报酬保障

2018 年 9 月，教育部印发《高等学校学生勤工助学管理办法》修订稿。新规调整了大学生校内勤工助学临时岗位的薪酬，由原来的原则上不低于每小时 8 元调整为每小时 12 元；参加勤工助学的时间原则上每周不超过 8 小时，每月不超过 40 小时。学生在勤工助学过程中要切实保障自己的合理报酬，防止被克扣或拖欠。

3. 勤工助学中的人身安全

高校安排勤工助学岗位，应优先考虑家庭经济困难的学生。对少数民族学生从事勤工助学活动，应尊重其风俗习惯。不得组织学生参加有毒、有害和危险的生产作业，以及超过学生身体承受能力、有碍学生身心健康的劳动。禁止学生参加高空作业、污染严重、放射性强等易对人体造成伤害和威胁的工作以及其他不适合学生承担的工作。

（二）勤工助学中的侵权应对

在勤工助学过程中，如果出现权益受到侵害的情况，学生要第一时间通知校方，不要私自解决。在校内开展勤工助学活动的，学生及用人单位须遵守国家及学校勤工助学相关管理规定。学生在校外开展勤工助学活动的，勤工助学管理服务组织必须经学校授权，代表学校与用人单位和学生三方签订具有法律效力的协议书。签订协议书并办理相关聘用手续后，学生方可开展勤工助学活动。协议书必须明确学校、用人单位和学生等各方的权利和义务，开展勤工助学活动的学生发生意外伤害事故的处理办法及争议解决方法。

在勤工助学活动中，若出现协议纠纷或学生意外伤害事故，协议各方应按照签订的协议协商解决。若不能达成一致意见，按照有关法律法规规定的程序处理。

拓展阅读

大学生勤工助学工作先进事迹

成长事迹

她是一个来自贫苦农村家庭的女孩，她有着坚定的信心和执着的追求，她怀着远大的理想锐意进取，她克服生活中的种种困难拼搏向上，她靠学校的助学贷款完成四年本科学业。大学期间，她担任多项学生工作，并光荣地成为一名中共党员。她，就是艺术与设计学院06级研究生王娜。

贫穷不坠青云之志　打工四年完成学业

来自偏远山村的她，父母都是地道的农民，家中还有两个弟弟。爷爷的病逝、由于干农活不慎农药中毒的母亲，使得本来就贫困的家庭雪上加霜。当收到武汉理工大学的录取通知书时，她却高兴不起来，因为昂贵的学费对于他们原本拮据的家庭来说根本没法承受。尽管如此，父母还是想尽办法给王娜借来了上大学的路费和开学时的一点生活费。

揣着四处借来的钱，王娜通过武汉理工大学的绿色通道办理了入学手续，并获得了国家助学贷款。

入学后，她没有因为家庭贫困而自卑，主动申请并获得了勤工助学的机会，节假日还在校外寻找勤工助学的工作，通过自己的劳动，基本解决了生活问题。

之后，两个弟弟相继考上了大学，三个大学生使得家里负债累累。而此时，母亲又身患重病，经过手术，母亲再次从死亡线上被拉了回来。尽管身体十分羸弱，母亲还是坚持每天和父亲下地干活，好为上大学的他们挣一点学费和生活费。

为了解决自己的生活问题，减轻家里的经济负担，王娜曾在商场搬运过货物，在阅马场做过促销员，到火车站、汽车站卖报纸，在超市做过饮料促销员和洗发水促销员，进行市场问卷调查……可以说，武汉的大街小巷都曾留下王娜打工的身影，王娜就是这样无数次拖着疲惫的身躯奔走在这个陌生的城市。

在别的女孩子对着镜子梳妆打扮的时候，她却在大街上奔走，寒风吹裂了她的手，太阳晒黑了她的皮肤，可是她一点也不在意，每天都在为生活奔走劳碌着。晚上躺在床上，腿酸痛，动也不想动，但想到学校和家里给她的关爱，想到这来之不易的学习机会，她又强打起了精神。

对于父母，王娜一直心存感激。王娜认为父母虽然没有为自己提供优越的条件，但是父母宽容的心和坚韧的品德是她在遇到困难时的强大动力。"对于贫困，我不会抱怨自己和别人。路，是自己选择的，选择了就必定要走好。"王娜说，"我从没想过贫困生就必须掩盖什么，来到大学，只想多学点东西，多做点事情。虽然我在物质上是贫困的，不能和别人相比，但我却有不灭的信心，愿意自己去创造一切，去争取一切，即使失败也无所谓。"

海明威说过："人可以被打败但不可以被打倒。"因为只要心中有光，任何外来的不利因素都扑灭不了我们对人生的追求和对未来的憧憬。王娜认为，很多时候击败我们的不是别人，而是自己。她说，现在的这点成绩还远远不够，还需要不断努力，使自己更加优秀才能报答母校和社会。

第三节 "三下乡"社会实践

"纸上得来终觉浅，绝知此事要躬行。"从书本上得来的知识终究是停留在理论层面的，只有通过亲身经历、社会实践才能更了解社会，而"三下乡"暑期社会实践活动给生活在象牙塔的大学生提供了接触社会、了解社会的机会。

一、"三下乡"社会实践概述

1996年12月，中央宣传部、国家科委、农业部（现为"农业农村部"）、文化部（现为"文化和旅游部"）等十部委联合下发《关于深入开展文化科技卫生"三下乡"活动的通知》。1997年，"三下乡"活动在全国正式开展。

(一)"三下乡"社会实践的内涵

大学生"三下乡"是指"文化、科技、卫生"下乡，是各高校在暑期开展的一项旨在提高大学生综合素质的社会实践活动。活动主要内容是大学生将城市的科技、文化和卫生知识带到社会发展相对落后的偏远地区，向当地人传授知识。

文化下乡包括图书、报刊下乡，开展群众性文化活动；科技下乡包括科技人员下乡、科技信息下乡，开展科普活动；卫生下乡包括医务人员下乡，扶持乡村卫生组织，培训农村卫生人员，参与和推动当地合作医疗事业发展。

现在大学生"三下乡"也逐渐演化出走访、慰问、调研等实践形式。

(二)"三下乡"社会实践的意义

开展"三下乡"实践活动既能促进先进生产力的发展，又能帮助和引导大学生按先进生产力发展要求成长成才；既能传播先进文化，又能帮助和引导大学生接受先进文化熏陶；既服务了人民群众的根本利益，又服务了大学生的全面发展。

二、"三下乡"社会实践方案策划

（一）活动形式

大学生的"三下乡"社会实践活动涉及面广，内容丰富，形式多样。活动可以是单人形式，也可以是小组形式。一般来说，小组形式更加有利于实践活动的开展。高校的暑期"三下乡"基本以支教和调查为主。

随着社会的发展，"三下乡"的形式也应有所创新和发展。例如，充分利用互联网创新活动形式，结合社会热点设计活动主题等。

（二）活动流程

（1）确定主题。拟定实践主题对社会实践非常重要，它是整个实践活动的思想指导，好的实践主题必须联系实际，切忌空谈和夸张。

（2）拟定计划。确定实践主题后必须根据主题思想拟定详细的活动计划，计划以书面或电子文档形式拟定。活动计划的优劣直接关系到整个活动的成败，它规定了活动的具体内容、活动形式及各种注意事项。

（3）提出申请。向所在学校或学院提出书面申请，同时上交活动计划书并领取"三下乡"实践表格。

（4）活动进行过程。根据所拟定的活动计划书进行具体活动，并做好活动中可能出现突发事件的应对策略。

（5）撰写总结。实践结束后，成员需要就实践活动做出总结，撰写提交实践总结报告。实践总结报告应包括实践者对整个实践活动的基本描述、实践心得及实践评价。

✚ 🧠 拓展阅读

星星点亮志愿之路　你我唱响时代新声

2019 年 7 月 15 日至 7 月 29 日，为期 15 天的长江师范学院外国语学院暑期"三下乡"之旅在麻磊村的汇演中落下帷幕。在这 15 天的志愿服务过程中，8 名志愿者深入重庆市涪陵区麻磊村进行免费支教、问卷调研、志愿帮扶活动。

ABCD 述说英文之美

在此次志愿服务之旅中，志愿者们化身小老师，为麻磊村的孩子们带去了丰富有趣的课程，给孩子们一个不一样的暑假体验。汉字书法课、英语对话课、历史文化课、音乐体验课，一个个丰富多彩的课程设计是志愿者们用心准备的结果。"How are you?""I'm fine, thank you."动人的英语在小小的教室传开来，羞涩的麻磊村孩子在志愿者到来之前对英语还一知半解，甚至有些小朋友的学校并没有开设英语课，他们一个个稚嫩的面庞写满了对英语的好奇，对知识的渴求。孩子们对发音虽然生疏，但努力刻苦。志愿者们用做游戏、小组练习等方式，将有难度的英文对话融入趣味性课堂活动中，不知不觉，孩子们在自己和志愿者的共同努力之下，也可以用英文进行简单的对话了。在"三下乡"文艺汇演中，孩子们的英语有了更大的进步，他们清晰流利的英文发音让志愿者们非常欣慰。

调研走访展学子风采

在此次"三下乡"过程中，志愿者们围绕"精准扶贫你我同行"的主题，对麻磊村村民的经济收入情况、卫生安全意识情况、政府服务满意情况进行了问卷调研与走访调查。在走访过程中，村民们得知志愿者们来此是为了志愿服务后都积极配合，与志愿者分享自己家在政府支持下的生活变化。随着调研工作的全面铺开，村民们的热情使志愿者调研顺利进行，有能力填写问卷和回答问卷问题的村民参与到了其中，部分不识字的村民也通过口头交流回答了问题。尽管头上顶着烈日，但志愿者们却未曾有过一句抱怨，擦擦汗，继续前行。此次调研，问卷问题包括麻磊村组织建设、扶贫工作、乡村振兴工作三个方面。在两天的走访调研中，志愿者走访了周围各村小组共42户，调研结果显示，村民对村委组织比较了解，村领导比较亲民，对于扶贫工作满意度比较高，但还存在一些问题。针对此状况，志愿者还收集了村民的相关意见与建议。看着收集回来的一份份问卷，想着热情的乡亲，志愿者都非常高兴。乡村调研，关乎广大农民权益的有效落实；乡村振兴，关乎我国改革发展、社会和谐稳定和全面构建小康社会的大局。

感受脱贫榜样力量

"在我们最困难的时候，是村上、政府给予支持，才有我们的现在，所以我们呀，一定要积极响应国家政策，抓住机遇，创新发展，农民也可以走上致富道路，而且一人富裕不算富，共同富裕才算富……"2019年7月29日，在志愿服务的最后一天，志愿者们代表麻磊村参加了涪陵区脱贫故事分享会，志愿者团队将龙桥街道麻磊村脱贫典型易建峰和王铁林的故事用情景剧和演讲的方式演绎了出来。"志智双扶"是激发贫困人群内生动力、助力他们脱贫致富的有效途径。志愿者们的精彩表现让现场观众为之动容，真实的场景、用情的台词、自强不息的精神赢得观众好评。志愿者们也在演绎脱贫楷模的过程中，体会到了生命的力量和顽强不息的精神。情景剧最后，脱贫楷模在政府的帮助下，凭借聪明的头脑和勤劳的双手终于走出生活的困境，志愿者们将情景剧节奏带上高潮。观众们感动于志愿者的诚意，动心于楷模的光辉故事，现场响起久久不息的掌声。这样的分享会，更加坚定了贫困村民们脱贫的信心，让村民们在感受他人故事的同时动起来，达到共同脱贫致富的目的。长江师范学院外国语学院"三下乡"社会实践团队在亲自参与和聆听的过程中，也进一步了解了扶贫攻坚战，备受鼓舞。

为期15天的下乡之旅画上了圆满句号，但长江师范学院外国语学院的志愿服务之路还道阻且长，一个个村庄等待着志愿者们去探索、去调研，志愿的火把将在志愿者手中传递出去，将大学生青春的力量和正能量带给社会的每一个人。

三、"三下乡"社会实践安全须知

(一)实践活动中可能出现的问题

实践活动中可能出现以下问题。

(1)活动过程中,个别同学因对当地气候和地区环境不适应而晕厥或者突发疾病,或者因被蛇、虫等叮咬而受伤。

(2)在活动期间不慎被盗、被抢,甚至可能遭受人身伤害。

(3)实践成员遭遇交通事故。

(4)活动时接近危险设施或到危险地段。

(5)实践成员与社会人员发生纠纷。

(6)因种种原因,无法与实践成员取得联系。

(7)参与大型社会活动时,人群发生拥挤、踩踏并可能因此产生伤害。

(8)活动中发生火灾等突发事件。

(二)应对措施

针对以上可能出现的问题,可以采取如下相应措施:

(1)外出活动时,实践成员应掌握基本的生理卫生常识和相应的急救知识,随身携带常用应急药物;在遭遇非人为性的突发事件时,保持冷静并进行适当的处理。情况严重时,应及时前往医院诊治。另外,在实践期间,要注意保持一定的警惕心理,保管好个人财物。

(2)增强实践成员的安全意识。活动形式、活动行程应及时向团队报告,不要单独前往陌生或者荒僻的地方。同时,在实践中减少单独活动和夜间活动,尽量采取小组活动的形式。在遭遇偷窃、抢劫以及其他意外伤害时,应保持冷静,灵活应对,优先保证自身安全,并及时报案。

(3)增强实践成员的交通安全意识,若发生交通事故应尽快将伤者送往医院,并注意保护现场,及时向相关部门报告。

(4)活动期间尽量远离危险设施或危险地段,如果实在需要前往,必须有专业人士陪同,并做好安全防范措施。

(5)在公共场合注意自身的言行举止,尽量避免与人发生争执,采取克制忍让的态度。如实践成员与社会人员之间发生争吵甚至打斗,现场的其他同学应尽快及时制止,防止事态恶化;如冲突双方不听劝阻,应迅速联系公安部门共同处理。

(6)与所在学院或校团委实践部保持信息沟通渠道的通畅。

(7)尽量避免到人群拥挤的地方,在公共场所或参加大型活动时遵守秩序,注意自我保护。若有成员在踩踏事故中受伤,应及时将其送往医院。

(8)掌握基本安全常识,不到有安全隐患的场所,如发生火灾等灾害,一切以保障人员安全为主,及时组织人员疏散逃生,同时通知相关部门。

（三）团队责任

各实践团队必须严格遵守以下要求：

（1）出发前，应再次与实践地联系，确保所有安排（如食宿、交通）都已妥当。

（2）出发前，应办理好在实践地活动所需的必要证件和证明。

（3）出发之前充分考虑到可能出现的安全情况，组织成员学习基本安全问题的预防措施以及应对技巧，熟悉当地习俗和历史地理等情况，并根据自身的具体情况做出相应的应急准备。

（4）实践过程中，强调组织纪律性，成员要听从领队老师或者负责人的指挥，负责人应与每名队员随时保持联系。

（5）整个活动过程中，队员们应互相关心，互相帮助。遇到突发事件，应该沉着冷静，共同解决。

【实践活动一】

做办公室助理，学习办公技能

【活动目标】

（1）贯彻教育部、财政部《高等学校勤工助学管理办法》的相关要求。

（2）学生通过协助教师进行相关工作，帮助学校或社会完成特殊任务，培养自立自强和积极进取的精神。

（3）加强理论与实际的联系，使学生掌握一定的生产知识和劳动技能，办公室助理岗为学生提供了脑力劳动的机会，帮助学生树立劳动意识，锻炼学生的办公室工作能力。

（4）经济困难的学生通过利用业余时间参与勤工助学活动，能缓解经济负担，改善学习和生活条件，增加实践经验。

（5）推进学生劳动教育，构建新的人才培养模式，促进学生成长成才。

【活动技能】

（1）具备基本的办公室劳动工作能力。

（2）能够熟练使用日常办公软件，如 Word、Power Point、Excel 等。

（3）具备良好的文书编辑、撰写能力。

（4）具备良好的语言表达能力及沟通组织协调能力。

（5）具备文件材料整理、管理技能。

【活动对象】

在校家庭困难学生。

【活动设计】

1. 活动宣传

（1）学期初，由学校向各学院下发本学期勤工助学岗位及岗位要求通知，学院向各专业班级学生传达通知。

（2）学校负责教师向学院负责学生介绍勤工助学岗位职责及人员要求。

2. 活动参与

(1)学生本人填写《勤工助学申请书》，学院根据实际情况签署意见，报勤工助学中心备案。

(2)经批准参加勤工助学活动的学生，将资料录入勤工助学管理系统，并接受勤工助学中心统一组织的岗前培训，培训合格后发放"勤工助学上岗证"。

(3)学生持"勤工助学上岗证"到指定岗位直接上岗或参加设岗部门组织的竞争上岗。

3. 岗位设置

招聘人数：根据岗位实际需要确定人数。

聘任时限：当前学期。

工作时段：8：00—12：00，14：00—17：50。

工作机制：根据学生课余时间实行排班制。

工资待遇：

(1)参照学校勤工助学标准执行。

(2)聘期结束后，考核合格者由学校出具实习证明。

4. 活动考核

(1)由办公室指导教师负责勤工助学学生的考核评价，评定是否合格，是否按期正常发放勤工助学工资。

(2)若出现以下情况，指导教师可根据个人表现情况相应扣除部分工资。

①工作不配合或不认真，对学生工作造成严重影响。

②私自占有或损坏组织公共财物。

③工作情况汇报不属实。

(3)以一周为实习期，一周后方可转正(实习期工资照常发放)。对不能履行工作职责的学生，相关单位将进行警告批评。工作仍无改进，不能达到要求者，勤工助学监督小组可予以辞退。

(4)学生在勤工助学岗位期间因学习、生活、身体等原因不能继续参加原项目工作的，经相关单位批准，可辞去工作。

【注意事项】

(1)在同一时期内，每名学生只能申请一个勤工助学岗位。

(2)勤工助学学生若要中途退岗，必须提前一周向本部门的勤工助学指导教师递交离岗申请。

【结果评价】

教师或组长可参考表 8-1，对参与本活动的学生进行评价。

表 8-1　做办公室助理，学习办公技能评价表

评价标准	分值	得分	总分	教师或组长评价
出勤率	30 分			
出色地完成自己的任务	20 分			
积极主动，献计献策	20 分			
有创新意识	15 分			
能合理调配资源	15 分			

【实践活动二】

我在社会实践中成长

【活动目标】

(1)改变学习方式，拓展学习资源，拓宽发展空间。

(2)参与社会实践，激发学习兴趣，丰富生活体验。

(3)主动服务社区，形成服务意识，强化社会责任。

(4)树立正确的就业观、价值观，为以后就业、创业提供机会。

(5)利用专业知识，发扬爱国热情，积极为社会、人民服务，并在服务实践中提升自身素质。

【活动时间】

20××年暑假。

【活动对象】

在校大学生。

【活动形式】

(1)学生可参与学院组织的暑假社会实践、"三下乡"义务支教或工厂社会实践活动。

(2)学生也可利用假期，在安全、合法、健康的前提下，征求家长的同意自行联系企事业单位进行勤工助学活动，取得用人单位证明，并撰写勤工助学体会。

(3)学生可以个人为单位活动或由 6～10 人组成社会实践活动小组，选组长一名。

【活动内容】

(1)关注生态环境，开展进厂、下乡活动。

(2)开展志愿活动，为需要帮助的学生提供义教服务；组织心理学专业的大学生，深入农村、社区开展心理健康咨询。

(3)动员同学广泛参与绿色志愿服务，通过开展单车环保行活动，宣传环保法律法规，倡导环保消费，发动和鼓励更多的社会公众参与保护生态环境的活动，提高公众环保意识，树立节能减排的观念，在全社会倡导和树立生态文明意识和可持续发展意识。

【注意事项】

(1)注意防暑。

（2）注意防骗，防盗。

【活动总结】

参加社会实践的同学要求撰写社会实践报告，字数为 2000～4000 字；参加勤工助学的同学撰写心得体会，字数需在 1000 字左右。

【结果评价】

教师或组长可参考表 8-2，对参与本活动的学生进行评价。

表 8-2　我在社会实践中成长评价表

评价标准	分值	得分	总分	教师或组长评价
提前做好活动方案策划	20 分			
达到实践效果	20 分			
撰写完整的社会实践报告	20 分			
分工合理，各成员均积极参与	20 分			
活动形式有创新，且达到一定效果	10 分			
收获好评	10 分			

第九章
做新时代高素质劳动者

本章导读

　　当今社会是一个全球化的知识经济时代，也是一个需要人才而且造就人才的时代。每一位劳动者都应该把握这个历史机遇，树立科学的学习理念，建立合理的知识结构，锻炼较强的实践能力，并恪守职业道德，爱岗敬业，珍惜职业荣誉，力争做一名新时代高素质的劳动者，在"大众创业、万众创新"中成为主力军，在创新中展现聪明才智，在创业中实现人生价值，走出一条属于自己的创新创业之路。

学习目标

知识目标
(1)理解科学学习理念的概念、合理的知识结构的内容。
(2)掌握科学的学习方法和建立合理知识结构的方法。
(3)理解创新与创新意识、创业与创业意识的概念。
(4)把握创新思维与创业能力的培养方法。

素质目标
(1)学会做一名合格的、高素质的职业劳动者。
(2)在日常学习工作中，培养自己的创新思维。
(3)在日常学习工作中，培养自己的创业能力。

课前讨论

三百六十行，行行托起中国梦

快递小哥李庆恒中学毕业后到杭州从事快递行业，通过自身努力，2020年成长为一名省级技术能手，因而被认定为杭州的高层次人才。目前，越来越多的技能人才认定多元、开放，各行各业的劳动者也有了更多的机会。

[思考与讨论]李庆恒为什么能成为杭州高层次人才？谈谈你的看法。

第一节 做一名合格的职业劳动者

一、夯实职业发展的基石

(一)树立科学的学习理念

1. 科学的学习理念的概念

(1)终身学习的理念。当今和未来社会是一个学习型的社会，学习不仅是在校学生的事情，而且应该是贯穿每个人一生的事情。只有树立终身学习的观念，才能适应未来社会的急剧变化。

(2)素质学习的理念。素质学习是指通过学习，不仅要掌握知识和技能本身，更重要的是把学习和做人联系起来，与自身素质和能力的提高结合起来。素质学习是与应试学习相对立的学习模式。单纯的应试学习，无法学到职业发展所需的课本以外的技能和实践知识。要突破传统的"学会"的思想，做到"会学"。

(3)创新学习的理念。创新学习的理念在于突出和强调学习的创新品质，就是在学习过程中，开拓创新思维，进行创新性的发现，不断探索新知识和新事物。只有在学习中树立了创新学习的理念，具备了创新学习的能力，才有可能在工作中具备创新素质，取得创新成就。

(4)实践学习的理念。实践学习就是"理论联系实际"的学习，要求把实践作为学习目的、学习载体和学习内容。随着现代科学技术的发展，社会对从业者的动手操作能力要求越来越高。动手操作能力的强弱，直接关系到从业者的学业水平、个人发展和职业贡献。

(5)自主学习的理念。自主学习的理念就是教育者不把学生当作客体，而是当作主体。学习者更应该把自己看作主体，在学习过程中始终以积极主动的态度对待学习。学习者的学习应是发自内心的渴望和需求，只有在强大的内驱力作用下，才会享受学习的过程，把学习看成是自我内在的需要，而不是外因强加于己的任务。

（6）责任学习的理念。责任学习是一种较高层次的学习理念，就是要求学习者把自身的学习活动和社会的发展密切联系起来。在当今就业压力加大、生存竞争激烈的社会背景下，学生对学习的功利心大大加强了，对待学习的态度过于急功近利，更需要学生培养责任学习的理念。其实责任学习的理念和个人利益并无冲突，只是要求有更高更远的眼界，有了责任学习的理念，就不会"见小利而忘大义"了。

2. 学会科学的学习方法

（1）养成良好的阅读习惯。最好的学习方法就是阅读。法国哲学家笛卡儿说："阅读所有的好书，的确如同与历代最高贵的人交谈一样，他们是过去年代那些书的作者。不但如此，这种交谈的内容还是经过作者深思熟虑的，其中展现给我们的不是别的，而是他们最优秀的思想。"发明家爱迪生说："阅读对于智慧，就像体操对于身体一样。"目前的社会是一个信息社会，信息的来源就在于阅读。目前社会是一个多媒体时代，令人眼花缭乱的快餐文化盛行，这种情况很容易把一个人的头脑变得简单、浮躁、懒惰。认真地静下心来阅读思考，越发显得重要。要使阅读形成一种习惯，也就是要在一定的时间里，有规律地重复阅读，而不是三天打鱼两天晒网，时断时续地阅读。

（2）SQ3R 的学习方法。SQ3R（Survey，Question，Read，Recite，Review）的学习方法是心理学家弗兰西斯·罗宾逊设计的一种针对阅读课文，主动的、系统的学习方法，非常适合大学生学习和应用。SQ3R 是指浏览、质疑、阅读、背诵、复习。

①浏览将要阅读的材料。对于你将阅读的材料，要先花少量的时间浏览和扫描一遍，让自己对阅读材料有一个整体的了解，在此基础上思考自己的阅读目的，针对阅读目的采取不同的阅读方法。如阅读是为了扩充知识面，可以粗略地阅读；为了掌握一定的专业知识或一种方法，则需要认真阅读。浏览可以通过阅读序言，了解阅读材料的主要内容和目的；通过目录，了解整个材料的组织架构方式等。

②质疑是指阅读完每一章节后，要思考一些问题，并带着问题去阅读和记忆。这有利于提高阅读的主动性和阅读效率。在阅读时，要随时记录自己的阅读情况，也就是做笔记。将重要内容用自己的话复述出来，记下自己的阅读感受和感想。

③背诵，即对阅读重点要达到可以复述或背诵的程度。

④复习，即阅读完一章以后要花点时间复习。复习是学习的基础，及时的复习是将短期记忆变为永久记忆的有效方法。

（二）建立合理的知识结构

1. 合理的知识结构的内容

（1）学科基础知识结构。基础知识是知识结构的根基。大学生无论选择何种职业，也不管要向哪个专业方向上发展，都少不了扎实的基础知识。基础知识是知识更新的原动力，特别是随着经济的高速发展，社会的产业、行业、职业结构调整速度加快，职业岗位的变动不可避免，要适应这些变化，就必须拥有扎实的基础知识。

学科基础知识结构，指的是该学科的基本概念、原理、定理、定律以及它们之间相互联系的规律性。所以，在学习某一门学科时，注意力不应仅是放在理解它所提供的事实上，更应集中在这些事实的联系和内在规律上。

（2）整体知识结构。整体知识结构，是指所掌握的各门学科知识的组织状况。一个人要成才，仅有单门学科的知识，或虽有多门学科知识但未相互联系，都是不能发挥最佳效果的。当前社会发展及市场经济发展要求学生在学好本专业基础知识的同时，还要具有"一专多能"的意识，这是对人才提出的新要求。

2. 合理知识结构建立的原则和方法

（1）合理知识结构建立的原则。合理知识结构的建立，不仅取决于个人所学知识的数量和质量，更重要的还要看其构成方式是否优化。要构建最佳知识结构，应当遵守以下几项基本原则。

①整体性原则。这是合理知识结构最基本的原则要求，它是由知识系统本身以及其各要素内在联系的规律所决定的。对个人来讲，要从整体上把握人类现有的全部知识是不可能的，但可以使自己的知识成为整个链条上的一环，并自成体系。这就要求我们按照需要精选各个要素，并使各个要素在整体中都能恰当地发挥作用。

②核心性原则。这是由知识结构内各要素横向联系规律所决定的。核心知识通常表现为专业性知识的精深性和高效性。有人把它比作合理知识结构的"根据地"，把它的外围层次比作"游击区"。这就要求学生在学校中，既要加强专业知识的学习，形成对自身有益的核心知识结构，又要有计划地涉猎相关知识，建立起围绕核心的广博的外围知识系统。

③层次性原则。合理知识结构的建立必须从低到高，在知识的纵向联系中，应该把基础层次、中间层次和较高层次区别对待。

④动态性原则。由于事物总是发展变化的，在知识迅速增长的时代，每个学生必须根据社会的进步、科学的发展和时代的要求，不断调整、充实、丰富与更新自己的知识，以适应时代发展的需要。

（2）合理知识结构建立的方法。合理知识结构的建立要求学生掌握科学的学习方法，合理知识结构建立的基本方法主要有两个。

①自学法。自学法即学生通过自学的方法，形成自身合理的知识结构。自学既是一种古老的学习方式，也是现代最值得提倡和推广的学习方法，是学生汲取知识的一种重要途径。随着知识经济时代的到来，知识更新的速度不断加快，单单通过在校几年的学习，无论如何也不可能掌握本学科的所有知识。因此，学生应根据工作、环境需求，通过自学的方法为自己补充知识，调整自身的知识结构。

②创造法。创造法即学生创造性地学习。创造是在学习知识的基础上的思维超越，是知识积累从量到质的变化。学习是一个将知识在头脑中不断深化的过程，是一个不断整合知识、形成网络、创造知识的过程。要提高效率，学有所获，关键就在于善于发现问题，高效率地吸取、整合和创造知识，从而科学地建立起自身的合理知识结构。

（三）锻炼较强的实践能力

1. 职业劳动者应具备的实践能力

（1）决策能力。决策能力就是对未来行为目标的决定和选择能力。良好的决策能力可以实现对目标及其实现手段的最佳选择。人的一生会遇到各种需要自己当机立断、痛下决心来决断的事情。对于即将毕业的学生来说，走向社会是自己人生的一大转折点，选择何种职业，如何开始自己的职业生涯，别人的意见和忠告林林总总，最终要靠自己拿主意、作决断，而不是靠别人替自己选择，这是对自己决策能力的一大考验。在未来的职业生活中，各种问题及它们的变化发展都需要自己迅速作出反应，及时予以处理，因此训练和培养自己的决策能力是十分重要的。决策能力的培养要从日常小事做起，不要任何事都请别人为自己拿主意，要养成多谋善断的习惯。

（2）创新能力。创新能力是人们最不注意培养和最不善于培养的能力，却是现代社会发展最倚重、最具有长久生命力的能力。所谓创新就是在多种发展的基础上，利用已知信息，创制新颖独特和具有社会价值的新理论、新思维、新产品的能力。培养创新能力并不是很困难的事，只要循序渐进，打好基础，并注意培养的方法，每个人都可以拥有和熟练掌握这种能力。培养创新能力要注意培养自己强烈的好奇心、细微的观察能力、深刻的洞察能力、勇于探索的精神和提出问题、研究问题、解决问题的能力。

（3）人际交往能力。正确、有效地处理并协调好人与人的各种关系，将影响一个人对环境的适应状况、工作效果、心理健康、生活满意度和事业的成败。毕业生在刚刚走上职业岗位时，由于阅历较浅，缺少经验，往往在各种错综复杂的人际关系面前茫然失措，无法应对。实际上，只要平时将有关人际交往的知识有意识地转化为人际交往的能力，就能在复杂的人际关系中应对自如。

（4）实际操作能力。实际操作能力是人的智力转化为物质力量的途径，是职业劳动者必须具备的一种实践能力。在现实生活中，尤其在教学、科研、生产第一线，学生实际操作能力的强弱，将直接影响他是否能顺利就业和在工作中所取得的成绩高低等。实际操作能力的培养关键在于多看、多练。看得多、接触得多，可以掌握一些基本的操作程序和方法；练得多，才可能真正提高自己动手操作的技巧和能力。

二、 弘扬优良的职业品质

（一）恪守职业道德

1. 职业道德的特点

（1）行业性。职业道德是社会道德的一个重要领域，它与社会分工紧密联系，是在特定的实践基础上形成的。正如恩格斯所说："每一个行业，都各有各的道德。"职业道德不仅反映了一般社会道德的要求，更着重反映了某一职业的特殊的道德心理、道德习惯和职业行为的道德准则。

★微视频

警察宣传片

例如，警察的职业道德原则是"执法为民、除害安良"。"执法为民"指出了警察职业活动的根本方向，一旦偏离这个方向，就会导致警察权力的滥用和异化。"除害安良"是人民警察义不容辞的责任，也是其必须恪守的道德伦理规范。教师的职业道德则可以表述为"教书育人、为人师表"。在社会主义市场经济条件下，物质文明和精神文明的建设需要高素质的有现代化知识和技能的人才，而现代化知识和技能的传播，理所当然地成为新时期人民教师的重要任务。另外，为了培养适应新时期社会主义市场经济条件所需要的高素质人才，"育人"又成为教师职业道德的重要内容。

(2)广泛性。由于各种职业道德的要求都较为具体、细致，因此，其表现形式多种多样，涉及的范围也非常广泛。

从纵向来看，职业道德贯穿人类社会发展的各个形态。职业道德萌芽于职业产生之初，国家可能消亡，但是职业道德不仅不可能消亡，还可能进一步加强，真正成为人类的共同道德。

从横向来看，职业道德存在于社会生活的各领域、各种社会关系中。大到经济领域、政治领域、文化领域、卫生领域，小到人们的衣食住行，人们不得不面对各种关系，如同事之间、服务人员和被服务人员之间、上级与下级之间、师生之间等，在处理这些关系时，必须遵循一定的原则和规范，其中就有职业道德。

职业道德有时又以制度、章程、条例的形式表现出来。所以，在职业道德的建设过程中，要使其内容和规范符合各行各业的特点，让其为社会主义现代化建设的各行各业以及各个阶级所接受。

(3)实用性。职业道德是以实用为存在理由的，它时时刻刻与职业活动联系在一起。

第一，良好的职业道德会促进整个社会道德水平的提高。职业道德涉及从业者对待职业和工作的态度，而且也是一个人的道德意识、道德行为发展的成熟阶段。每个职业群体如果都具备优良的道德素质，整个社会的道德水平就会提高。

第二，职业道德对整个社会的经济发展有着保障作用。行业和技术的发展与具有高尚职业道德的员工是分不开的。就现代企业来说，从生产经营活动中的产、供、销的各个环节、各道工序，到服务岗位都有其各自应该遵守的职业道德规范。

(4)时代性。首先，不同时代的职业道德，有些是可以继承的。例如，在封建社会中，清官的廉洁奉公、刚正不阿、反腐倡廉、以天下为己任的品德对现代社会的职业道德建设有一定的借鉴意义。

其次，历史上一些职业道德修养的理论和职业道德实践的方法，对于后人有启发作用。例如，孔子为教育他的弟子提出的"三人行，必有我师焉"的学习要求，对后人就具有很大的启发。

最后，由于职业具有不断发展和世代延续的特征，职业道德也随着时代的变化而不断发展，如教师的"春蚕""园丁""人梯"精神以及"人本主义""师生平等"的修养，就是在古代师德的基础上发展而来的。

2. 职业道德基本规范

职业道德是人们在职业实践中形成的行为规范，是社会生产发展和社会分工的产物，它通过人们的职业活动、态度、作风及其社会效果具体地表现出来。它从古代的"行规"发展到现代社会中的"职业道德"，一直对从业者有极大的制约力。职业有差别，道德意识和道德行为也不可避免地会存在差别，但是从普遍意义上来说，不同的职业道德又存在许多共性，这就是职业道德的基本规范。在社会主义制度下，爱岗敬业、诚实守信、办事公道、服务群众、奉献社会是各行各业应共同遵守的职业道德的基本规范。

（二）诠释爱岗敬业

1. 爱岗敬业的含义

爱岗敬业就是热爱自己的岗位，具有"任其职尽其责"的责任心，用勤恳、精深、严格、专业的标准来研究和经营自己的事业，在工作中不断取得新成就。爱岗是敬业的前提，敬业是爱岗情感的进一步升华，是对职业责任、职业荣誉的深刻认识。

★ 微视频

让勤勉敬业成为
大家的良好习惯

2. 爱岗敬业的意义

各行业的从业者都应立足本职、脚踏实地、尽职尽责、干一行爱一行，只有这样才能达到为人民服务的目的。只有做到爱岗敬业，每个人才有可能具有"天下兴亡，匹夫有责"的爱国主义精神，"先天下之忧而忧，后天下之乐而乐"的忧国忧民情怀以及"鞠躬尽瘁，死而后已"的无私奉献精神。只有做到爱岗敬业，才能担当大任，完成党和国家赋予的崇高使命。

3. 爱岗敬业的基本要求

首先，要自觉地把自己从事的工作同祖国、人民的命运紧密联系在一起；其次，对自己的工作要有巨大的热情，充分发挥积极性、主动性和创造性；最后，要自觉形成任劳任怨、一丝不苟的工作态度。

当然，爱岗敬业并不意味着在一个岗位上"从一而终"。在社会主义市场经济条件下，人们可以自由选择能发挥自己特长的工作，关键是无论干哪一行，都应坚守岗位、善始善终。

（三）珍惜职业荣誉

1. 职业荣誉的含义

所谓职业荣誉，是荣誉的一种表现形式，是对职业行为的社会坐标所做的公认的客观评价和正确的主观认识。通俗地说，职业荣誉就是每个职业人，在自己职业范围内做好本职工作的那种职业责任感及工作完成之后在社会上获得的尊敬、自尊及感到光荣的那种感觉。

从其含义不难看出，职业荣誉包含着两方面的内容：一方面，对从业者履行职业义务的行为的赞扬；另一方面，是从业者职业良心中所包含的自爱和自尊。

职业荣誉所包含的两个方面是互相联系和互相影响的。

从主观方面看，职业荣誉是职业良心中的知耻心、自尊心、自爱心的表现，是职业良心的价值尺度。职业荣誉中的这个方面，能使从业者自觉地按照职业道德的要求去履行职业义务，宁愿做出自我牺牲，也要保持尊严、信誉和人格完善；它鲜明地体现出全心全意为人民服务的职业理想和主人翁的职业态度。

从客观方面说，职业荣誉是社会和职业对从业者履行职业义务的行为所做的赞赏，是职业义务的价值尺度。职业荣誉的这个方面要求从业者掌握现代化的职业技能，严格遵守职业纪律，认真履行职业义务。社会主义职业道德之所以强调职业荣誉，根本目的在于，把社会关于职业道德的客观评价，转化为广大的从业者自我评价。这样，从业者就可以更好地履行职业义务，全心全意为人民服务；即使没有得到直接的表扬，但在内心里却能获得满足和欣慰。实际上，这是作为道德范畴的职业荣誉的最为普遍的表现形式。

2. 强化职业荣誉感

（1）树立正确的荣辱观。荣辱观是对荣誉和耻辱的根本看法和态度，是人的人生观、价值观、职业观的重要内容。树立正确的荣辱观，对职业行为具有良好的指导和约束作用。只有具备职业荣辱观，才能在职业活动中明辨是非，分清善恶美丑，做出正确的职业行为的判断和选择，更好地履行职业权力、职业义务、职业责任，遵守职业纪律，成为有职业道德良心的品德高尚的人。

（2）热爱并尊重自己的职业荣誉。社会主义社会，职业荣誉是以对社会贡献的多少和大小为标准，而不是以金钱的多少和地位的高低为标准的。因此，要争取职业荣誉，从业人员应通过自己的辛勤劳动，为单位、为社会、为国家多作贡献。通过尽职尽责地履行社会义务，得到社会的认同和尊重。我们不能把争取职业荣誉作为获取更多金钱、夺取更多特权的阶梯或跳板。否则，职业荣誉就会变成虚荣，变得自私，成为功利的目标，甚至变成它的反面而走向耻辱，从而使职荣誉因蒙羞而丧失真正的道德价值。一个道德觉悟高的人，往往把职业荣誉视为生命，宁可做出种种牺牲，也绝不采取不正当的手段去谋取甚至骗取职业荣誉。因此，争取职业荣誉的动机是否纯正，获取职业荣誉的手段是否正当，是一个人职业道德水准高低的折射。

（3）谦虚谨慎地对待获得的荣誉。荣誉是对一个单位或个人作出突出贡献的肯定。荣誉的获得不是一蹴而就的，而是经过了一个艰苦努力、积极探索、精诚奉献的过程。作为荣誉的获得者，要充分地认识到它是集体、团队对自己的关怀，是领导和同事们对自己的信任，也是自己全身心投入工作的结果。因此，面对获得的荣誉，要谦虚谨慎，切不可自以为十全十美而藐视他人，甚至居功自傲地指挥或指责他人；既不能故步自封、停滞不前，更不能把它作为谋取私利的工具，甚至滥用荣誉、践踏荣誉、亵渎荣誉。

三、 做好职业生涯规划

（一）职业生涯规划的含义

职业生涯规划简称"生涯规划"，又叫"职业生涯设计"，是指个人与组织相结合，在对一个人职业生涯的主客观条件进行测定、分析、总结的基础上，对其兴趣、爱好、能力、特点进行综合分析与权衡，结合时代特点，根据自己的职业倾向，确定最佳的职业奋斗目标，并为实现这一目标做出行之有效的安排。生涯规划的目的绝不仅是帮助人按照其资历条件找到一份合适的工作，达到与实现个人目标，更重要的是帮助个人真正了解自己，为自己定下事业方向，筹划未来，根据主客观条件设计出合理且可行的职业生涯发展方向。因此，良好的职业生涯规划是事业成功和生活幸福的重要条件。

（二）职业生涯规划的原则

（1）择己所爱。从事一项你所喜欢的工作，工作本身就能给你一种满足感，你的职业生涯也会从此变得充满乐趣。兴趣是最好的老师，是成功之母。调查表明，兴趣与成功的概率有着明显的正相关性。在规划自己的职业生涯时，务必注意：考虑自己的特点，珍惜自己的兴趣，择己所爱，选择自己喜欢的行业。

（2）择己所长。任何职业都要求从业者掌握一定的技能，具备一定的条件。而一个人一生中不可能将所有技能都全部掌握，所以我们在进行职业选择时必须择己所长。事实证明，择己所长地规划职业生涯，不仅符合人尽其才、才尽其用的原则，而且体现了对职业负责、对社会负责、对自我负责的精神品质。

（3）择世所需。社会的需求不断演变着，旧的需求不断消失，新的需求不断产生，新的职业也不断产生，所以在规划自己的职业生涯时，要择世所需。目光要长远，要认清行业或者职业未来发展方向，再做选择。

（4）择己所利。职业是个人谋生的手段，其目的在于追求个人幸福，所以在择业时，应考虑自己的预期收益——个人幸福最大化。理想的选择是在由收入、社会地位、成就感和工作付出等变量组成的函数中找出一个最大值。这就是职业选择中的收益最大化原则。

（三）职业生涯规划的方法

1. 职业生涯目标的设定

目标的选择和确定是制订职业生涯规划的关键，职业发展必须有明确的方向与目标。根据管理学的相关理论，良好的目标能够使个人的行为具有方向性和持久性，并能进一步激发个人的潜能。

现实生活中总有一些人认真分析了自己，也考察了环境，然后才确立自己的目标，却就是达不到，不是半途而废就是无所适从。究其原因，还是目标没有确立好。所以，我们应特别注意目标的设定，明确什么样的目标才是良好的目标。

2. 确定职业生涯路线

（1）职业生涯路线。确定了职业发展目标之后，我们还应该确定达到这一目标的职业生涯路线。职业生涯路线实际上包括一个个职业阶梯，每个人由低至高拾级而上。例如，高校教师的职业生涯发展路线通常是助教——讲师——副教授——教授；而企业中管理人员的职业生涯发展路线可以是职员——部门经理助理——部门经理——企业副总经理——企业总经理。这些过程描述了在一种职业中个人发展的一般路线或理想路线，但它仅是一种正常情况下的职业生涯路线，其中也可能会有例外，如破格晋升等。

（2）职业生涯路线选择的影响因素：

①路线的终点应该与个人的职业目标或职业理想相符。

②路线的发展要求应与个人的能力相符。

③路线的发展方向应与国家的宏观政策、社会发展趋势相符。

3. 制订行动计划

（1）目标实施的过程。职业生涯目标的实施过程，实际上是将职业生涯的终极目标分解成一系列由低到高、循序渐进的子目标，然后按子目标的落实思路和策略制订具体的日程表，再分析实现的步骤、程序、检查办法等，通过逐个实现子目标来实现终极目标。

（2）职业生涯规划的类型：

①近期规划，即1年以内的规划，主要是列出眼前应该做的事情。

②短期规划，即2～5年的规划，主要是确定近期目标规划和近期应完成的任务。

③中期规划，一般涉及5～10年的职业目标和任务，是最常用的一种职业生涯规划。

④长期规划，即10～20年的规划，主要是设定较长远的目标，以及为实现此目标应采取的具体措施。

⑤人生规划，即整个职业生涯的规划，时间长达40年左右，设定整个人生的发展目标和阶梯。

4. 大学生职业生涯规划书的基本内容

（1）扉页：目录、姓名及个人基本情况介绍、年限、起止日期等。

（2）职业方向及职业生涯总体目标。

（3）宏观环境分析：对政治法律环境、经济环境、社会文化环境、技术环境的分析。

（4）内部环境分析：对自身能力、心理、个性以及家庭因素等的分析评价。

（5）职业目标定位以及目标的分解和组合：发展策略、发展路径。

（6）完成职业生涯目标的步骤和计划。

（7）职业成功的标准、计划完成情况的评估。

（8）自身现实状况与要实现的目标之间的差距。

（9）缩小差距的方法及实施计划和方案。

（10）计划调整：评估的内容、评估的时间、评估标准的建立、规划调整的原则。

拓展阅读

价值观对于职业规划的影响

根据职业规划师的经验，做职业选择的最深层次的依据是人的价值观，职业选择的表面依据是职业目标，当然对于没有目标的人，选择的依据就是他个人所理解的利益。主动选择要考虑的要点主要包括地域、行业、企业和职业，或者说一个非常清晰的职业目标应该描述为：多少年后我希望在某地（北京/上海/纽约/老家的县城等）、某个行业（房地产/物流/教育培训等）、某个企业（500强/民企/国企/政府等）从事某职业（人力资源/财务/金融/管理等）。

价值观是大多数人很容易忽略的，虽然它在事实上左右着人们的决定，并进而决定我们的人生包括职业。一个人要想成为职场的顶尖人物，就必须清楚地知道自己的价值观。在职业上有着良好发展的人都是因为他们秉持自己的价值观念；而一些不太顺利的人大多思想混乱，要么是秉持错误的价值观念，要么是根本没有明确的价值观，随着社会大众的舆论摇摆不定。

从企业选人的角度也能够很好地揭示价值观的重要性。为什么麦肯锡的咨询顾问很多并不是出身于管理专业？为什么一些学业上并不突出的同学能够在竞争激烈的应聘中胜过那些学习成绩突出的人？为什么外企在招聘实习生的面试中总是会有"你最大的成就是什么""你最大的优缺点是什么"等看似非常普通的问题？其实这都和价值观有非常密切的关系。因为一个人在职业上的价值观念和他能取得的成就是息息相关的，与此相比，一时的学习成绩反倒不那么重要了。

从价值观的角度来说，职业发展成败的判别标准就是一个人是否得到了他想要的生活，他的职业所带来的生活方式是否符合自己的价值观。如果符合，就会感觉很快乐，哪怕收入相对低一些；如果不符合，会感觉很痛苦，哪怕拿着看起来很高的年薪。当一个人刚刚工作的时候，遇到那些拿高薪的人，总是很羡慕；工作几年后心态就比较平和。有些高薪的人虽然得到了成就感，但他们同时也失去了很多，比如天伦之乐和某种程度的身体健康等。

职业发展不能用挣钱的多少来判断，更不应该成为我们职业上的目标。真正成功的职业人士，即使在他们职业生涯的早期，也没有单纯地考虑金钱，而是更多地追求自己的梦想，按照自己的价值观去发展。这样的人反而会成功，金钱只是职业发展所带来的副产品。

第二节　创新创业

一、创新赢得未来

（一）创新与创新意识

1. 创新的概念

1911 年，经济学家熊彼特在他的德文著作《经济发展理论》中，首次提出了"创新"的概念。熊彼特认为，"创新"就是把生产要素和生产条件的新组合引入生产体系，即"建立一种新的生产函数"，其目的是获取潜在的利润。熊彼特的理论一开始并没有引起足够的重视，直到他的作品用英文出版后，才引起了学界的广泛关注。

20 世纪 90 年代，我国把"创新"一词引入了科技界，形成了"知识创新""科技创新"等各种提法，进而发展到社会生活的各个领域，使创新的说法几乎无处不在。

曾任清华大学科技与社会研究所教授的李正风认为，"创新"一词在我国存在着两种理解：一是从经济学角度来理解创新；二是根据日常含义来理解创新。目前，人们经常谈及的创新，简单来说就是"创造和发现新东西"。这里使用的实际上是"创新"的日常概念。从这个广义的概念上看，人类社会的每一次进步都离不开创新。

那么，我们通常所说的"科技创新""自主创新"究竟属于哪个范畴呢？从事创新概念研究的学者普遍认为，对此很难进行严格的界定。在汉语言中，经济学范畴的"创新"（innovation）一词，没有严格对应的词汇，现在使用的"创新"很容易和另一个词"discovery"混淆，特别是在基础科学领域。这种概念的泛化或者说是多元化，有它有利的一面，也有不利的一面。从有利的方面说，学者刘立认为，这种多元化有利于社会各阶层、各群体，在社会生活中处于不同角色的人，参与创新行为，也有利于对他们的行为进行非经济学的评估；而不利的一面在于，丧失了统一的标准，使很多行为都能被称为"创新"，而"创新"本身，也容易成为一个简单的"口号"。

由于创新的系统性，以及创新系统的复杂性，也使人们越来越注意从社会、政治、科技、文化的角度来理解企业及企业之外的其他机构在创新系统中的行为和作用，这是非常必要的，如果把企业之外的不同机构或者不同社会角色在创新系统中的作用孤立起来，特别是撇开与企业创新活动的联系，就往往容易把"创新"这个概念单纯理解为"创造新东西"。

创新行为在历史上长期是一种企业家的个人行为，从 20 世纪中叶后，人们越来越认识到创新是一个多主体、多机构参与的系统行为。因此，20 世纪 80 年代，人们提出了国家创新系统的概念和理论。冷战结束后，国家之间的竞争转向以经济竞争为主，知识经济的兴起使经济的发展越来越依赖知识和技术的进步，这种形势下，国家创新系统建设成为各国普遍关注的重要问题。

美国管理学大师彼得·德鲁克第一次在 20 世纪 50 年代把创新引入管理领域，从此有了管理创新。他认为创新就是赋予资源以新的创造财富能力的行为。现在"创新"两个字扩展到了社会的方方面面，如理论创新、制度创新、经营创新、技术创新、教育创新、分配创新等。

2. 创新的价值

（1）创新能推动社会生产力的发展。科学的本质就是创新，科学技术的每一次进步都是通过创新实现的。科学技术的迅猛发展，对人类社会各个方面都产生了深刻而广泛的影响。创新更新了人们的生活工具和生产技术，提高了劳动者的素质，开辟了更广阔的劳动对象，进而推动了社会生产力的发展。

（2）创新能促成社会多种因素的变化，推动社会的全面进步。创新源于社会生产方式，它的形成和发展必然会进一步推动社会生产方式的进步，从而带动经济的飞速发展，促进上层建筑的进步。创新能进一步推动人的思想解放，有利于人们形成开拓意识、领先意识等先进观念。同时，创新能促进社会政治向更加民主、宽容的方向发展。而这些都是创新发展所需要的基本社会条件，这些条件反过来又更有利于创新活动的进行。

（3）创新能促进人才素质结构的变化，提升人的本质力量。创新实质上确定了一种新的人才标准，它代表着人才素质变化的性质和方向。它传达了一种重要的信息：社会需要充满生机和活力、有开拓精神、有新思想道德素质和现代科学文化素质的人。它客观上引导人们朝这个目标提高自己的素质，使人的本质力量在更高的层次上得以确证。它激发人的主体性、能动性及创造性，从而使人自身的内涵获得极大的丰富和扩展。

3. 创新意识的含义

创新意识是指人们在社会实际活动中，主动开展创新活动的观念和意识，表现为对创新的重视、追求和开展创新活动的兴趣和欲望。它是人类意识活动中的一种积极的、富有成果性的表现形式，是人们进行创新活动的出发点和内在动力，是唤醒、激励和发挥人所蕴含的潜在本质力量的重要精神动力，与创新能力一起贯穿人的创新活动的整个过程。

4. 创新意识的内容

（1）强烈的创新动机。创新动机是创新意识的动力源，是形成和推动创新行为的内驱力，是引起和维持主体进行创新活动的内部心理过程，也是创新才能得以施展的能源。人的每项创新活动、每个创新意识都离不开一定创新动机的支配。创新动机明确并且强烈的人，其创新活动成功的概率就越大；创新动机肤浅的人，其创新活动成功的概率就小。

（2）浓厚的创新兴趣。创新兴趣是指人们从事创新活动投入的积极情绪和态度。它是创新动机的进一步发展。创新动机来源于对创新的浓厚兴趣。产生创新动机不一定有创新兴趣，而一旦形成创新兴趣必然伴随着创新动机。创新兴趣是人们从事创新实践活动强有力的动力之一。

（3）健康的创新情感。创新过程不仅仅是纯粹的智力活动过程，它还需要引起、推进乃至完成创造性活动的创新情感。

①稳定的创新情感。现代创新者只有在稳定的创新情感支配下，才能提高自身创新敏感性，及时捕捉有用信息，对与创新有关的事物充满浓厚的兴趣。

②积极的创新情感。现代创新者积极的创新情感，可以极大地激发自身的创新意识和创新敏锐性，充分调动自己投身于创新活动的积极性。

③深厚的创新情感。创新热情是一种稳定深厚的创新情感，具有持续性，它是一种能促进现代创新者形成强烈的创新意识，并展开创新活动的心理推动力量。

（4）坚定的创新意志。创新意志是在创造中克服各种困难、冲破阻碍的心理因素。

①创新意志的目的性。现代创新者只有对自己的行动目的有明确的认识，才能按既定的目标去行动。

②创新意志的顽强性。创新意志的顽强性指人们在创新的过程中能精力充沛、坚持不懈地克服一切困难和障碍，去争取创新成果。创新是一种艰苦的劳动，是要探索前人没有走完的路，要创造前人没有得到的成果。在创造过程中成功与失败并存，只有意志顽强的创造者才能在挫折与失败中不断进取，从而最终获得成功。

（二）创新思维的培养

1. 突破思维模式的桎梏，克服隐性自我评价

由于长期以来受应试教育以及学生专业设置过细、知识面窄、技能训练不够、不注重思维方法训练等诸多因素的影响，许多大学生缺乏创新精神，创新能力不强。而隐性自我评价则是指人们在潜意识里用理性标准和逻辑规范去判断他们所遇到的事物的一种思维习惯。隐性自我评价就如一个隐形杀手，随时准备扼杀每一个创新的念头。所以，要真正培养创新思维能力，必须要突破现有思维模式的桎梏，善于用联系的观点、全面的观点、系

统的观点、开放的观点、发展的观点、矛盾的观点看问题。

同时，必须在主观上对创新有正确的认识，对自己充满信心，不要轻易对自己的新观点作出负面的评价。在一个新的想法产生时，应当任其滋长、发展、壮大，而不要过早干涉。或许，你思维的一小步会使人类的文明向前迈进一大步。

2. 陶冶情操，加强创新心理素质的培养

陶冶情操，这是在当前全民素质教育背景下对学生成才的一个要求。当然，我们强调创新思维能力的培养不是期望每个人都成为发明者、创造者，而主要是激发每个人不断进取的开拓精神，使之成为一个现代人必备的基本素养。在创造的过程中体验创新的喜悦与乐趣，使之升华为人的基本素养是我们培养创新能力的主旋律。同时，要加强创新心理素质的培养，使人们养成一种创新的态度和自觉性。具体来说就是要树立新的教育观念，培养人们的创新意识，采用创造性的教学方法培养创新思维和创新能力。

3. 深化课堂教学改革，激发学生的创新意识，强化学生的探索精神

教学过程中的一切条件、环境和手段，都与学生创新思维的培养和发展直接相关。而课堂教学是学校教育的主阵地，传统的课堂教学重视的是教师的教，以教师为中心，而忽视了学生在课堂中的主体作用。因此，学生只能被动地接受知识，从而淡化了知识的再发展。深化课堂教学改革，确立以学生为中心的教学体制，能使教师在教学过程中对学生进行积极的引导，从而激发学生的创新意识，进一步强化学生的探索精神。

4. 营造良好的校园氛围，促进学生创新思维发展

营造良好的校园环境和校园文化氛围对于学生创新思维能力的培养是大有裨益的。营造一个宽松自由的校园文化氛围，能够引导学生广泛开展课外科技活动，培养学生积极探究科学奥秘的精神，激发学生的创新热情，锻炼学生的独立创新能力，并且建立创新激励机制，鼓励学生开展创造活动，不断培养学生的创新心理素质，进一步完善学生的创新人格。

总之，时代呼唤创新精神，民族需要勇于创新、善于创新的人。而学校则负有培养创新人才的重任。我们只有彻底转变观念，注重教与学的方法，营造有利于创新人才成长的环境，才能培养出优秀的、具有竞争力的创新型人才。

（三）创新型人才的培养

1. 创新型人才的概念

所谓创新型人才，就是具有创新精神和创新能力的人才，通常表现出灵活、开放、好奇的个性，具有精力充沛、坚持不懈、注意力集中、想象力丰富以及富于冒险精神等特征。

创新型人才一般有以下几个具体特征。

（1）有很强的好奇心和求知欲望。

（2）有很强的自我学习与探索的能力。

（3）在某一领域或某一方面拥有广博而扎实的知识，有较高的专业水平。

（4）具有良好的道德修养，能够与他人合作或共处。

(5)有健康的体魄和良好的心理素质，能承担艰苦的工作。

2. 创新型人才的培养方法

(1)要实行以问题为主线的教学。注重在教学中引导学生思考问题、提出问题、研究问题和解决问题。在一个班集体、一个学习小组或一个宿舍集体内，形成研究问题、讨论问题的风气，这是引发思考、启迪智慧、激发灵感的重要渠道，是创新型学习的重要形式，是最重要的学风。

(2)注重培养兴趣。学习中有了兴趣，可以有效地提高学习的内驱力，就能做到忙而不累，乐而忘忧，就能够产生灵感，提高效率。现在我国高等教育中比较普遍的问题是学生学习的内驱力不足，学习的兴趣和求知的欲望不强，因此如何培养学生的学习兴趣、提高学生学习的内驱力是要研究和解决的重要问题。

(3)引导学生善于综合知识。要引导学生把学到的多门课程、多个门类的知识综合在一起，去解决一个实际问题。科学是内在的统一体，它被分解为单独的学科，不是取决于事物的本质，而是取决于人类认识能力的局限性。当代科学技术不断分化与综合，以综合化、整体化为主。

(4)指导学生注重转化，将输入与吸纳的知识转化为能力与素质。知识不等于能力和素质，知识必须转化成能力与素质才能体现出其价值。知识存在着过时和遗忘的问题，而能力和素质则更稳定、更长久。德国物理学家劳厄说过："教育无非是一切已学过的东西都忘掉的时候所剩下的东西。"剩下什么呢？主要是由学到的知识转化过来的能力和素质。

(5)鼓励学生勇于突破。有意识地突破前人、突破书本、突破自己的教师。如果一个教师把学生教得超过了自己，那是这个教师很了不起的成就。科学的发展、社会的进步，既是以继承前人为基础，又是以怀疑否定前人为突破的。

二、 创业改变人生

(一)创业与创业意识

1. 创业的概念

"创业"一词最早出现于《孟子·梁惠王下》："君子创业垂统，为可继也。"故《辞海》将创业解释为"开创基业"。现今，我们把创业理解为不拘泥于当前的资源约束，寻求机会进行价值创造的行为过程。作为一个行为过程，创业的概念可以从以下三方面进行分析和理解。

首先，创业需要面对资源难题，设法突破资源束缚。无数创业案例表明：大多数创业者在创业初期甚至全过程都会经历资源约束和"白手起家"的过程。这是因为，创业活动通常是创业者在资源高度约束情况下所进行的从无到有"从零到一"的财富创造过程。创业者往往需要通过技术创新和商业模式创新等方式对资源进行更为有效的整合，进而实现创业目标。换言之，创业者只有努力创新资源整合手段和资源获取渠道，才能真正摆脱资源约束的困境。正因此，积极探求创造性整合资源的新方法、新模式和新机制，就成了创业的基本特性。

其次，创业需要寻求有效机会。机会是具有时间性的有利情况，有效机会就是在时间之流中最好的一刹那。创业通常离不开创业者识别机会、把握机会和实现机会的有效活动。创业者从创业开始就需要努力识别商业机会，只有发现了商业机会，才有可能更好地整合资源和创造价值。因此，一般认为寻求有效机会是产生创业活动的前提。

最后，创业必须进行价值创造。创业属于人类的劳动形式之一，劳动需要产生劳动成果，创业也需要创造劳动价值。创业的本质在于创新，因此，与一般劳动相比，创业更强调创造出创新性价值。当今较为典型的创业大多追求创新带来的新价值，这些新价值通过技术、产品和服务等方式的变革更好地为消费者服务，促进社会的发展和进步。需要特别注意的是，创业通常需要比一般劳动付出更多的时间和努力，需要承担更多的风险，也更需要坚忍不拔、坚持不懈的努力。当然，创业的渐进和成功也会带来源源不断的成就感。

2. 创业的功能

(1)创业具有促进科技进步和市场繁荣的功能。创业往往伴随着新技术、新产品、新工艺、新方法的产生，伴随着大量科研成果转化型企业的诞生，因此，创业可以促进技术进步，推动经济结构升级，促进我国整体科技水平提高和综合国力提升。

目前，我国技术创新水平总体不高，市场开发还不够充分，在国际分工中优势不大。要改变这种被动状态，就要发展创业型经济，而发展创业型经济的根本在于拥有创新创业人才。学生是社会未来的精英，培养更多的学生创业者，或者使更多的学生拥有创新和创业能力，是我国实现发展创业型经济的最重要途径，将为我国创业型经济发展提供根本性支撑。

(2)创业具有缓解就业压力的社会功能。作为世界人口大国，我国有着庞大的就业人群。我国推进城镇化和经济结构转型升级的过程，必然伴随着诸多就业矛盾的产生。近年来，我国的就业人数持续增加，就业总量压力不断增大，相当数量的农业富余劳动力需要转移就业。另外，就业的结构性矛盾更加突出：一方面，传统行业出现大批下岗失业人员，许多人再就业困难；另一方面，新兴产业、行业和技术性职业所需素质较高的人员又供不应求，不同地区、不同行业劳动力供求的不平衡性加剧，劳动力素质与岗位需求不匹配的矛盾变得更加突出。

特别需要关注的是，随着高等教育规模的扩张，大学毕业生的就业问题也日渐突出。据教育部统计，我国应届高校毕业生人数多年持续增长，不断创历史新高，就业形势十分严峻。因此，培养大学生创业精神和创业技能，提倡和鼓励大学生自主创业，通过创业来解决大学生就业问题无疑是一种可行且有效的途径。实际结果表明：一个大学生创业成功，往往可以带动几个甚至一批大学生或社会待业人员的就业。如果社会上形成了大学生创业的良好氛围，将会有利于缓解大学毕业生的就业压力。因此，加强大学生群体的创业教育和创业学习具有重要的社会功能。

(3)创业具有调节社会资源配置的功能。创业企业要能够生存并获得持续发展，必须具备一定的竞争力。从行业发展来看，创业企业的成功将会影响行业已有的经营格局，加剧行业经营的竞争，形成优胜劣汰局面，激发市场的活力，有利于资源向经营良好、效率更高的企业流动，促使社会资源合理配置，产生更高的社会效益。

（4）创业具有帮助创业者实现人生价值的功能。随着社会进步发展，智力已经成为比土地、资金、劳动更有意义的关键性生产要素，知识、技术和管理已成为重要的生产要素并参与增值和分配。创办企业愈来愈需要创业者具有较高知识水平和技术能力。因此，创业有利于知识、创新成果的产业化转化，资本借助知识又能发挥更强的作用，从而推动整个社会生产力水平的提高。拥有专业知识和人力资本的大学生更有能力通过创业实现价值创造。大学生借助知识和创意创建企业的梦想随时都有可能变为现实。创业为每个人创造了发展的机会和增加个人财富的可能性，对许许多多梦想着开创自己事业的人而言，创业不但是一种充分实现自我的机会，更是发挥个人潜能的舞台。

3. 创业意识的要素

创业意识是指在创业实践中对创业者起动力作用的个性倾向，主要包括创业需要、创业动机、创业兴趣、创业理想、创业信念和创业世界观六个要素。

（1）创业需要。创业需要是创业实践活动赖以展开的最初诱因和最初动力。它是指创业者对现有条件不满足，并由此产生的最新的要求、愿望和意识。

（2）创业动机。创业动机指推动创业者从事创业实践活动的内部动因。

（3）创业兴趣。创业兴趣指创业者对从事创业实践活动的情绪和态度的认识指向性。浓厚的创业兴趣能顺利激发创业者的激情，形成坚强的意志，从而使创业意识得到进一步升华，为成功创业奠定坚实的基础。

（4）创业理想。创业理想是创业意识的高级形式，主要指职业理想和事业理想，是创业者对从事创业实践活动的未来奋斗目标较为稳定和持久的向往和追求的心理品质。

（5）创业信念。创业信念是指创业者坚信自己的创业目标、行动决策、实施方案、具体程序等具有真实性和有效性的稳定的心理倾向。

（6）创业世界观。创业世界观是由一系列创业信念组成的逻辑系统。它能够使创业者将自我发展与实现个人的社会价值统一起来，使其个性发展方向与社会责任感、社会使命感有机融合。所以说，创业世界观是创业意识的最高层次，它对创业者的整个精神面貌具有极其重要的影响。

4. 创业意识的培养和形成

创业意识的形成要经过一个漫长且可能是十分艰辛的创业实践过程。对当代大学生而言，首先是酝酿、积淀和萌发强烈的创业需要，变"要我做"为"我要做"，形成强烈的创业动机；其次是培养浓厚的创业兴趣，变"被动做"为"主动做"，将人生目标和创业理想有机结合，坚定信念，在创业实践中培养和形成自己的创业意识。

（1）转变观念，树立新的就业观。培养创业意识，就要破除长期以来人们在就业问题上的习惯认识，诸如"铁饭碗""官本位""螺丝钉"等严重禁锢大学生创新思维和创业思想的陈腐观念。随着改革进程的不断深入，这些观念尽管受到了很大冲击，但仍然存在，常常在不知不觉中作用于我们的头脑。培养创业意识，大学生第一步要做的，正是突破这些旧观念的束缚，树立新的就业观。

（2）勇于实践，在实践中发展。实践出真知，创业需要"敢于吃螃蟹"的精神。勇敢地走出第一步，不怕失败，勇于实践，这是大学生培养创业意识的关键环节。

（二）创业能力的培养

1. 专业技术能力

在创业能力中，专业技术能力是最基本的能力，它是人们从事某一特定社会职业所必须具备的能力和本领。

专业技术能力包括专业知识和专业技能。专业知识是指从事某一专业工作所必须具备的知识，专业技能包括智力技能和操作技能。

创业者以自己的服务或产品为社会作贡献，其劳动价值要想得到社会的承认，当然要以精通专业技术为基本前提。事实证明，率先致富的人里面，有相当一部分是能工巧匠、经营行家。这并非出于偶然，因为一般人往往是"想干不会干，想富没门路"，而创业者却具有某一方面的专业知识和技能，所以较之一般人致富门路更广；也正因为他们的专业知识和技能已经达到了精通的程度，所以其产品或服务往往质量较高，或成本较低，或二者兼而有之，从而在市场竞争中占有优势。从这个意义上讲，专业技术能力是一种最基本的创业能力。

同时，创业者往往也是领导者。为了有效地实施领导，创业者必须要掌握本行业的专业知识，熟悉专业范围内的方法、程序、工艺和技术等，并根据自己所处的不同领域、不同层次，掌握不同的专业技术能力。拥有技术上的权威，将为从事领导工作创造有利条件。熟练掌握本专业知识，精通本行业务，对所从事的工作具有专门的技能和经验，是创业者实施正确领导的重要前提条件。

2. 经营管理能力

在创业能力中，经营管理能力是一种较高层次的能力。它从三个方面直接影响创业实践活动：一是创业实践活动中资金的分配、使用、流动等环节，通过此方面影响实践活动的规模和效益，所以说经营管理是资金的运筹艺术；二是创业实践活动的各个环节，如规划、决策、实施、管理、评价、反馈，影响创业实践活动的全过程，所以有人认为经营就是控制和调节的艺术；三是创业实践活动中人的选择、使用、组合和优化，涉及群体控制的各个方面，如群体目标、群体内聚力、群体规范和价值等，所以经营管理就是发现和使用人才的艺术。经营管理能力主要包括善于管理、善于经营、善于理财、善于用人这四点。

（1）善于管理。所谓管理就是根据企业的内部活动规律，运用科学的方法和手段，整合企业中的人力资源及其他资源，解决企业生产经营中的问题，从而有效地实现企业目标的过程。进行企业管理，必须了解生产环节，精通经营核算，掌握管理方法，做好生产计划的编制、生产的调度、生产过程的组织、产品的质量控制等工作。

（2）善于经营。成功的创业者必须能够胜任复杂的企业经营管理活动。这需要创业者拥有敏锐的眼光，善于捕捉市场机遇，能够在充分了解和掌握生产经营活动内容的基础上，进行及时、科学的决策并组织相应的生产活动。同时，一个成功的创业者还要擅长灵活地运用各种经营策略，应对激烈的市场竞争，使自己的产品成功地占领目标市场。

（3）善于理财。创业阶段是一个非常时期，很多企业失败除了有外部环境、市场变化的原因以外，创业者不善于理财也是一个重要的原因。创业者要学会理财，善于理财。每做一事，都要考虑这是否能使资金增值，提高经济效益，是否有利于企业的发展。可以说，善于理财的实质就是能够使资金增值，它是创业成功的一个重要条件。因此，创业者要花大力气加强对资金使用和管理的学习，学会把钱用在"刀刃"上，做到用之有方、用后有效，发挥资金的最大作用。

（4）善于用人。政治上，知人善任常常成为政治才能高超的标志。在个人创业的征程中，道理也是一样的。在生产经营的诸多要素中，人是最活跃、起关键作用的因素，是企业能否发展的决定性因素。凡是成功的创业者都熟知用人之道，美国 19 世纪的创业英雄、钢铁大王安德鲁•卡内基就在他的墓志铭上留下了这样一句意味深长的话："长眠于此地的人懂得在他的事业生涯中任用比他自己更优秀的人。"因此，慧眼识才、知人善任、人尽其才不仅是一个优秀创业者的标志，也是创业者所必须具备的素质。

3. 综合能力

在创业能力中，综合能力是最高层次的能力，它具有很强的综合性，是由多种特殊能力与经营管理能力综合而成的。为了创业成功，创业者更应该关注对以下这些特殊能力的培养。

（1）信息的接收和处理能力。收集信息、加工信息、运用信息的能力是创业者不可缺少的能力。

（2）捕捉市场机遇的能力。善于发现机会、把握机会、利用机会、创造机会是成功企业家的主要特征。

（3）分析与决策能力。通过消费者需求分析、市场定位分析、自我实力分析等过程，根据自己的财力、关系网、业务范围，依据"最适合自己的市场机会是最好的市场机会"的原则，作出正确决策，才能实现自己的创业目标。

（4）联想、迁移和创造能力。从别人的企业中得到启发，通过联想、迁移和创造，使自己的企业别具特色。并通过这种特色，使自己的企业在市场中占有理想的份额。

（5）控制和调节能力。成功的创业者，要对规划、决策、实施、管理、评估、反馈所组成的企业管理的全过程具有控制和运筹能力。

（6）人际交往能力。创业者不但要与消费者、本企业雇员打交道，还要与供货商、金融和保险机构、同行打交道，更要与各种管理部门打交道。因此，创业者必须具有较强的人际交往能力。

（7）企业形象策划能力。在激烈的市场竞争中，在公众中树立良好的企业形象，是创业成功的主要条件。创业者应善于通过各种渠道，宣传自己的企业，提高企业的知名度。

（8）合作能力。创业者不但要与自己的雇员合作，也要与企业发展有关的机构合作，还要与同行业的竞争者合作。创业者要善于站在对方的角度，理解对方、体谅对方，要善于与他人合作共事，共同发展。

（9）自我约束能力。创业者要善于根据本行业的行为规范，来判断、控制和评价自己和别人的行为；要善于根据自己的创业目标，约束和控制自己与目标相悖的行为和冲动。

（10）适应变化和承受挫折的能力。一个企业要想在竞争激烈、变化多端的市场中立足和发展，就要求创业者必须具有适应变化、利用变化、驾驭变化的能力。

实践证明，仅有专业技术能力的人，可以完成某一职业岗位的职责，成为一名称职的从业者，也可以成为创业者的合作伙伴，但很难成为一个开创新事业的创业者。反观那些具有综合能力的人，一旦客观条件成熟，他们中的一些人常常会脱颖而出，成为引领时代新潮流的成功者。

（三）创业准备和创业锦囊

1. 创业准备

（1）自我评估。每个人都有自己的优势和劣势，客观准确地进行自我评估是创业准备的第一步。创业者的自我评估，主要是对个人的身体情况、创业意识、创业心理品质、创业能力等内在因素进行的综合分析，以确定自己是否适合创业。如果发现自己适合创业，还要进一步考虑自己适合在哪些行业创业、以什么项目为切入点进行创业等问题。

我们既不能将创业视为攀登悬崖峭壁而畏惧悲观，也不能片面地将创业视为一种英雄主义的浪漫冒险。对于当代大学生而言，创业属于人生中的一项重大决策，可能会影响一生的命运，因此，必须三思而后行。可以说，创业无论对自己还是对他人都是一份极其严肃的责任与承诺，应该事先进行周详、准确的自我评估，充分准备、合理规划，在此基础上再进行创业活动。

（2）外部环境分析。外部环境是影响创业活动的重要因素。良好的外部环境可以激发创业者的热情，保障创业活动的正常开展，提高创业成功的概率；反之，不良的外部环境则会成为创业过程中的层层阻力与障碍。创业的外部环境包括很多因素，概括起来主要有国家政治经济环境、地区环境、行业环境、人际关系环境 4 个方面的内容。大学生创业者应该从这些方面着手，进行综合考察与分析。

①国家政治经济环境。创业前首先应该考虑的就是国家法律、法规、政策以及国家经济发展状况等因素，这不仅是因为创业必须在相关的法律、政策、法规允许的范围内进行，更为重要的意义在于充分利用国家的优惠政策，依托优良的经济环境更有效地开展创业活动。创业者应该重点考察国家政策的倾向和支持力度，相关的法律法规制度，经济环境的规范性和公平性，国家税收支持、金融支持，以及包括税费水平、用地价格、工资水平、生产服务成本（如员工生活消费水平、房租、水电煤气费用和交通通信费用）等在内的商业环境等方面的因素。事实证明，善于利用国家优惠政策和捕捉经济发展趋势的创业者往往更容易取得成功。

②地区环境。任何一个企业都必须设立在一定的区域内，因而必然会受到地区环境的影响。从创业者的角度出发，评价区域环境，关键要看一个地区对创业者的支持程度，当地的行政管理环境以及该地区独特的风俗习惯等。规范、合理、积极的政策和廉洁高效、运转协调、行为规范的行政管理体系，将为企业的发展提供宽松的外部环境和有益的政策指导。同时，地区交通环境、市政环境、邮政通信环境、物业环境、能源环境、人身财产安全环境、市场成熟度、市场容量、市场扩展度、商品供应的充分性、购物便利性与原材料供应及工业配套能力、信息化建设完备程度等，也都是创业者在选择具体的创业城市时必须考察的重点。此外，创业者还必须高度重视地区的风俗习惯，因为它会直接影响人们的消费习惯。把不同地区和人群的不同风俗习惯作为创业的外界因素考虑十分重要，这直

接关系到企业效益的好坏和事业能否成功。如果分析准确，定位恰当，就会大获成功；反之，往往是举步维艰，难有作为。

③行业环境。能否对行业环境作出客观、准确的分析，是创业成功与否的重要因素。因此，创业者必须详细地考察行业情况，慎重选择。分析评价行业环境，可以从以下多个方面进行。

a. 市场规模。一般以行业销售收入或产量表示。

b. 竞争范围。一般分为本地的、地区性的、全国性的与国际性的四类。

c. 市场增长率及行业处于生命周期的哪个阶段。

d. 竞争者的数量及其相对规模。即该行业究竟是由众多小企业组成并进行竞争的，还是由相对集中的少数大公司主导的。

e. 顾客的数量及其相对规模。

f. 与其他行业之间的纵向一体化发展状况，包括前向一体化、后向一体化或综合纵向一体化的发展状况。

g. 进入与撤出该行业的难易程度。

h. 生产过程与新产品导入期技术变化速度的快慢。

i. 同行业竞争者产品或服务的性质与差异。

j. 规模经济状况。即行业是否形成产品制造、运输和大批量销售的规模经济。

k. 资本利用率的作用。即在实现有效的低成本生产过程中，资本利用率是否起着关键的作用。

l. 行业是否已经形成较强的学习与经验曲线。即随着产品数量的不断增加，企业的单位平均成本是否能逐渐减少并呈现下降的趋势。

m. 对企业资本数量的要求。即公司在该行业从事经营至少要投入多少资本，方能与其他企业进行竞争。

n. 行业的赢利水平。

④人际关系环境。大到国家与国家之间，小到普通老百姓之间，都存在关系。对于刚进入社会的大学生创业者来说，拥有良好的人际关系网络，能够从资金、信息、知识等多方面为创业提供有力的支持和帮助，从而有效地带动和推进创业活动。因此，大学生应该不断提高自己的交际能力，努力拓展自己的人际网络，创建良好的人际关系环境，为创业奠定坚实的基础。同时，人际关系固然重要，但也不可过分看重关系、依赖关系，否则就会忽略或者轻视更为重要的问题，例如严格的质量、科学的管理等。总之，当代大学生创业者要善于营造良好的人际关系环境，妥善运用这一条件，积极推进创业活动的开展。

综上，在充分了解、评价这些外部环境情况的基础上，创业者就可以结合自身特点，找出这些客观因素中哪些属于适合创业的有利因素，哪些是不利因素，进行综合评价，选择自己未来起步的行业。应该注意的是，考虑初创企业的脆弱性，创业者应该采用相对稳妥和保守的心态开展分析活动，重视不利因素，对有利因素不要估计得太高、过分乐观。正所谓"不打无把握之仗"，尽可能地使分析结果客观化、实际化，有助于提高成功的概率。同时，大学生也要注意通过各种途径，想方设法把不利因素转化为有利因素，为成功创业营造良好的外部环境。

2. 创业锦囊

(1)避免创业的"从众心理"。行业体现着时代的特点，也受到时代的制约。一个时代有"热门"行业，也有"冷门"行业。由于缺乏对市场的认识，初次创业者很可能把眼光盯向那些所谓的热门。听说加盟连锁店赚钱就决定加盟，看到 IT 行业兴起就贸然投资，别人干什么赚了钱或成了名，不分析别人的有利条件和自己的不足，就盲目上马，这就是"从众心理"在作怪，而这种心理往往会将创业者引向失败的深渊。

如果清楚地了解市场近期前景，并在项目与自身特点相匹配的情况下，做"热门"并非不可以。但是，真正成功的人，往往是那些善于发现商机，寻找"冷门"，从而抢先进入市场、抢占市场份额的人。因此，我们不妨借鉴经济学上"人无我有、人有我优、人优我专"的思路，用科学、环保、健康等新的观念，从别人忽略的"冷门"着手创立新的企业。新的市场拥有广阔的空间和无限的商机，会给创业者带来意想不到的企业前景。

(2)勿以事小而不为。《荀子·劝学篇》有云："故不积跬步，无以至千里；不积小流，无以成江海。"任何事物的发展都是由小到大、由弱到强的过程，创业也是如此。有些大学生创业者认为自己应该是"做大事的人"，要成为"不鸣则已，一鸣惊人"的创业名人。正是这种心态使得他们看不起小笔收入的行业，也因此错失很多机会，结果只能是在追求"空中楼阁"的梦幻中，遗憾地结束自己的创业之旅。

(3)选好创业"切入点"。创业项目就是创业的切入点。只有从自身优势出发，选择有限而明确的经营项目，才能形成自己的核心竞争力，以减少创业风险，获得成功。事实证明，从前那个凭着一股冲劲、某个灵感就能占领市场、创业成功的时代已经过去了，是否在市场有准确定位以及良好的创业项目，成为决定创业成败的关键因素。因此，创业者在初次创办企业时，必须对所选的项目进行市场可行性调查、研究和分析。选择创业项目首先要关注该项目的未来发展前景，绝不能因短期利益而贻误远大前程。之后，还要对所选的项目进行深入、细致的市场调查。市场调查要注重以下几个方面的内容。

①考虑自身特点与创业项目的匹配度，主要对自身专业技术、性格、能力等因素与选择项目进行比较。

②了解行业信息，包括此类公司的营业规模、场地租金、员工薪酬、营业额、利润、所需设备及设备价格等方面的信息。

③了解可能的顾客情况，包括数量、分布、文化层次、消费水平及消费需求。

④了解自己的竞争对手，在自己选定的经营范围内，考虑同类型公司的数量、占据的市场份额以及经营方式等内容。在此基础上，再从技术和经济角度对所选项目进行综合评估、测算，最后确定切实可行的创业项目。

(4)学会理财。对于初次创业者而言，一开始就投入自己所有的资金积蓄，或者大肆举债，甚至寻求风险投资机构帮助的举动都是不明智的。这犯了理财上的大忌：急于求成，缺乏分散风险的意识。由于大学生自身市场经验、管理能力等方面的不足，初创企业的成功概率只有 $20\%\sim30\%$。在这一阶段，如果过多过大地进行投入，一旦失败，会对今后的发展产生巨大的影响。因此，创业者需要学会理财，要量力而行，"别把鸡蛋都放在一个篮子里"。大学生创业者可以通过以下步骤合理分配资金，进行有效的创业投入。

①算算自己有多少资产。分析自己目前及短期内可运用的资金，认清自己的财务负担能力，制订合理的创业理财规划。

②制订未来的财富目标。根据自己的能力，与家庭成员或合作伙伴共同协商，制订出短、中、长期的创业理财目标。

③寻求合适的投资项目。配合短、中、长期的目标，决定各个目标的资金量，从而进行合理有效的分配。

④编列投资所需的资金。选择合适的投资项目后，接着是将资金分配到不同的阶段，最好的方式是编列预算表，用来控制投资的进程。预算表的另一项功能是提供实际数字依据，准确评估项目完成时间或目标是否按时达到，是否需要追加资金等。

⑤拟订有效的执行计划。将项目执行中的每一个目标视为单一的项目，制订有效的执行计划，包括资金来源的规划和进度等。

⑥适时地检讨修正。理财计划的执行，常会出现多个目标重叠的情况，所以要随时检视执行进度，考虑外在经济环境的变化。如果财务能力已经提升或降低，则要适时修改执行方案，让目标顺利完成；或者直接修改投资标准，以避免无法达到目标或造成资源的浪费。

创业理财区别于普通意义上的个人理财，它不仅要求创业者懂得节流，同时要求创业者懂得如何运用手中有限的资金去开源。因此，创业者要学会围绕资金运动展开自己的理财活动，尽量降低创业资金投入，同时保证每笔资金都用得妥当，用得有效。

三、 大众创业、 万众创新

（一）如何理解"大众创业、 万众创新"

李克强总理在 2015 年的政府工作报告中，多次提到"创新"与"创业"，更是专门提到"大众创业、万众创新"。我们可以从"大众创业、万众创新"的背景、内涵、重点三个方面来分析和理解。

1. "大众创业、万众创新"的背景

从国际上看，一方面，国际经济情况不容乐观，世界经济发展放缓，国际经济形势不稳定，国际市场需求减弱，传统产品的国际竞争压力进一步增大。因此，我们必须增加国内市场需求来促进经济稳定发展。那么，通过"大众创业、万众创新"来激发国内市场需求就成为必然的选择。另一方面，国际市场需求要求增高，对产品本身的质量、技术含量和使用效能要求提高，对创新技术和创新产品的需求增加。因此，这也必然要求我们通过"大众创业、万众创新"来创造出新的技术、新的产品和新的服务，从而稳定和增加我国产品在国际市场的需求及份额。

从国内来看，一方面，经济下行压力还在加大，国内市场需求有待进一步开发，经济发展环境"硬约束"进一步加强。我们必须走集约发展、高科技含量发展、高附加值发展的道路。因此，我们必然要通过"大众创业、万众创新"来推动经济的转型发展。另一方面，

全面深化改革要全面深入推进，就要通过增强经济内生动力来支撑和促动体制和机制改革。因此，我们必然要通过"大众创业、万众创新"来增强全面深化改革的动力和活力。

2."大众创业、万众创新"的内涵

"大众创业、万众创新"的目的是推动经济良好发展。李克强提出，要打造"大众创业、万众创新"和增加公共产品、公共服务"双引擎"，推动发展调速不减势、量增质更优，实现中国经济提质增效升级。一方面，只有通过万众创新，才能创造出更多的新技术、新产品和新市场，也才能提高经济发展的质量和效益；另一方面，只有通过大众创业，才能增加更多的市场主体，才能增加市场的动力、活力和竞争力，从而为经济发展提供内在原动力。

"大众创业"与"万众创新"是相互支撑和相互促进的关系。一方面，只有"大众"勇敢地创业才能激发、带动和促动"万众"关注创新、思考创新和实践创新，也只有"大众"创业的市场主体才能创造更多的创新欲求、创新投入和创新探索；另一方面，只有在"万众"创新的基础上才可能有"大众"愿意创业、能够创业、创业成功，从某种意义上讲，只有包含"创新"的创业才算真正的"创业"，或者说这种创业才有潜力和希望。

3."大众创业、万众创新"的重点

首先，要打通科技成果转化通道。科学技术要转化成生产力，关键是如何促进"万众"的创新用于"大众"的创业，这就要求我们减少对创新转化的限制，加强创新转化的对接，增强创新转化的活力。因此，我们必须打通科技成果转化渠道，鼓励各式各样的创新直接用于创业，合作参与创业，转让促进创业等。进一步来说，促进科技成果转化的关键在于激励人们主动创造新成果和愿意转化新技术。因此，我们要加快科技成果使用处置和收益管理改革，扩大股权和分红激励政策实施范围，完善科技成果转化、职务发明法律制度，使创新人才分享成果收益，从而促进科技人员愿意创新、愿意创业、愿意转化。正如李克强总理说的："着力打通科技成果转化通道，扩大中关村国家自主创新示范区试点政策实施范围，推进科技资源开放共享，科技人员创新活力不断释放。"

其次，要引导新兴科技产业发展。新兴产业是先进生产力的代表，是高科技创新的前沿，是高附加值创业的重点。因此，我们要重点支持、扶持新兴科技产业的发展，引领万众向高科技方向创新，带动大众向高科技新兴产业方向创业汇聚，从而促进我国经济在深层次上转型升级。正如李克强总理说的："要实施高端装备、信息网络、集成电路、新能源、新材料、生物医药、航空发动机、燃气轮机等重大项目，把一批新兴产业培育成主导产业。"

最后，要推进各项产业"互联网化"发展。信息化是当今时代的突出特点，互联网已经成为人们生产和生活的重要组成部分，这就要求我们各项产业要适应"互联网化"的时代要求，更要求各项产业要主动地、广泛地、深度地与互联网结合，在"互联网化"发展中创造更多更大的经济和社会价值。正如李克强总理说的："制定'互联网＋'行动计划，推动移动互联网、云计算、大数据、物联网等与现代制造业结合。"

(二)政府在"大众创业、万众创新"中的作用

"大众创业、万众创新"本质上应该依靠民间力量，依靠市场机制。但是，政府在其中的作用非常重要。这就是要更好地发挥政府作用，并在此过程中实现政府职能转化，打造服务型政府。

首先，在创新创业上，政府要给市场和民间留出足够空间。比如，各级政府不应该做风险投资，更不要搞贷款。政府不要做创业企业的管理者，最多可以跟投，做小的有限合伙人。政府如果要建立风险投资基金，一定要慎重，严格控制其规模并明确其使命。

其次，政府要作为。政府要创造有利于创新创业的法治环境和创业友好的监管环境，用互联网思维修订以往的法律和条例并根据需要建立新的法规。政府要适应新形势，制定新法规，以消费者而不是生产者的利益至上，不能让过去的法规成为阻碍创新创业进程的绊脚石。

最后，政府要创造有利于创新创业的生态环境。创业风险大，政府不应直接或间接介入企业运营。但是，政府应该帮助建立良好的创业生态环境。这并不是直接投资和建立科技园这些"硬件"，而是提供公共产品和公共服务这些"软件"。政府应该提供的"软件"包括降低创业企业的准入成本，促进或至少不阻碍创业和就业人员的流动，保护专利，疏通企业上市、并购等各种产权定价和转移方式的退出机制，等等。

（三）科技部率先推出"大众创业、万众创新"方面的工作思路

具体工作思路就是要加快转变政府职能，进一步激发市场活力，以构建"众创空间"为载体，有效整合资源，集成落实政策，完善服务模式，培育创新文化，让创业者的奇思妙想与市场需求充分对接，从铺天盖地的初创企业中培育出顶天立地的"小巨人"，形成"大众创业、万众创新"的生动局面。

1. 大众创新创业呈现出新特点

近年来，我国创新创业生态体系不断优化，创新创业观念与时俱进，出现了大众创业、草根创业的"众创"现象，带动创新创业愈加活跃，规模不断扩大，效率显著提高。当前我国大众创新创业呈现出四个新特点。

（1）创业服务从以政府为主到市场发力。现代市场体系的发展催生出一大批市场化、专业化的新型创业孵化机构，提供投资路演、交流推介、培训辅导、技术转移等增值服务。天使投资、创业投资、互联网金融等投融资服务快速发展，为创新创业提供了强大的资本动力。

（2）创业主体从"小众"到"大众"。伴随着新技术发展和市场环境开放，创新创业由精英走向大众，出现了以大学生等年轻创业者、大企业高管及连续创业者、科技人员创业者、留学归国创业者为代表的创业"新四军"，越来越多草根群体投身创业，创新创业已经成为一种价值导向、生活方式和时代气息。

（3）创业活动从内部组织到开放协同。互联网、开源技术平台降低了创业边际成本，促进了更多创业者加入和集聚。大企业通过建立开放创新平台，聚合了大众创新创业者的力量。创新创业要素在全球范围内加速流动，跨境创业日益增多。技术市场快速发展，促进了技术成果与社会需求和资本的有效对接。

（4）创业理念从技术供给到以需求为导向。社交网络使得企业结构趋于扁平，缩短了创业者与用户间的距离，满足用户体验和个性需求成为创新创业的出发点。在技术创新的基础上，出现了更多商业模式创新，改变了商品供给和消费方式。

2. 新型孵化器成为科技服务业的一支重要新兴力量

2009 年以来，在北京、深圳、武汉、杭州、西安、成都、苏州等创新创业氛围较为

活跃的地区涌现出创新工场、车库咖啡、创客空间、天使汇、亚杰商会、联想之星、创业家等近百家新型孵化器。这些新型孵化器各具特色，产生了新模式、新机制、新服务、新文化，它们集聚融合了各种创新创业要素，营造了良好的创新创业氛围，成为科技服务业的一支重要新兴力量。这些孵化器大致可分为以下几种类型。

（1）投资促进型。这类孵化器针对初创企业最急需解决的资金问题，以资本为核心和纽带，聚集天使投资人、投资机构，依托其平台吸引汇集优质的创业项目，主要为创业企业提供融资服务，并帮助企业对接配套资源，从而提升创业成功率。这类新型孵化器的典型代表有创新工场、车库咖啡和天使汇等。

（2）培训辅导型。这类孵化器侧重创业者的创业教育和培训辅导，以提升创业者的综合能力为目标，充分利用丰富的人脉资源，邀请知名企业家、创投专家、行业专家等作为创业导师，为企业开展创业辅导。这类新型孵化器的典型代表有联想之星、亚杰商会、北大创业训练营等。

（3）媒体延伸型。这类新型孵化器是由面向创业企业的媒体创办，利用媒体宣传的优势为企业提供线上线下相结合，包括宣传、信息、投资等各种资源在内的综合性创业服务。这类新型孵化器的典型代表有创业家、创业邦和36氪等。

（4）专业服务型。这类新型孵化器依托行业龙头企业建立，以服务移动互联网企业为主，提供行业社交网络、专业技术服务平台及产业链资源支持，协助优质创业项目与资本对接，帮助互联网行业创业者成长。这类新型孵化器的典型代表有云计算产业孵化器、诺基亚体验中心、微软云加速器等。

（5）创客孵化型。这类孵化器是在互联网技术、硬件开源和3D制造工具基础上发展而来的，它以服务创客群体和满足个性化需求为目标，将创客的奇思妙想和创意转化为现实产品，为创客提供互联网开源硬件平台、开放实验室、加工车间、产品设计辅导、供应链管理服务和创意思想碰撞交流的空间。这类新型孵化器的典型代表有创客空间、柴火空间、点名时间等。

3. 发展"众创空间"，打造新常态下经济发展新引擎

党中央、国务院高度重视"大众创业、万众创新"。2014年以来，李克强总理多次对大众创新创业作出重要指示。他强调，"大众创业、万众创新"蕴藏着无穷创意和无限财富，是取之不竭的"金矿"，要强力推进改革，减少对创新活动的干预，让每个有创业愿望的人都拥有自主创业的空间，让创新创造的血液在全社会自由流动，让自主发展的精神在全体人民中蔚然成风，释放民智民力，增进大众福祉，实现人生价值，推动社会纵向流动，促进社会公平主义，打造中国经济未来增长的新引擎。2014年末召开的中央经济工作会议强调，要以"大众创业、万众创新"形成发展的新动力。

尽管当前我国创新创业环境发生了日新月异的变化，创新创业生态体系不断完善和优化，但是，大众创新创业也面临一些问题。具体表现为：创业基础设施建设相对落后，场地、服务等创新创业成本较高；创业融资渠道不畅，天使投资、股权众筹的发展滞后于创新创业浪潮；政府资金对大众创业者难以做到雪中送炭，初创创业大多处于市场失灵的真空地带；创新创业区域发展不平衡，全社会对大众创新创业的认识还有待提高；等等。

实践证明，解决上述问题的突破口是构建一批满足大众创新创业需求和特点，低成本、便利化、全要素的创业服务社区——众创空间，为大众创新创业者提供良好的工作空间、网络空间、社交空间和资源共享空间。2015年1月28日召开的国务院常务会议提出，顺应网络时代推动"大众创业、万众创新"的形势，构建面向人人的"众创空间"等创业服务平台，对于激发亿万群众创造活力，培育包括大学生在内的各类青年创新人才和创新团队，带动扩大就业，打造经济发展新的"发动机"，具有重要意义。

发展"众创空间"，不是"大兴土木"搞建设，而是要在总结车库咖啡、36氪、天使汇等新型孵化器模式的基础上，优化和完善现有创业服务机构的服务业态和运营机制，发挥创业服务机构的集聚效应和创新创业规模优势，让创业者之间自由共享经验、知识、思想和仪器设备等创业资源，形成"我为人人，人人为我""互帮互助""用户参与"的开放式创业生态系统。

发展"众创空间"，要坚持政府引导和市场主导，充分发挥社会力量的主力军作用，释放创新创业政策集聚和"互联互通"的系统有效性，有效利用国家自主创新示范区、国家高新区、大学科技园和高校、科研院所的有利条件，充分利用政策工具、仪器设备、闲置厂房等资源，进一步降低创业成本和门槛，释放蕴藏在"大众创业、万众创新"之中的无穷创意和无限财富，培育新的经济增长点，打造新常态下经济发展的新引擎。

（四）支持"众创空间"发展的措施

（1）在创客空间、创新工厂等孵化模式的基础上，大力发展市场化、专业化、集成化、网络化的"众创空间"，实现创新与创业、线上与线下、孵化与投资相结合，为小微创新企业成长和个人创业提供低成本、便利化、全要素的开放式综合服务平台。

（2）加大政策扶持。适应"众创空间"等新型孵化机构集中办公的特点，简化登记手续，为创业企业工商注册提供便利。支持有条件的地方对"众创空间"的房租、宽带网络、公共软件等给予适当补贴，或通过盘活闲置厂房等资源提供成本较低的场所。

（3）完善创业投融资机制。发挥政府创投引导基金和财税政策作用，对种子期、初创期科技型中小企业给予支持，培育发展天使投资。完善互联网股权众筹融资机制，发展区域性股权交易市场，鼓励金融机构开发科技融资担保、知识产权质押等产品和服务。

（4）打造良好的创新创业生态环境。健全创业辅导指导制度，支持举办创业训练营、创业创新大赛等活动，培育创客文化，让创新创业蔚然成风。

✚ 拓展阅读

选择"冷门"行业创业

拉链在日本的发展是在第一次世界大战之后，当时的日本人称它为"有带子的纽扣"。由于当时日本基础产业较落后，生产方式十分原始，拉链完全靠人工装配，产品质量很差，因此顾客退货、商店库存堆积如山是常事，拉链制造行业也被看作是不折不扣的"冷门"行业。然而，日本的一位企业家却从小小的拉链上发现了商机，这个独具慧眼的人就是吉田忠雄。经过多年的奋斗，他创办的"YKK"拉链公司的品牌形象在国际上竟与丰田、索尼等日本名牌一样，成为日本发达工业的象征。

1908年，吉田忠雄出生于日本本州岛中北部海滨的富山县黑部市。由于家境困难，他高中没毕业就中途辍学，年仅15岁就到一家陶瓷店做学徒。后来又到哥哥的鞋店工作。20岁那年，吉田忠雄毅然离开家乡，带着哥哥给他的70日元盘缠，独自到东京闯天下。当时中国的陶瓷在日本是比较畅销的东西，他便在一个朋友开的小陶瓷店帮忙，后来被派往上海收购陶瓷。就在上海，吉田忠雄的"生意经"慢慢地成熟起来。

没过多久，日本侵华战争爆发，日本国内经济也陷入困境，吉田忠雄只有回到日本帮助老板拯救濒临破产的陶瓷店。在清理店中遗留货物时，他意外地发现了一大批别人委托代销的拉链。这些拉链因制作粗糙、品质低劣，长时间积压店中，不少已经生锈损坏。这些别人视之为破烂的东西，吉田忠雄却把它当作是未来的商机。于是，他借来钱买下了这些拉链，开始了自己的创业征程。

1934年1月，吉田忠雄创办了专门生产和销售拉链的三S公司。他自己当老板，员工只有两人，资金是省吃俭用节省下来的350日元，而负债却有2070日元。三S公司的三楼成了吉田忠雄的拉链加工厂。堆积如山的退货拉链，经过吉田忠雄的妙手，全都作为三S牌的拉链出售了，还赢得了"金锤拉链"的美称，在日本十分畅销。随着生意越做越大，三S公司的规模也扩展了，从当初的两人增至26人，销售网也日益壮大。1936年，吉田忠雄还清了全部债务。随后他又购买了一块土地，兴建了一座新工厂。三S公司也改名为吉田工业公司。当时日本实施战时经济体制，政府禁止国内工商界使用铜。吉田忠雄只好放弃用铜，而改用铝作替代品生产拉链。由此，他又成为世界上以铝代替铜制造拉链的鼻祖。

1945年，他在家乡黑部市又重新建立了一家拉链制造厂。1948年，吉田忠雄从美国购买了4台制造拉链的旧机器，经过他的不懈努力，各种品种、各种规格的质优价廉的拉链源源不断地从他的工厂里生产出来。这些优质拉链为吉田忠雄的事业奠定了牢固的基础，很快就在日本市场上占据了不可替代的地位。两年后，吉田忠雄将他的公司重新命名为吉田兴业会社，简称"YKK"，日后闻名世界的拉链王国就此诞生了。

1954年，吉田忠雄开始详细考察"YKK"拉链进入国外市场的可能性。他的足迹遍及美国、西欧和东南亚，掌握了许多第一手资料。经过周密的分析论证和方案制订后，吉田忠雄带领他的公司成功地打入了国际市场。

现在，"YKK"已经成为世界上最大的拉链制造公司，年营业额达25亿美元，年产拉链84亿条，其长度接近190万公里，足够绕地球47圈或从地球到月球之间拉上两个半来回。"YKK"的产品占日本拉链市场的90%，占美国市场的45%，占世界市场的35%，吉田忠雄也成为无可争议的"世界拉链大王"。

在看似"冷门"的拉链制造行业创业，却为吉田忠雄带来了巨大的成功。由此不难看出，创业者应该学会努力寻找那些有市场需要，或有某种潜在需要，却又没有人做的事情，要研究人们生活中还有哪些不便，能不能通过某种服务或产品解决人们生活的不便。以这些行业为切入点进行创业，往往更容易获得成功。

〔资料来源：周彬．拉链大王吉田忠雄［EB/OL］豆瓣，（2011-08-09）［2020-07-09］．https://www.douban.com/group/topic/21627851/．〕

【实践活动一】

规划自我，成就辉煌

【活动目标】

(1)帮助学生明确学习目的，增强学习动力。

(2)帮助学生做好学习、生活规划，提前思考自己的未来，为以后择业、就业奠定基础。

(3)给学生提供认识社会、认识职场的机会。

(4)锻炼学生的口才，增强学生的自信，营造良好的学习氛围。

【活动准备】

准备活动场所，拟定职业生涯规划书撰写要求，制订职业生涯规划书大赛比赛规则。

【活动设计】

1. 赛前规则学习

(1)对个人、社会环境、感兴趣的职业进行细致分析。

(2)树立阶段目标和总体目标。

(3)对目标进行分解和组合。

(4)提出可行的具体实施方案。

2. 大赛流程

(1)初赛：比赛形式分为三分钟演讲和规划书成绩两部分，演讲简单介绍自己的职业生涯规划要点，主要考察表达能力。老师在比赛前评出规划书成绩，初赛结束后同时宣布学生两部分得分。

(2)复赛：比赛形式为PPT展示及现场答辩两轮。老师现场点评，并宣布本轮成绩。

(3)决赛：形式为PPT与视频介绍两种形式，老师现场点评并给出成绩。

3. 活动评比

根据三轮比赛的总成绩进行排名。

【注意事项】

(1)自我认知：自我分析全面，环境分析客观，关键成就因素分析合理，关键问题分析透彻。

(2)职业生涯与目标：发展周期划分清晰，发展目标明确可行，成功标准客观公正。

(3)职业生涯发展策略：发展途径清晰、可行，能力与角色的转换方法恰当。

(4)不得互相抄袭。

【结果评价】

教师或组长可参考表9-1，对学生参与本活动的效果进行评价。

表 9-1　规划自我，成就辉煌评价表

评价标准	分值	得分	总分	教师或组长评价
参与活动全过程	30 分			
自我分析全面	10 分			
表达流畅，答辩表现优良	10 分			
目标设置合理	10 分			
职业分析透彻	10 分			
具体措施切实可行	10 分			
个人特色鲜明	20 分			

【实践活动二】

创业有我，成就未来

【活动目标】

(1)丰富校园活动。

(2)展现团队精神。

(3)锻炼学生自主创业能力。

(4)为学生毕业后自主创业奠定基础。

【活动准备】

准备活动场所，拟定创业计划书的撰写要求，制订创业计划书大赛比赛规则。

【活动设计】

1. 赛前规则学习

(1)设计一个具有美感和艺术性的封面。

(2)拟写一个一目了然的摘要。

(3)详细介绍企业理念、业务内容和发展战略目标。

(4)详细分析行业基本特点、竞争状况及未来发展趋势。

(5)分析企业的风险与风险管理。

2. 大赛流程

(1)班级分组，3～5 人为一组，拟写创业计划书并制作参赛 PPT。

(2)以小组为单位，按抽签顺序进行介绍和展示，并现场答辩。

(3)老师现场点评并给出小组成绩。

3. 活动评比

根据比赛的成绩进行排名。

【注意事项】

(1)严格遵守活动纪律，认真听从教师安排。

(2)对企业的定位和计划要清晰。

(3)对行业前景分析要清晰。

(4)要有明确的企业产品、业务内容。

(5)不得互相抄袭。

【结果评价】

教师或组长可参考表 9-2，对学生参与本活动的效果进行评价。

表 9-2　创业有我，成就未来评价表

评价标准	分值	得分	总分	教师或组长评价
参与活动全过程	30 分			
自我分析全面	10 分			
表达流畅，答辩表现优良	10 分			
企业定位清晰	10 分			
行业分析透彻	10 分			
产品、业务介绍详细	10 分			
团队特色鲜明	20 分			

附　录

中共中央　国务院
关于全面加强新时代大中小学劳动教育的意见

（2020 年 3 月 20 日）

为构建德智体美劳全面培养的教育体系，现就加强新时代大中小学劳动教育提出如下意见。

一、　充分认识新时代培养社会主义建设者和接班人对加强劳动教育的新要求

（一）重大意义。劳动教育是中国特色社会主义教育制度的重要内容，直接决定社会主义建设者和接班人的劳动精神面貌、劳动价值取向和劳动技能水平。长期以来，各地区和学校坚持教育与生产劳动相结合，在实践育人方面取得了一定成效。同时也要看到，近年来一些青少年中出现了不珍惜劳动成果、不想劳动、不会劳动的现象，劳动的独特育人价值在一定程度上被忽视，劳动教育正被淡化、弱化。对此，全党全社会必须高度重视，采取有效措施切实加强劳动教育。

（二）指导思想。以习近平新时代中国特色社会主义思想为指导，全面贯彻党的教育方针，落实全国教育大会精神，坚持立德树人，坚持培育和践行社会主义核心价值观，把劳动教育纳入人才培养全过程，贯通大中小学各学段，贯穿家庭、学校、社会各方面，与德育、智育、体育、美育相融合，紧密结合经济社会发展变化和学生生活实际，积极探索具有中国特色的劳动教育模式，创新体制机制，注重教育实效，实现知行合一，促进学生形

成正确的世界观、人生观、价值观。

（三）基本原则

——把握育人导向。坚持党的领导，围绕培养担当民族复兴大任的时代新人，着力提升学生综合素质，促进学生全面发展、健康成长。把准劳动教育价值取向，引导学生树立正确的劳动观，崇尚劳动、尊重劳动，增强对劳动人民的感情，报效国家，奉献社会。

——遵循教育规律。符合学生年龄特点，以体力劳动为主，注意手脑并用、安全适度，强化实践体验，让学生亲历劳动过程，提升育人实效性。

——体现时代特征。适应科技发展和产业变革，针对劳动新形态，注重新兴技术支撑和社会服务新变化。深化产教融合，改进劳动教育方式。强化诚实合法劳动意识，培养科学精神，提高创造性劳动能力。

——强化综合实施。加强政府统筹，拓宽劳动教育途径，整合家庭、学校、社会各方面力量。家庭劳动教育要日常化，学校劳动教育要规范化，社会劳动教育要多样化，形成协同育人格局。

——坚持因地制宜。根据各地区和学校实际，结合当地在自然、经济、文化等方面条件，充分挖掘行业企业、职业院校等可利用资源，宜工则工、宜农则农，采取多种方式开展劳动教育，避免"一刀切"。

二、 全面构建体现时代特征的劳动教育体系

（四）把握劳动教育基本内涵。劳动教育是国民教育体系的重要内容，是学生成长的必要途径，具有树德、增智、强体、育美的综合育人价值。实施劳动教育重点是在系统的文化知识学习之外，有目的、有计划地组织学生参加日常生活劳动、生产劳动和服务性劳动，让学生动手实践、出力流汗，接受锻炼、磨炼意志，培养学生正确劳动价值观和良好劳动品质。

（五）明确劳动教育总体目标。通过劳动教育，使学生能够理解和形成马克思主义劳动观，牢固树立劳动最光荣、劳动最崇高、劳动最伟大、劳动最美丽的观念；体会劳动创造美好生活，体认劳动不分贵贱，热爱劳动，尊重普通劳动者，培养勤俭、奋斗、创新、奉献的劳动精神；具备满足生存发展需要的基本劳动能力，形成良好劳动习惯。

（六）设置劳动教育课程。整体优化学校课程设置，将劳动教育纳入中小学国家课程方案和职业院校、普通高等学校人才培养方案，形成具有综合性、实践性、开放性、针对性的劳动教育课程体系。

根据各学段特点，在大中小学设立劳动教育必修课程，系统加强劳动教育。中小学劳动教育课每周不少于1课时，学校要对学生每天课外校外劳动时间作出规定。职业院校以实习实训课为主要载体开展劳动教育，其中劳动精神、劳模精神、工匠精神专题教育不少于16学时。普通高等学校要明确劳动教育主要依托课程，其中本科阶段不少于32学时。除劳动教育必修课程外，其他课程结合学科、专业特点，有机融入劳动教育内容。大中小学每学年设立劳动周，可在学年内或寒暑假自主安排，以集体劳动为主。高等学校也可安排劳动月，集中落实各学年劳动周要求。

根据需要编写劳动实践指导手册，明确教学目标、活动设计、工具使用、考核评价、安全保护等劳动教育要求。

（七）确定劳动教育内容要求。根据教育目标，针对不同学段、类型学生特点，以日常生活劳动、生产劳动和服务性劳动为主要内容开展劳动教育。结合产业新业态、劳动新形态，注重选择新型服务性劳动的内容。

小学低年级要注重围绕劳动意识的启蒙，让学生学习日常生活自理，感知劳动乐趣，知道人人都要劳动。小学中高年级要注重围绕卫生、劳动习惯养成，让学生做好个人清洁卫生，主动分担家务，适当参加校内外公益劳动，学会与他人合作劳动，体会到劳动光荣。初中要注重围绕增加劳动知识、技能，加强家政学习，开展社区服务，适当参加生产劳动，使学生初步养成认真负责、吃苦耐劳的品质和职业意识。普通高中要注重围绕丰富职业体验，开展服务性劳动、参加生产劳动，使学生熟练掌握一定劳动技能，理解劳动创造价值，具有劳动自立意识和主动服务他人、服务社会的情怀。中等职业学校重点是结合专业人才培养，增强学生职业荣誉感，提高职业技能水平，培育学生精益求精的工匠精神和爱岗敬业的劳动态度。高等学校要注重围绕创新创业，结合学科和专业积极开展实习实训、专业服务、社会实践、勤工助学等，重视新知识、新技术、新工艺、新方法应用，创造性地解决实际问题，使学生增强诚实劳动意识，积累职业经验，提升就业创业能力，树立正确择业观，具有到艰苦地区和行业工作的奋斗精神，懂得空谈误国、实干兴邦的深刻道理；注重培育公共服务意识，使学生具有面对重大疫情、灾害等危机主动作为的奉献精神。

（八）健全劳动素养评价制度。将劳动素养纳入学生综合素质评价体系，制定评价标准，建立激励机制，组织开展劳动技能和劳动成果展示、劳动竞赛等活动，全面客观记录课内外劳动过程和结果，加强实际劳动技能和价值体认情况的考核。建立公示、审核制度，确保记录真实可靠。把劳动素养评价结果作为衡量学生全面发展情况的重要内容，作为评优评先的重要参考和毕业依据，作为高一级学校录取的重要参考或依据。

三、 广泛开展劳动教育实践活动

（九）家庭要发挥在劳动教育中的基础作用。注重抓住衣食住行等日常生活中的劳动实践机会，鼓励孩子自觉参与、自己动手，随时随地、坚持不懈进行劳动，掌握洗衣做饭等必要的家务劳动技能，每年有针对性地学会1至2项生活技能。鼓励学校（家委会）和社区等组织开展学生生活技能展示活动。学生参加家务劳动和掌握生活技能的情况要按年度记入学生综合素质档案。鼓励孩子利用节假日参加各种社会劳动。家庭要树立崇尚劳动的良好家风，家长要通过日常生活的言传身教、潜移默化，让孩子养成从小爱劳动的好习惯。

（十）学校要发挥在劳动教育中的主导作用。学校要切实承担劳动教育主体责任，明确实施机构和人员，开齐开足劳动教育课程，不得挤占、挪用劳动实践时间。明确学校劳动教育要求，着重引导学生形成马克思主义劳动观，系统学习掌握必要的劳动技能。根据学生身体发育情况，科学设计课内外劳动项目，采取灵活多样形式，激发学生劳动的内在需求和动力。统筹安排课内外时间，可采用集中与分散相结合的方式。组织实施好劳动周，小学低中年级以校园劳动为主，小学高年级和中学可适当走向社会、参与集中劳动，高等学校要组织学生走向社会、以校外劳动锻炼为主。

（十一）社会要发挥在劳动教育中的支持作用。充分利用社会各方面资源，为劳动教育提供必要保障。各级政府部门要积极协调和引导企业公司、工厂农场等组织履行社会责任，开放实践场所，支持学校组织学生参加力所能及的生产劳动、参与新型服务性劳动，使学生与普通劳动者一起经历劳动过程。鼓励高新企业为学生体验现代科技条件下劳动实践新形态、新方式提供支持。工会、共青团、妇联等群团组织以及各类公益基金会、社会福利组织要组织动员相关力量、搭建活动平台，共同支持学生深入城乡社区、福利院和公共场所等参加志愿服务，开展公益劳动，参与社区治理。

四、 着力提升劳动教育支撑保障能力

（十二）多渠道拓展实践场所。大力拓展实践场所，满足各级各类学校多样化劳动实践需求。充分利用现有综合实践基地、青少年校外活动场所、职业院校和普通高等学校劳动实践场所，建立健全开放共享机制。农村地区可安排相应土地、山林、草场等作为学农实践基地，城镇地区可确认一批企事业单位和社会机构，作为学生参加生产劳动、服务性劳动的实践场所。建立以县为主、政府统筹规划配置中小学(含中等职业学校)劳动教育资源的机制。进一步完善学校建设标准，学校逐步建好配齐劳动实践教室、实训基地。高等学校要充分发挥自身专业优势和服务社会功能，建立相对稳定的实习和劳动实践基地。

（十三）多举措加强人才队伍建设。采取多种措施，建立专兼职相结合的劳动教育师资队伍。根据学校劳动教育需要，为学校配备必要的专任教师。高等学校要加强劳动教育师资培养，有条件的师范院校开设劳动教育相关专业。设立劳模工作室、技能大师工作室、荣誉教师岗位等，聘请相关行业专业人士担任劳动实践指导教师。把劳动教育纳入教师培训内容，开展全员培训，强化每位教师的劳动意识、劳动观念，提升实施劳动教育的自觉性，对承担劳动教育课程的教师进行专项培训，提高劳动教育专业化水平。建立健全劳动教育教师工作考核体系，分类完善评价标准。

（十四）健全经费投入机制。各地区要统筹中央补助资金和自有财力，多种形式筹措资金，加快建设校内劳动教育场所和校外劳动教育实践基地，加强学校劳动教育设施标准化建设，建立学校劳动教育器材、耗材补充机制。学校可按照规定统筹安排公用经费等资金开展劳动教育。可采取政府购买服务方式，吸引社会力量提供劳动教育服务。

（十五）多方面强化安全保障。各地区要建立政府负责、社会协同、有关部门共同参与的安全管控机制。建立政府、学校、家庭、社会共同参与的劳动教育风险分散机制，鼓励购买劳动教育相关保险，保障劳动教育正常开展。各学校要加强对师生的劳动安全教育，强化劳动风险意识，建立健全安全教育与管理并重的劳动安全保障体系。科学评估劳动实践活动的安全风险，认真排查、清除学生劳动实践中的各种隐患特别是辐射、疾病传染等，在场所设施选择、材料选用、工具设备和防护用品使用、活动流程等方面制定安全、科学的操作规范，强化对劳动过程每个岗位的管理，明确各方责任，防患于未然。制定劳动实践活动风险防控预案，完善应急与事故处理机制。

五、 切实加强劳动教育的组织实施

（十六）加强组织领导。在党委统一领导下，各级政府要把劳动教育摆上重要议事日程，出台相关政策措施，切实解决劳动教育实施过程中的重大问题，做好督促落实。省级政府要加强劳动教育工作的统筹协调，明确市地级、县级政府及有关部门加强劳动教育的职责，推动建立全面实施劳动教育的长效机制。

（十七）强化督导检查。把劳动教育纳入教育督导体系，完善督导办法。对地方各级政府和有关部门保障劳动教育情况以及学校组织实施劳动教育情况进行督导，督导结果向社会公开，同时作为衡量区域教育质量和水平的重要指标，作为对被督导部门和学校及其主要负责人考核奖惩的依据。开展劳动教育质量监测，强化反馈和指导。

（十八）加强宣传引导。引导家长树立正确劳动观念，支持配合学校开展劳动教育。加强劳动教育科学研究，宣传推广劳动教育典型经验。积极宣传企事业单位和社会机构提供劳动教育服务的先进事迹。注重挖掘在抗疫救灾等重大事件中涌现出来的典型人物和事迹，大力宣传不畏艰难、百折不挠、敢于担当的高尚品格。鼓励和支持创作更多以歌颂普通劳动者为主题的优秀作品，大力宣传辛勤劳动、诚实劳动、创造性劳动的典型人物和事迹，弘扬劳动光荣、创造伟大的主旋律，旗帜鲜明地反对一切不劳而获、贪图享乐、崇尚暴富的错误观念，营造全社会关心和支持劳动教育的良好氛围。

参 考 文 献
REFERENCE

[1]彭维锋. 劳动改变中国(1978—2018)[M]. 北京：中国工人出版社，2018.

[2]中共中央宣传部. 劳动铸就中国梦[M]. 北京：学习出版社，2015.

[3]刘向兵. 新时代高校劳动教育论纲[M]. 北京：社会科学文献出版社，2019.

[4]大国工匠与劳动模范研究所. 新时代新工匠：工匠精神职工读本[M]. 北京：中国工人出版社，2018.

[5]杨润，史财鸣. 互联网＋工匠精神[M]. 北京：企业管理出版社，2016.

[6]宋犀堃. 工匠精神：企业制胜的真谛[M]. 北京：新华出版社，2016.

[7]陈秋明. 大学生志愿服务理论与实践[M]. 北京：商务印书馆，2018.

[8]李文峰. 劳动实践活动课程的开发与运作[M]. 广州：暨南大学出版社，2019.

[9]何卫华，林峰. 大学生劳动教育理论与实践教程[M]. 厦门：厦门大学出版社，2019.

[10]陈征. 论现代科学劳动马克思劳动价值论的新发展[M]. 福州：福建人民出版社，2017.